böhlau

Linda Ratschiller · Karolin Wetjen (Hg.)

VERFLOCHTENE MISSION

Perspektiven auf eine neue Missionsgeschichte

2018

BÖHLAU VERLAG KÖLN WEIMAR WIEN

Veröffentlicht mit freundlicher Unterstützung des Forschungsfonds der Universität Freiburg (Schweiz) und der Publikationskommission des Hochschulrates der Universität Freiburg (Schweiz).

Bibliografische Information der Deutschen Nationalbibliothek:
Die Deutsche Nationalbibliothek verzeichnet diese Publikation in der Deutschen Nationalbibliografie; detaillierte bibliografische Daten sind im Internet über http://dnb.d-nb.de abrufbar.

Umschlagabbildungen:
Vorderseite: Martin Göhring, Missionsgeschwister mit dem Häuptling, 1908/1911, Archiv der Basler Mission, E-30.29.032.
Rückseite: Missionar E. Schuler im kgl. Bali-Anzug (Kamerun) mit seinen Geschenken. Elfenbein – Wildkatzenfelltasche – 8jähr. Königssohn, 1902/1903, Archiv der Basler Mission, E-30.35.018.

Lindenstraße 14, D-50674 Köln, www.boehlau-verlag.com

Einbandgestaltung: Satz + Layout Werkstatt Kluth, Erftstadt
Satz: Michael Rauscher, Wien
Druck und Bindung: Hubert & Co., Göttingen
Gedruckt auf chlor- und säurefreiem Papier
Printed in the EU

ISBN 978-3-412-50937-8

Inhalt

REFLEXIONEN

EINLEITUNG

Linda Ratschiller · Karolin Wetjen

Verflochtene Mission

Ansätze, Methoden und Fragestellungen einer neuen Missionsgeschichte

Mit der Einladung zum Jahresfest 1897 verschickte die Leipziger Missionsgesellschaft eine Anlage: »Thesen betreffend des Verhaltens der Beschneidung gegenüber«.[1] Diese Thesen, die eine Diskussionsgrundlage dafür bilden sollten, wie mit Beschneidungspraktiken und -ritualen im ostafrikanischen Missionsgebiet der Gesellschaft umzugehen sei, kreisten im Wesentlichen um die Frage, ob man die Beschneidung als religiös, und damit als »heidnisch«, einordnen solle oder ob sie lediglich eine »Volkssitte« sei und als solche in Teilen von Missionaren im Missionsgebiet geduldet werden könne.

Die Thesen waren einerseits auf der Grundlage von Erkundigungen von Missionaren zu den Beschneidungspraktiken im Missionsgebiet entstanden, die diese bereits ein halbes Jahr zuvor an den Direktor gesandt hatten und die ihrerseits auf Auskünften von Christinnen und Christen im Missionsgebiet beruhten.[2] Andererseits hatte der Leipziger Missionsdirektor Experten anderer Missionsgesellschaften um ihr Urteil gebeten.[3] Eine Diskussion der Thesen fand zunächst in den einzelnen Missionsvereinen statt, die die Leipziger Mission unterstützten und deren Mitglieder zur Bewertung vermutlich auf Wissen über Afrika zurückgriffen, das sie durch Ausstellungen, Missionszeitschriften und Fotos gewonnen hatten.

Nach einer lebhaften Debatte auf der Generalversammlung der Missionsgesellschaft wurden die Thesen erneut den Missionaren vorgelegt, die sie wiederum anhand ihrer ethnografischen Forschungen und dem, was sie von lokalen

---

1 Protokoll der Generalversammlung 1897. Einladung und Beratung über TOP 10, Archiv des evangelisch-lutherischen Missionswerkes Leipzig e.V., Depositum in den Franckeschen Stiftungen Halle/Saale (ALMW) II.2.2. Siehe zu der Beschneidungsfrage auch Karolin Wetjen, Der Körper des Täuflings. Konstruktionen von Körpern und die Beschneidungsdebatte der Leipziger Missionsgesellschaft 1890–1914, in: Linda Ratschiller/Siegfried Weichlein (Hg.), Der schwarze Körper als Missionsgebiet. Medizin, Ethnologie, Theologie in Afrika und Europa 1880–1960, Köln/Weimar/Wien 2016, S. 73–93.

2 Gutachten zur Beschneidung, ALMW II.32.71.

3 Schreiben von Alexander Merensky, 13.2.1896, ALMW II.32.71.

intermediaries[4] erfahren hatten, prüften.[5] Doch damit nicht genug: Die Thesen blieben auch über das Jahr 1897 hinaus Gegenstand von Debatten in Europa und im Missionsgebiet, wo sie immer wieder von den mittlerweile gewählten Vertretern der Missionsgemeinden verhandelt wurden.

Obwohl die Leipziger Missionsgesellschaft und mit ihr andere protestantische wie katholische Missionsgesellschaften, Anthropologen und Kolonialärzte noch in den 1930er Jahren über afrikanische Beschneidungspraktiken, ihre mögliche Abschaffung oder Duldung stritten und die Diskussion 1897 damit quasi ergebnislos verlief, ist die Episode für die Missionsgeschichte dennoch aufschlussreich: Sie ermöglicht erstens einen Blick auf die verschiedenen Akteure, die sich am Projekt »Mission« beteiligten. Missionarinnen und Missionare ebenso wie die Mitglieder der Missionsgemeinden in Übersee waren nur ein Teil der Mission. Hinzu kamen *chiefs* und andere Autoritäten in Afrika und Asien, Kolonialbeamte verschiedener Kolonialmächte, Händler und Wissenschaftler – Ärzte, Theologen oder Ethnologen – aber auch Missionsdirektoren und Leitungsgremien der Missionsinstitutionen, Mitglieder von Missionsvereinen, Spenderinnen und Spender in Europa.

Eine Analyse der Beschneidungsdebatte beleuchtet zweitens die verschiedenen Netzwerke und Räume, in denen die Mission agierte. Missionsgesellschaften verbanden Orte und Menschen in Indien, der Südsee, Afrika und Europa in einem Missionsraum.[6] Über ihre Netzwerke, die von Informanten über Kolonialbeamte bis hin zu Wissenschaftlern und Politikern reichten, entstanden und zirkulierten Wissensbestände, die ständig neu ausgehandelt und verändert

4 Zu *intermediaries* siehe Benjamin N. Lawrance/Emily Lynn Osborn/Richard L. Roberts (Hg.), Intermediaries, Interpreters, and Clerks. African Employees in the Making of Colonial Africa, Madison 2006; Gabriele Richter, Flexibles Wissen in Beziehungen. Wissenstransfer zwischen Menschen in Ozeanien und kontinentalen Missionaren, in: Ulrich van der Heyden/Andreas Feldtkeller (Hg.), Missionsgeschichte als Geschichte der Globalisierung von Wissen. Transkulturelle Wissensaneignung und -vermittlung durch christliche Missionare in Afrika und Asien im 17., 18. und 19. Jahrhundert, Stuttgart 2012, S. 329–338; Rebekka Habermas, Intermediaries, Kaufleute, Missionare, Forscher und Diakonissen, in: dies./Alexandra Przyrembel (Hg.), Von Käfern, Märkten und Menschen, Göttingen 2013, S. 27–48; Gilbert Dotsé Yigbe, Von Gewährsleuten zu Gehilfen und Gelehrigen. Der Beitrag afrikanischer Mitarbeiter zur Entstehung einer verschrifteten Kultur in Deutsch-Togo, in: Rebekka Habermas/Richard Hölzl (Hg.), Mission Global. Eine Verflechtungsgeschichte seit dem 19. Jahrhundert, Köln/Weimar/Wien 2014, S. 159–175.

5 Referat Müller, Unsere Stellungnahme zur Beschneidung, Protokoll der Chaggakonferenz Juli 1903, Beilage 3, ALMW II.32.94.

6 Christine Egger/Martina Gugglberger, Editorial: Missionsräume, in: Österreichische Zeitschrift für Geschichtswissenschaft 24 (2013), H. 2, S. 5–18.

wurden. Missionsverlage gaben eine ganze Reihe von Zeitschriften, Postkarten und Kalendern heraus, über die Vorstellungen vom Außereuropäischen transportiert wurden; Missionsausstellungen, die mit Völkerschauen und Kolonialausstellungen konkurrierten, zogen ein weites Publikum an.[7] Objekte, Fotografien und Karten aus dem Missionsgebiet wanderten in völkerkundliche Sammlungen, ebenso wie Waren, Gebrauchsgegenstände und Bibeln ins Missionsgebiet transportiert wurden.

Debatten wie die Beschneidungsdebatte wurden drittens über die Grenzen einer Missionsgesellschaft hinweg geführt. Sie verweisen auf gesamtgesellschaftliche Konflikte, bei denen es keineswegs nur um das koloniale Andere ging, sondern vor allem auch um das Eigene. Im Kontext der Mission entstanden immer wieder grundlegende Auseinandersetzungen über religiöse Werte, kulturelle Identitäten und soziale Fragen. Solche Debatten, wie sie z. B. um den Schulunterricht, die Frage der Hygiene, das Verhältnis zum Kolonialstaat oder Polygamie geführt wurden, weisen also über die Untersuchung einer einzigen Missionsgesellschaft hinaus.

Will man den unterschiedlichen Akteuren, Räumen und Netzwerken der Mission Rechnung tragen und sie produktiv in eine Analyse einbeziehen, die – informiert von postkolonialen Theoriedebatten – die Dichotomie von Kolonie und Metropole auflöst,[8] bietet sich eine Perspektive an, die nach Verflechtungen – *entanglements* – fragt. Eine Geschichte der Verflechtungen, so Shalini Randeria und Frederick Cooper in ihrem mittlerweile zum Klassiker avancierten Band, betont einerseits Gemeinsamkeiten und Austauschbeziehungen; ein Tunnelblick wird überwunden, der die Geschichte einer Nation oder – im Falle der Mission – einer Gesellschaft aus sich selbst heraus erklärt. Andererseits wird durch diese Perspektive auch deutlich, dass Interaktionen und Verflech-

7 Siehe dazu Linda Ratschiller, »Die Zauberei spielt in Kamerun eine böse Rolle!« Die ethnografischen Ausstellungen der Basler Mission (1908–1912), in: Rebekka Habermas/Richard Hölzl (Hg.), Mission Global. Eine Verflechtungsgeschichte seit dem 19. Jahrhundert, Köln/Weimar/Wien 2014, S. 241–264.

8 Ann Laura Stoler/Frederick Cooper, Beetween Metropole and Colony: Rethinking a Research Agenda, in: dies. (Hg.), Tensions of Empire, Berkeley 2001, S. 1–56. Auf die Mission übertragen: Michael Marten, Re-Imagining ›Metropole‹ and ›Periphery‹ in Mission History, in: Hilde Nielssen/Inger Marie Okkenhaug/Karina Hestad Skeie (Hg.), Protestant Missions and Local Encounters in the Nineteenth and Twentieth Centuries. Unto the Ends of the World, Leiden/Boston 2011, S. 293–315; Tony Ballantyne, Entanglements of Empire. Missionaries, Māori, and the Question of the Body, Durham/London 2014; Julia Hauser, German Religious Women in Late Ottoman Beirut. Competing Missions, Leiden 2015.

tungen nicht nur zu Gemeinsamkeiten führten, sondern zugleich Konflikte, Grenzziehungen und Brüche produzierten.[9]

Der Boom der Missionsgeschichte

Missionsgeschichte boomt. Während die Mission lange Zeit als exklusiver Gegenstand der Kirchengeschichte betrachtet wurde, hat in den letzten beiden Jahrzehnten ein Wandel der Perspektive stattgefunden. Heute nutzen Forscherinnen und Forscher Missionsarchive, um weitreichende Fragen der Global-, Kolonial-, Kultur-, Wissens-, Religions- und Materialitätsgeschichte zu beantworten. Dass die Missionsgeschichte zu einem eigenen relevanten Forschungsfeld avanciert ist, verdankt sie einerseits dem Aufstieg (post-)kolonialer und globalhistorischer Perspektiven in den Geschichtswissenschaften.[10] In den letzten Jahren sind zahlreiche Sammelbände und Studien zur Missionsgeschichte erschienen, die zeigen konnten, dass Missionsgeschichte ein Feld ist, das sich für die Geschichte transnationaler Verflechtungen jenseits eines europäisch gedachten Zentrums eignet.[11]

9 Sebastian Conrad/Shalini Randeria, Einleitung: Geteilte Geschichten – Europa in einer postkolonialen Welt, in: dies./Regina Römhild (Hg.), Jenseits des Eurozentrismus. Postkoloniale Perspektiven in den Geschichts- und Kulturwissenschaften, 2. Aufl., Frankfurt a. M./New York 2013, S. 32–70, hier S. 40f.

10 Während das Interesse an der Frage, inwieweit Mission und Kolonialismus zusammenhingen, abgeflacht ist, konnten jüngere Arbeiten zeigen, wie wichtig Missionsgesellschaften für die Verbreitung von Bildern des »Anderen« und die Formierung von Identitäten in Europa waren. Diese kolonialen Wissensbestände prägten die Vorstellung vom Außereuropäischen als auch vom Europäischen nachhaltig mit und das bis in entlegenste Winkel der europäischen ländlichen Gesellschaft hinein, so eine der Grundannahmen dieser jüngeren Perspektive auf die Kolonialgeschichte. Susan Thorne, Congregational Missions and the Making of an Imperial Culture in Nineteenth-Century England, Stanford 1999; Andreas Nehring, Orientalismus und Mission. Die Repräsentation der tamilischen Gesellschaft und Religion durch Leipziger Missionare 1840–1940, Wiesbaden 2003; Patrick Harries, Butterflies and Barbarians. Swiss Missionaries and Systems of Knowledge in South-East Africa, Oxford 2007; Rebekka Habermas, Colonies in the Countryside: Doing Mission in Imperial Germany, in: Journal of Social History 50 (2017), S. 502–517.

11 Patricia Grimshaw/Andrew May (Hg.), Missionaries, Indigenous Peoples and Cultural Exchange, Brighton/Portland/Toronto 2010; Rebekka Habermas/Richard Hölzl (Hg.), Mission Global. Eine Verflechtungsgeschichte seit dem 19. Jahrhundert, Köln/Weimar/Wien 2012; Judith Becker, Conversio im Wandel. Basler Missionare zwischen Europa und Südindien und die Ausbildung einer Kontaktreligiosität, 1834–1860, Göttingen 2015; Elisabeth Engel, Encountering Empire. African American Missionaries in Colonial Africa, 1900–1939, Stuttgart

Andererseits sind die Missionsgeschichte und die in Missionsarchiven überlieferten Quellen aus methodischer Sicht für die Kulturwissenschaften von Interesse. Andere Perspektiven und innovative Methoden wurden in den letzten Jahren von Anthropologen, Linguisten, Soziologen und Kulturhistorikerinnen und -historikern gleichermaßen an den Untersuchungsgegenstand der Mission herangetragen.[12] Diese Arbeiten bieten ein weites Spektrum an möglichen Zugängen an, die sich deutlich unterscheiden und zum Teil auch widersprechen. Wichtig ist aber, dass ihr frischer Blick auf die Mission die Deutungshoheit über die Missionsgeschichte entmonopolisierte.

Hinzu kommt, dass der Boom von global- und kulturwissenschaftlichen Ansätzen in den letzten zwanzig Jahren auch zu einer Neuausrichtung der Religionsgeschichte führte. Während globalhistorische Forschungen zeigen konnten, dass Religion im sogenannten Globalisierungsprozess eine weit wichtigere Rolle spielte als lange angenommen,[13] gewannen soziale, kulturelle, materielle und ästhetische Fragestellungen in der Religionsgeschichte an Bedeutung.[14] Im Rahmen dieses Perspektivwechsels wandelte sich auch die Forschung zur

---

2015; Kirsten Rüther/Angelika Schaser/Jacqueline van Gent, Gender and Conversion Narratives in the Nineteenth Century. German Mission at Home and Abroad, Surrey 2015; Christine Egger, Transnationale Biographien. Die Missionsbenediktiner von St. Ottilien in Tanganjika 1922–1965, Köln/Weimar/Wien 2016; Linda Ratschiller/Siegfried Weichlein (Hg.), Der schwarze Körper als Missionsgebiet. Medizin, Ethnologie, Theologie in Afrika und Europa 1880–1960, Köln/Weimar/Wien 2016, um nur einige zu nennen.

12 John Comaroff/Jean Comaroff, Of Revelation and Revolution, Bd. 1: Christianity, Colonialism and Consciousness in South Africa, Chicago 1991; dies., Of Revelation and Revolution, Bd. 2: The Dialectics of Modernity on a South African Frontier, Chicago 1997; Anna Johnston, Missionary Writing and Empire, 1800–1860, Cambridge 2003; Jon Miller, Missionary Zeal and Institutional Control. Organizational Contradictions in the Basel Mission on the Gold Coast, 1828–1917, Grand Rapids/Cambridge/London 2003; Rebekka Habermas, Wissenstransfer und Mission. Sklavenhändler, Missionare und Religionswissenschaftler, in: Geschichte und Gesellschaft 36 (2010), S. 257–284; Patrick Harries/David Maxwell (Hg.), The Spiritual in the Secular. Missionaries and Knowledge about Africa, Grand Rapids 2012; Martin Fuchs/Antje Linkenbach/Wolfgang Reinhard (Hg.), Individualisierung durch christliche Mission?, Wiesbaden 2015.

13 Christopher A. Bayly, Die Geburt der modernen Welt. Eine Globalgeschichte 1780–1914, Frankfurt a. M./New York 2008, S. 400–450; Sebastian Conrad, Religion in der globalen Welt, in: ders./Jürgen Osterhammel (Hg.), Geschichte der Welt. Wege zur modernen Welt, 1750–1870, München 2016, S. 559–625.

14 Hans G. Kippenberg, Die Entdeckung der Religionsgeschichte. Religionswissenschaft und Moderne, München 1997; Friedrich Wilhelm Graf, Die Wiederkehr der Götter. Religion in der modernen Kultur, München 2004; Christian Grosse, »Histoire religieuse« – »Religionsgeschichte«. De l'histoire »ecclésiastique« à l'histoire »culturelle«, in: Traverse. Zeitschrift für

Missionsgeschichte. In der Mission, verstanden als Kontaktzone, wurde ausgehandelt, was als »religiös« und was als »säkular«, was als »christlich« und was als »heidnisch« gelten sollte. Die Berichte, Publikationen und Fotografien der Missionare ebenso wie die von ihnen transportierten Objekte sind daher wichtige Quellen in der Frage nach der Entstehung des modernen Religionsbegriffs und der Trennung von Säkularem und Religiösem in der Moderne. Religion produktiv mit in die Analyse von Missionsquellen einzubeziehen, bedeutet also einen Mehrwert.[15]

Obwohl die Studien zur neueren Missionsgeschichte keine gemeinsame Forschungsagenda verfolgen – im Gegensatz zur älteren Forschung, die beispielsweise versuchte, die erfolgreiche Ausbreitung des Christentums nachzuzeichnen – verbindet sie über ihre divergierenden Interessen und disziplinären Unterschiede hinweg die Arbeit mit Missionsquellen. Nicht inhaltliche Annahmen und Fragestellungen, sondern das Missionsarchiv wird so zum Merkmal einer neuen Missionsgeschichte, oder wie es David Arnold und Robert A. Bickers ausdrücken: »Christian endeavour and church history may no longer provide unifying schema for approaching missions, but the bureaucratic competence of the missionary societies has supplied a unifying resource: the mission archive.«[16] Hier ergibt sich eine Dimension der Verflechtung jenseits des Gegenstands der Untersuchung. Die Quellendichte und der globalhistorische Zuschnitt der Missionsgeschichte bedeuten, dass eine Vielzahl an methodischen Zugängen und Perspektiven miteinander verbunden werden können.[17]

Geschichte 19 (2012) 1, S. 165–180; Dick Houtman/Birgit Meyer (Hg.), Things: Religion and the Question of Materiality, New York 2012.

15 Kirsten Rüther, Zugänge zur Missionsgeschichte: Plädoyer für eine akteurszentrierte Geschichte religiöser Veränderung, in: Zeitschrift für Missionswissenschaft und Religionswissenschaft 100 (2016), S. 211–219.

16 David Arnold/Robert A. Bickers, Introduction, in: Robert A. Bickers/Rosemary Seton (Hg.), Missionary Encounters. Sources and Issues, Richmond 1996, S. 1–10, hier S. 1.

17 Z.B. mit Fragen der *gender studies* oder der Mikrogeschichte: Andreas Eckl, Grundzüge einer feministischen Missionsgeschichtsschreibung. Missionarsgattinnen, Diakonissen und Missionsschwestern in der deutschen kolonialen Frauenmission, in: Marianne Bechhaus-Gerst/Mechthild Leutner (Hg.), Frauen in den deutschen Kolonien, Berlin 2009, S. 132–145; Dagmar Konrad, Missionsbräute. Pietistinnen des 19. Jahrhunderts in der Basler Mission, Münster 2001; Rhonda Anne Semple, Missionary Women. Gender, Professionalism and the Victorian Idea of Christian Mission, Woodbridge/Rochester 2003; Hauser, German Religious Women; Helge Wendt, Die missionarische Gesellschaft. Mikrostrukturen einer kolonialen Globalisierung, Stuttgart 2011.

Der Methodenpluralismus der neuen Missionsgeschichte

Der vorliegende Band plädiert dafür, Missionsgeschichte nicht mehr primär als Projekt einzelner europäischer Missionsgesellschaften zu begreifen, sondern gesamthistorisch als Verflechtungsgeschichte zwischen global vernetzten Akteuren, Institutionen, Objekten und Wissensbeständen zu konzipieren. Er schließt damit an vorliegende Studien an,[18] geht aber auch über sie hinaus. Nicht nur die Mission selbst wird im Folgenden als verflochten gedacht, sondern auch die Forschung zur Missionsgeschichte. Eine neue Missionsgeschichte, wie sie hier präsentiert wird, zeichnet sich durch ihren Methodenpluralismus aus.

Anstatt Missionsgeschichte von innen heraus zu erklären, zeigt die vorliegende Publikation, wie gewinnbringend die Integration von Denkanstößen aus den Kultur-, Sozial- und Geisteswissenschaften für die Untersuchung des Phänomens Mission ist. Die reichhaltigen Quellenbestände von Missionsarchiven eignen sich besonders gut, um Globalisierungsprozesse zu analysieren, postkoloniale Perspektiven einzunehmen und Aushandlungsprozesse von Religion zu untersuchen. Die Missionsgeschichte gewinnt dadurch an Distanz zum eigenen Gegenstand. Darüber hinaus ermöglicht eine solche Außenperspektive auf die Missionsgeschichte die Formulierung von gemeinsamen Ansätzen, Methoden und Fragestellungen, die über konfessionelle, geografische und soziokulturelle Unterschiede hinwegreichen.

Die christlichen Missionen des 19. und 20. Jahrhunderts verband über ihre nationalen, sprachlichen und theologischen Differenzen hinweg ein gemeinsames Ziel: die Verbreitung des christlichen Glaubens. Der Untersuchungsgegenstand der Mission lässt sich in diesem Sinne als Phänomen von transnational vernetzten religiösen Gemeinschaften begreifen. Dies ermöglicht die Integration von vielfältigen Ansätzen aus verschiedenen Disziplinen, die Verflechtungsprozesse untersuchen. Darüber hinaus bleibt eine so verstandene Missionsgeschichte offen für Perspektivwechsel: Die Bestimmung von Zentrum und Peripherie ist nicht eindeutig; die Untersuchungsebenen zwischen Makro-, Meso- und Mikrogeschichte werden zusammengedacht; die Deutungshoheit von Missionsquellen kann infrage gestellt werden.

Der Anreiz und zugleich die Herausforderung einer neuen Missionsgeschichte liegen also in den vielfältigen Perspektiven, die sie ermöglicht. Der

---

18 So recht explizit Habermas/Hölzl, Mission Global, S. 11; Helge Wendt, Mission transnational, trans-kolonial, global: Missionsgeschichtsschreibung als Beziehungsgeschichte, in: Schweizerische Zeitschrift für Religions- und Kulturgeschichte 105 (2011), S. 95–116.

vorliegende Band greift dies auf und zeigt, wie sich Fragestellungen und Quellen der Missionsgeschichte mit innovativen Methoden wie etwa aus den *cultural studies* oder der Wissensgeschichte verbinden lassen. Wie lässt sich die Missionsgeschichte erweitern, wenn man sie beispielsweise mit Überlegungen aus den *museum studies* verknüpft, sie konsequent aus einer Perspektive auf Netzwerke denkt oder Überlegungen zur materiellen Kultur und zu Objekten anhand missionarischer Quellen anstellt? Solche Fragen bereichern nicht nur die Missionsgeschichte, sondern stoßen auch methodische Reflexionen in anderen Disziplinen der Geistes-, Kultur- und Sozialwissenschaften an.

Die Beiträge in diesem Band begreifen die Missionsgeschichte sowohl methodisch als auch konzeptionell als Geschichte von Verflechtungen. Interaktionen und Austauschprozesse, der Transfer von Waren, das Sammeln und Generieren von Sprachen und nicht zuletzt Aushandlungsprozesse des Religiösen und Säkularen zeigen, dass Mission geteilte Geschichten produzierte. Der Band thematisiert aber auch die Grenzen des Verflechtungsparadigmas. Missionsgeschichte ist immer auch Konfliktgeschichte. Die missionarischen Begegnungen produzierten oft mehr Fragen und Ambivalenzen, als sie Antworten und Sicherheiten lieferten. Das Scheitern von Netzwerken, das Verschweigen von Wissen oder der Nichttransfer von Objekten gehören ebenso zu einer komplexen und kritischen Verflechtungsgeschichte der Mission.

Eine Perspektive auf Mission als verflochtenes Unternehmen muss also auch Entflechtungen, Widerstände, Machtunterschiede und Brüche mitbedenken. Die Beiträge in diesem Band lassen sich deswegen – explizit oder implizit – stets auf diese Aspekte hin lesen: Wo, wann und warum gingen Informationen zwischen den Missionsgebieten und den Herkunftsländern der Missionen verloren? Welche Bedeutungsebenen wurden von Informanten, Assistenten, afrikanischen bzw. asiatischen Christinnen und Christen geheim gehalten? Welche Aspekte verschwiegen Missionarinnen und Missionare gegenüber ihren Missionsdirektoren? Welche Geschichten wurden gerade nicht im Missionsblatt oder in der Zeitung veröffentlicht? Wo scheiterte die Kommunikation zwischen Missionaren untereinander ebenso wie mit weiteren Akteuren vor Ort – *chiefs,* Missionsschülern, Gemeindeangehörigen – oder mit Kolonialbeamten, Politikern und Wissenschaftlern? Und nicht zuletzt, wie gingen die Akteure der Missionsgeschichte mit Konflikten um?

Missionsquellen als Fundus und Grundlage der Missionsgeschichte

Ohne Rückkoppelung an Quellenbeispiele laufen theoretische Überlegungen und methodische Ansätze Gefahr, eine ahistorische und normative Perspektive zu produzieren. Die Historiker Patricia Grimshaw und Andrew May erinnerten 2010 in ihrer Einleitung zu *Missionaries, Indigenous Peoples and Cultural Exchange* daran, wie wichtig es ist, die historischen Besonderheiten im Auge zu behalten: »Even if missionaries start with a core belief in proselytisation and cultural reshaping, unexpected happenings emerge across different mission fields; the outcomes of missionary activities are not predetermined.«[19] Grundlegendes Anliegen einer neuen Missionsgeschichte ist es folglich, den *missionary encounter* anhand von Quellen kritisch zu historisieren.

Missionare lebten meist über einen ausgedehnten Zeitraum in außereuropäischen Missionsgebieten und machten sich zu Bekehrungszwecken eng mit den jeweiligen Gesellschaften vertraut. Ihre Quellen sind Produkte langfristiger, interkultureller Zusammenarbeit und unterscheiden sich dadurch meist stark von Quellen, die von Kolonialbeamten, Händlern oder Wissenschaftlern geschrieben wurden. Missionsarchive eignen sich also besonders gut, um Transfer-, Verflechtungs- und Austauschprozessen nachzugehen, wie der Fall der Leipziger Beschneidungsdebatte zeigt. Das umfassende Berichtswesen und die ständige Kommunikation der Missionare mit den Missionsleitungen in Europa und ihre Eingebundenheit in wissenschaftliche ebenso wie populär-koloniale Diskurse führten in den meisten Fällen katholischer wie protestantischer Missionsgesellschaften zu einem breitgefächerten Quellenbestand.

Der Umgang mit Quellen in der Missionsgeschichte erfordert aber methodisch und theoretisch eine tiefe Reflexion: Zwar verfügen die meisten Missionsgesellschaften über ein umfassendes Archiv, das nicht nur schriftliche, sondern auch Bildquellen, ja sogar Filme und materielle Bestände umfasst. Diese Quellen sind jedoch zumeist aus einer missionarisch-europäischen Sichtweise heraus verfasst und erfordern ein hohes Maß an Fingerspitzengefühl und methodischem Handwerkzeug. Die Aufsätze in diesem Band verbindet diese Herausforderung: Wie lassen sich die Stimmen derjenigen, von denen wir keine oder kaum schriftliche Zeugnisse haben, hörbar machen, ohne dass Machtungleichheiten verschwiegen werden? Welche Zugänge und Methoden eignen

---

19 Patricia Grimshaw/Andrew May, Reappraisals of Mission History. An Introduction, in: dies. (Hg.), Missionaries, Indigenous Peoples and Cultural Exchange, Brighton/Portland/Toronto 2010, S. 1–9, hier S. 3.

sich, um die Deutungshoheit von Missionsquellen zu durchbrechen? Wie können Missionsarchive für innovative Fragestellungen erschlossen werden?

Die Autorinnen und Autoren nutzen in ihren Beiträgen mindestens vier Methoden, um den Herausforderungen von Missionsquellen zu begegnen: Erstens untersuchen sie schriftliche Quellen aus Missionsarchiven auf ihre Porosität hin. Die meist umfangreichen Schriftzeugnisse bestehen aus sehr verschiedenen literarischen Gattungen, die von privaten Briefen über Protokolle bis hin zu populären Missionsmagazinen oder missionswissenschaftlichen Publikationen reichen. Diese Darstellungen sind nicht durchweg kohärent. Sie enthalten Widersprüche und Ungereimtheiten, die einen methodischen Einstiegspunkt für die historische Rekonstruktion der Missionssituation bilden. Eine kritische Lektüre von Missionsquellen hinterfragt Oberflächennarrative und soll Austauschprozesse sichtbar machen, die oft nur zwischen den Zeilen zu finden sind, weil die Deutungsmacht ungleich verteilt und der Diskurs durchaus hegemonial strukturiert war.

Zweitens erweitern sie ihren Quellenkorpus auf materielle Bestände, die sowohl Karten und Fotografien als auch Objekte und Filme beinhalten. Nicht-schriftliche Quellen bergen das Potenzial, die hegemonialen Erzählstrukturen von Missionstexten zu durchbrechen und den interaktiven, oft ambivalenten Charakter von missionarischem Wissen zu beleuchten. Missionsgeschichte ist auch Materialitätsgeschichte; Missionare und Missionarinnen produzierten Karten, Fotografien und Filme, sammelten Artefakte und handelten mit Gebrauchswaren. Die materielle Dimension der Mission wirft weiterführende Fragen auf: Inwieweit handelt es sich bei diesen Dingen um religiöse Objekte? Wie gestaltete die Materialität der Mission populäre Diskurse und Praktiken? Was sagt diese Materialität über die religiöse Beschaffenheit von modernen Wissenschaften und bürgerlichen Identitäten aus? Eine Materialitätsgeschichte der Mission muss dabei auch das Verschwinden und Nicht-Zeigen von Objekten sowie die Umdeutung von Objekten in der Ausstellungssituation einbeziehen.

Drittens versuchen die Beiträge dem Umstand Rechnung zu tragen, dass Missionsquellen an die Lokalitäten und Entstehungskontexte gebunden sind, in denen sie entstanden. Das bedeutet, dass sie sich auf ethnografisch-historische Studien stützen müssen, um Genaueres über die Orte und die Menschen in den Missionsfeldern zu erfahren. Das erkenntnistheoretische Problem eines solchen Zugangs liegt darin, dass diese Fachliteratur meistens selbst auf Beschreibungen von Missionaren oder anderen Kolonialakteuren beruht. Missionsquellen aus der Kolonialzeit sowie die darauf aufbauende Literatur zu

Orten in Afrika, Asien und Südamerika stellen eine einseitige historische Überlieferung dar. Eine hegemoniale Überlieferungssituation verhindert jedoch kritisches historisches Wissen nicht. Sie bildet vielmehr die unverzichtbare empirische Basis, mit der sich jede Missionsgeschichtsschreibung auseinandersetzen muss, die zu einer kritischen Rekonstruktion des *missionary encounter* während der Kolonialzeit beitragen will.

Eine Missionsgeschichte, die sich als Verflechtungsgeschichte versteht, profitiert viertens von der Konsultation verschiedener Archive. Dazu gehören Bestände in den ehemaligen Missionsgebieten, Lokalzeitungen in den europäischen Missionsgemeinden, Archive anderer Missionsgesellschaften ebenso wie Kolonialarchive. Missionsquellen müssen kontextualisiert werden, um ihre Besonderheit bewerten und ihre Bedeutung einschätzen zu können. Allianzen, Interdependenzen und Konkurrenzsituationen zwischen verschiedenen Interessensgruppen können so offengelegt und Wechselwirkungen wie Spannungen zwischen Entwicklungen in der Heimat und jenen in den Missionsgebieten aufgearbeitet werden. Besonders in Bezug auf die Forschungspraxis bedeutet eine verflochtene Geschichtsschreibung der Mission folglich auch die Offenheit für eine transnationale Forschungszusammenarbeit.

Perspektiven auf eine neue Missionsgeschichte: Ein erster Überblick

Der vorliegende Band lotet anhand von historischen Fallbeispielen neue Perspektiven auf die Missionsgeschichte aus. Die Autorinnen und Autoren zeigen, wie theoretische und methodische Ansätze aus der Globalgeschichte, der historischen Netzwerkforschung, den *material studies,* der Wissensgeschichte, der neueren Religionsgeschichte, den *museum studies* und der *critical cartography* für eine Neuausrichtung der Missionsgeschichte genutzt werden können. Im Zentrum steht dabei der reflektierte Umgang mit den umfangreichen Archivbeständen und heterogenen Quellenarten katholischer und protestantischer Missionsgesellschaften, die im 19. und 20. Jahrhundert in Afrika, der Südsee, in Asien und Amerika sowie Europa arbeiteten.

Dadurch, dass zahlreiche Missionsgesellschaften und Orden unterschiedlicher Konfessionen beleuchtet werden, ermöglicht der Band einen Vergleich und die Suche nach Ähnlichkeiten, Gemeinsamkeiten und Differenzen, wie sie lange Zeit in der Forschung zur Mission noch ausstanden. Die Beiträge umfassen dabei nicht nur den Schwerpunkt des »Missionsjahrhunderts«, wie das 19. Jahrhundert bereits zeitgenössisch genannt wurde, sondern decken die Jahre bis in die 1960er ab. Sie ermöglichen damit, die Entwicklung von Mission von den Anfängen der Erweckungsbewegung bis ins Zeitalter der »Entwicklungshilfe« zu verfolgen.

Das Ausprobieren, die Adaptation und der Austausch über innovative Zugänge zur Missionsgeschichte sollen einerseits zu einer Öffnung des Forschungsfeldes für weiterreichende Fragen der Global-, Kultur-, Wissens-, Religions-, Kolonial- und Materialitätsgeschichte führen. Anderseits tragen die methodischen Experimente und theoretischen Reflexionen aber auch zu einer Schärfung des Forschungsfeldes Missionsgeschichte bei: Durch welche Ansätze, Methoden und Fragestellungen zeichnet sie sich aus? Was ist das Alleinstellungsmerkmal von Missionsgeschichte?

Die Autorinnen und Autoren machen Angebote und liefern Lösungsansätze, die über ihre eigenen spezifischen Quellenbeispiele hinaus Bestand haben sollen. Die allgemeine Frage danach, wie sich Mission als historisches Phänomen konzeptualisieren lässt, ermöglicht trotz aller Unterschiede zwischen den verschiedenen Denominationen, Institutionen, Akteuren, Herkunftsgemeinschaften und Missionsfeldern – die selbstverständlich weiterhin zu berücksichtigen sind – die neue Missionsgeschichte methodisch und konzeptuell genauer zu bestimmen.

Der Band gliedert sich in zwei Teile. Im ersten, deutlich umfangreicheren Teil des Bandes werden unterschiedliche Perspektiven auf Missionsgeschichte präsentiert. Die Autorinnen und Autoren untersuchen eine breite Palette an Quellengattungen und skizzieren zum Beispiel verschiedene Arten von Verflechtungen: institutionelle *(Feigk),* materielle *(Dörner, Ratschiller),* theologisch-religiöse *(Wetjen),* wissenshistorische *(Smolarski),* kolonial-politische *(Gibbs),* räumlich-soziale *(Egger)* und kulturelle *(Miller).* Die Artikel bilden damit eine Versuchsreihe, die dazu beitragen soll, Ansätze in der Missionsgeschichte zu pluralisieren, neue Methoden zu testen und den Fokus der Fragestellungen zu erweitern. Der zweite Teil des Bandes greift diese unterschiedlichen Perspektiven kritisch auf, indem er sie infrage stellt und weiterentwickelt. Damit soll eine Diskussion über die Ergebnisse der Beiträge angeregt werden, die über die Publikation hinausreicht.

Den Auftakt des Bandes bildet der Beitrag von *Jenna Gibbs,* in dessen Mittelpunkt der weit vernetzte Missionar der Herrnhuter Brüdergemeine Christian Ignatius Latrobe und seine Haltung zur Sklaverei stehen. Gibbs greift an diesem ambivalenten Beispiel methodologische Fragen der Kultur-, Kolonial- und Globalgeschichte auf. Sie zeigt, wie sich anhand der Missionsgeschichte

Mikro-, Meso- und Makroebenen der Analyse mit einer globalen Verflechtungsgeschichte von Religion vereinbaren lassen.

Ein späteres Beispiel für ein transnationales Netzwerk und institutionelle Zusammenarbeit bietet der Beitrag von *Matthäus Feigk*. Ausgehend von der Basler Missionsgesellschaft untersucht er missionswerkübergreifende Netzwerke und deren Veränderung während und nach dem Ersten Weltkrieg. Dabei geht Feigk nicht nur auf Herausforderungen der Quellenlektüre ein, sondern entwickelt eine dem Gegenstand angepasste Kombination aus wissensgeschichtlichen und netzwerktheoretischen Ansätzen.

René Smolarski wählt in seinem Beitrag einen ähnlichen Zugang, um einen bisher kaum erforschten Teilbereich der Missionsgeschichte zu beleuchten: Anhand der Missionskartografie, einer Wissenschaftsdisziplin, die sich im ausgehenden 19. Jahrhundert zwischen Geografie und Missionswissenschaft etablierte, zeigt er, wie es durch einen wissenshistorischen Ansatz gelingen kann, Akteure und Netzwerke aus verschiedenen Wissensbereichen und deren gemeinsame Erstellung, Weitergabe und Transformation von Wissen zu analysieren.

Das Zusammenspiel von Wissenschaft und Mission wird in *Karolin Wetjens* Beitrag aus einer anderen Perspektive betrachtet. Am Beispiel von Gemeindevorstandsprotokollen einer Missionsgemeinde in Ostafrika analysiert Wetjen Aushandlungsprozesse des Religiösen und Säkularen, in denen über die vermeintlich richtige Ausgestaltung des Christentums entschieden wurde. Dabei wird besonders sichtbar, wie ambivalent Konversionsprozesse und die Zugehörigkeit zum Christentum von lokalen Akteurinnen und Akteuren bewertet wurden.

Linda Ratschiller geht diesen Ambivalenzen im Missionsgebiet weiter nach und erweitert die Missionsgeschichte um eine lange Zeit vernachlässigte Perspektive, die Handel und Konsum als wesentliches Merkmal neuzeitlicher Missionen miteinbezieht. Ratschiller macht dabei auf den Austausch und die Zirkulation von Gebrauchswaren innerhalb der Missionsnetzwerke aufmerksam und analysiert die verschiedenen Bedeutungen und Zuschreibungen, die mit diesen Objekten verbunden waren – und dies insbesondere in einem von kolonialer Herrschaft geprägten Raum.

Annika Dörner greift die bereits von Linda Ratschiller betonte Materialität der Mission auf, beleuchtet sie jedoch unter einem anderen Blickwickel. Wenn Ratschiller im Wesentlichen das *social life of things*[20] im Außereuropäischen in

20 Arjun Appadurai, Introduction: Commodities and the Politics of Value, in: ders. (Hg.), The

den Blick nimmt, wendet Dörner den Blick nach Europa. Sie untersucht eine Wanderausstellung der Rheinischen Missionsgesellschaft, die sich explizit in die Tradition von Kolonial- und Völkerkundemuseen stellte. Unter Rückgriff auf das methodische Instrumentarium der *museum studies* analysiert Dörner dabei das Zusammenspiel von Objekten, Intentionen und Inszenierungen der Mission ebenso wie ästhetische Wirkungen auf die Besucherinnen und Besucher der Missionsausstellung.

Auch *Barbara Miller* untersucht in ihrem Beitrag eine für die Missionsgeschichte neue Quellengattung. Sie geht der Frage nach, wie sich die Mission im Zeitalter der »Entwicklungshilfe« im Medium Film inszenierte und damit um Spenden warb. Auf der Grundlage zweier Missionsfilme, die von der katholischen Missionsgesellschaft Bethlehem Immensee in Rhodesien gedreht wurden, fragt sie, wie eine Beziehung zwischen der Schweiz und Rhodesien mittels dieser Filme hergestellt wurde und wie diese Beziehung mit der Entwicklung einer schweizerischen Identität korrespondierte.

Den Abschluss der Beiträge bildet der Artikel von *Christine Egger,* die anhand der Missionsbenediktiner von Sankt Ottilien eine Geschichte transnationaler Verflechtungen schreibt. Egger konzipiert diese Verflechtungsgeschichte mit einem Fokus auf Räume und Netzwerke, der es ihr ermöglicht, die Verbindungen, Interaktionen und Transformationen von Menschen, Gegenständen und Institutionen, von Praktiken und Symbolsystemen zu analysieren. In ihrem Beitrag lotet sie unterschiedliche Dimensionen von Transnationalität aus, wie sie sich für eine Missionsgeschichte als konstitutiv erweisen.

Reflexionen und weiterführende Fragestellungen

Im zweiten Teil des Bandes werden die historischen Fallbeispiele aus einer interdisziplinären Perspektive betrachtet und kommentiert. Die drei Autorinnen und Autoren der Reflexionen identifizieren sowohl Neuheiten als auch Desiderate der neuen Missionsgeschichte und nutzen die Ergebnisse der Beiträge, um weiterführende Fragestellungen zu formulieren. Dabei wird deutlich, dass die in den Beiträgen vorgestellten Ansätze, Methoden und Fragestellungen nicht nur für eine neue Missionsgeschichte relevant sind, sondern auch in anderen Disziplinen Impulse setzen. Die Quellenanalysen im ersten Teil des Bandes bil-

Social Life of Things. Commodities in Cultural Perspective, Cambridge/New York/Melbourne 1986, S. 3–63.

den eine reichhaltige empirische Ressource, um Überlegungen zu Begegnungen, Verflechtungen und Konflikten zwischen Menschen, Institutionen oder Wissensbeständen anzustellen.

Der Kulturwissenschaftler und Philosoph *Philipp Seitz* beleuchtet die historischen Beiträge in seiner Reflexion aus einer kulturtheoretischen Perspektive, die die Missionsgeschichte abstrahiert. Er analysiert den *missionary encounter* als kulturellen Übersetzungsprozess und fragt, wie Menschen in transkulturellen Räumen Verhaltenssicherheit und Orientierung gewinnen. Seitz argumentiert, dass dabei immer ein Erstes bewahrt, ein Zweites umgedeutet und ein Drittes montiert wird. Die missionarische Begegnung sei deshalb ein besonders innovativer Ort, an dem neue sprachliche, mythische, religiöse, künstlerische und auch technische Bedeutungen hervorgebracht wurden.

Die Afrikanistin und ausgewiesene Expertin für Missionsgeschichte *Kirsten Rüther* fragt in ihrem Kommentar nach den Innovationen und Forschungslücken der neuen Missionsgeschichte. Sie ordnet und kommentiert die Beiträge entlang der drei Schwerpunkte Wissen, transnationale Netzwerke und zeitliche Imaginationen. Dabei unterstreicht sie auch Grenzen, Ungleichheiten und Machtverschiebungen. Missionen propagierten Unterschiede nicht nur entlang der Kategorien *gender, race* und *class,* sondern auch dadurch, dass sie mit unterschiedlichen Ideen von Zeit und Zeitlichkeit operierten, so Rüther. Damit benennt sie eine grundlegende Ambivalenz missionarischer Tätigkeit. Missionare und Missionarinnen oszillierten stets zwischen Gleichheit und Ungleichheit. Einerseits sollte aus Ungleichem Gleiches werden, wie etwa am missionarischen Reden über die Universalität der Menschheit deutlich wird. Andererseits gründeten das Evangelisierungsbestreben und die Missionspraxis auf einer Differenzlogik, die Menschen, Orte und Konzepte hierarchisch zueinander in Beziehung setzte.[21]

Daraus entstanden immer wieder Konflikte. Der Historiker *Siegfried Weichlein* konzipiert in der abschließenden Reflexion Missionsgeschichte als Konfliktgeschichte. Missionsquellen auf ihre Konflikthaftigkeit hin zu untersuchen, stellt eine nicht zu unterschätzende Herausforderung dar, weil Konflikte im missionarischen Schreiben meist erfolgreich verschwiegen wurden. Nichtsdestotrotz müssen Konflikte immer mitgedacht werden. Der universalistische Anspruch der Mission rief Differenzen hervor, das Aushandeln von Wahrheiten

21 Siehe dazu Esme Cleall, Missionary Discourses of Difference. Negotiating Otherness in the British Empire 1840–1900, London 2012.

produzierte Verlierer. Wissen, Praktiken und Repräsentationen waren deshalb stets umstritten.

In der Missionspublizistik hingegen bildeten Konflikte oder auch Mehrdeutigkeiten und Vermischungen, wie das vermeintliche *going native* mancher Missionare, ein Tabu. Deshalb erfordert das Schreiben einer neuen Missionsgeschichte ein hohes Maß an methodischer Innovation und theoretischer Reflexion, was erstens durch eine kritische Lektüre der vielfältigen Quellengattungen in Missionsarchiven gelingen kann. Zweitens müssen Objekte, Zeichnungen, Fotografien, Gebrauchswaren und Filme als Quellen in die Analyse eingebunden werden, weil sie innovative, teils auch gegensätzliche und widersprüchliche Perspektiven zu schriftlichen Quellen eröffnen. Eine kritische Missionsgeschichte kommt drittens nicht ohne eine Rekonstruktion der Missionssituation aus, denn wenn Konvertiten, Missionarsfrauen, Assistenten, *chiefs* und Missionsschüler als aktive Gestalter von sozialen Umständen und Missionsquellen ernst genommen werden, können Historikerinnen und Historiker sie nicht mehr aus diesen historischen Verflechtungen herausschreiben oder sie einfach darauf reduzieren, Objekte eines missionarischen Diskurses zu sein. Schließlich sollte sich das Konzept der verflochtenen Mission auch in der Forschungspraxis der Forscherinnen und Forscher etablieren, damit die klassische Institutionsgeschichte zugunsten interdisziplinärer und translokaler Perspektiven überwunden werden kann.

BEITRÄGE

Jenna M. Gibbs

Micro, Meso, and Macro Missions and the Global Question of Slavery

The Case of Christian Latrobe in Saxony, Great Britain, and South Africa

This volume illustrates how the history of Christian missions can illuminate substantial and methodological questions in colonial, cultural and global history, as well as issues in the history of religion, knowledge and science. This article first discusses how mission history can be used to connect micro, meso, and macro levels of history to help explain the relationship between family, national and colonial histories. It then shows how these methodological concerns play out in an empirical example: the case of Christian Ignatius Latrobe, the German-educated but London-based Secretary of the Moravian Society for the Furtherance of the Gospel from 1788 to 1836. His family background and Moravian education informed how he dealt with local and nationally based politics of slavery and antislavery in London. His engagement with these local and national issues in turn shaped his response to British and Dutch imperial competition in South Africa and its negative impact on the enslaved and indigenous peoples there, albeit refracted through his overriding mission to convert and make them part of the Moravian global community – a global story of the history of religion that all the essays in this volume expose.

The Global Latrobe Family, Evangelicalism, and Empire

Christian Ignatius Latrobe was a member of a family of French Huguenot descent who converted to the German evangelical Moravian sect – the Herrnhuter Brüdergemeine – and travelled the world between the mid-eighteenth and mid-nineteenth centuries as missionaries, immigrants, and British or American government officials. I am using this transnational family to explore the relationships between evangelicals, enslaved and indigenous peoples, and imperial governance in four of the sites in which they operated: North America, the British West Indies, South Africa, and Australia. As a Moravian family, the Latrobes are particularly apt subjects through whom to investigate the global nature of the history of religion and, more specifically, the relationship between global evangelicalism and empire. In the case of the Latrobes, their missionising was so global that one must talk about evangelicalism and plural empire*s*: the British Empire, the American Empire (by which I mean the nineteenth-century westward continental expansion of the United States that displaced Native Americans and spread slavery) and a global evangelical Empire that rested on the premises of a universal view of human spirituality and the imperative of conversion to Christianity. The Moravians were among the first Protestants to evangelise enslaved and indigenous peoples and saw themselves and their converts as a global community, a conception that multiple generations of the Latrobe family embraced.[1] As the missionising Latrobes worked both in the British and American Empires under the auspices of the Synod of Elders in Herrnhut, this family-history-as-global-history brings into dialogue the endeavours of German, American, and British evangelicals, too often studied separately.[2]

Using the Latrobe family as a lens into the disparate yet imitative development of the processes of imperialism in the British Caribbean, the United States, Australia, and South Africa allows a comparative exploration of several interrelated questions that are acutely relevant to the themes of connecting micro and macro levels of history, the history of knowledge, and the global nature of evangelical Christianity. Most obviously, the study links family, local, national and global history. To be sure, the long processes of colonialism occurred in different historical moments in different geopolitical contexts. My research also offers a comparative imperial lens that, building on recent scholarship, tells stories "suspended between empire and statehood, between local and global" through comparative studies of South Africa, North America, and Australia.[3] For the local, national and global are mutually implicated, necessitating comparative global studies to "tack back and forth between and among various territorial levels to examine the ways in which the local, regional, national and global are mutually implicated", as Felicity Nussbaum puts it.[4] My

1 Gisela Mettele, Weltbürgertum oder Gottesreich: Die Herrnhuter Brüdergemeine als globale Gemeinschaft 1720–1857, Göttingen 2009.

2 David Bebbington, Victorian Religious Revivals: Culture and Piety in Local and Global Contexts, Oxford 2012; Jonathan Stromm/Hartmut Lehmann/James Van Horn Melton (eds.), Pietism in Germany and North America 1680–1830, Farnham 2009, p. xxi.

3 Lisa Ford, Settler Sovereignty: Jurisdiction and Indigenous People in America and Australia, 1788–1836, Cambridge 2011, p. 1.

4 Felicity Nussbaum, (ed.), The Global Eighteenth Century, Baltimore/London 2003, p. 10.

empirical example – the case of Christian Latrobe – will hue closely to this advice; I will place his local and national engagement with British antislavery in London under the same lens as his reactions to slavery and the missions in South Africa, where he travelled in 1815 and 1816 with the aim of expanding the South African Moravian missions.[5]

The Moravians and "Liberty of Conscience"

In the early 1730s, the Moravians were among the first Protestant evangelicals to start spreading the gospel to enslaved peoples in the British West Indies and mainland North America. To do so, they proclaimed a radical new message of spiritual equality and liberty, yet simultaneously legitimated slavery by working with the plantation system and imperial governance. In their Danish West Indian missions, they even became slave-owners themselves.[6]

The Moravians were by no means alone in struggling with this fundamental tension: late eighteenth to early- and mid-nineteenth-century evangelicals of all denominations grappled with the fraught relationship between spiritual and temporal liberty. Some evangelicals linked the two to protest slavery. In the 1790s, for example, American Baptist minister, John Leland, demanded "liberty of conscience" or freedom of religious practice for African American slaves, and likened slave-holding to religious persecution as two equally egregious forms of contravening "liberty of conscience".[7] Similarly, in the early nineteenth century, Samuel Schmucker, the German-American head of the American Lutheran General Synod, denounced slavery because it denied "liberty of conscience" to enslaved converts by destroying the familial relationships necessary to lead a religions life.[8] The British abolitionist, George Thompson, also juxtaposed the slaves' lack of physical liberty to their lack of religious liberty

---

5 This essay is drawn from a chapter of my book-in-progress: *The Global Latrobe Family, Evangelicalism and Empire, 1750s–1850s.*

6 Jon Sensbach, Rebecca's Revival: Creating Black Christianity in the Atlantic World, Cambridge/London 2005, p. 106; Jan Hüsgen, Mission und Sklaverei: Die Herrnhuter Brüdergemeine und die Sklavenemanzipation in Britisch-und Dänisch-Westindien, Stuttgart 2016, p. 9; Armando Lampe, Mission or Submission? Moravian and Catholic Missionaries in the Dutch Caribbean During the 19th Century, Gottingen 2001, p. 39.

7 L. F. Green (ed.), The Writings of John Leland, New York 1969.

8 Samuel Schmucker, Of Slavery: Propositions on the Subject of Slavery, March 1810, Schmucker Papers, Lutheran Theological Seminary Archives, Abdel Ross Wentz Memorial Library, Gettsyburg, Pennsylvania, 37500.0003.

in a fiery sermon delivered in a Wesleyan chapel in Manchester after a massive slave rebellion in Jamaica in 1831–1832, the so-called "Baptist War". Jamaican planters blamed Christian missionaries, especially the Baptists, for inciting the revolt and retaliated by vandalising churches and expelling the missionaries.[9] Thompson demanded: "Have [the slaves] liberty of conscience [...] when their chapels are pulled down? [...] when a man is thrown down and flogged, and then loaded with an iron collar, fettered [...] is that liberty of conscience?"[10]

The Moravians' struggles over temporal and physical liberty were heightened by their theological dictate of a separation between spiritual and worldly matters. This conviction was clearly articulated by Christian Ignatius Latrobe's father, Benjamin Latrobe, who, as the London-based Provincial Helper (i.e., the leader of the British Province of the Moravian Church), was involved in early efforts to missionise the British West Indian slave plantations before his son, Latrobe, became Secretary of the Moravian's London-based mission society. Because Count Nicolas von Zinzendorf, the eighteenth-century Moravian leader who sheltered the Church in Herrnhut, Saxony, after the post-Reformation religious wars, was friends with George II, the German King of England and Regent of Hannover, the Moravians had been recognised as an Episcopal Church by Great Britain's Parliament in 1749. This recognition allowed them full freedom of movement in the British Empire, unlike dissenting Protestant denominations, such as Presbyterians, Baptists and later Methodists. But this special legal status also provoked mistrust and ire from conservative British commentators and clerics in the Church of England's episcopacy. As Provincial Helper, Benjamin Latrobe was repeatedly obligated to defend the Moravian Church, also known as the Unitas Fratrum, against allegations of doctrinal heresy and antinomianism. For example, in 1762 he publicly responded in print to a newspaper attack claiming that the Moravians' egalitarian social and gender mores – which in the eighteenth century, included ordaining women – were a threat to the Anglican episcopacy and to British social and political hierarchies. He repudiated charges of antinomianism by asserting: "Liberty of Conscience is established in the Unitas Fratrum; but not liberty to [...]

9 Michael Craton, Testing the Chains: Resistance to Slavery in the British West Indies, Ithaca/London 1982, p. 291; Edith F. Hurwitz, Politics and the Public Conscience: Slave Emancipation and the Abolitionist Movement in Great Britain, London 1973, p. 51–52; Mary Reckford, The Jamaica Slave Rebellion of 1831, in: Past and Present 40 (1968), p. 109-125, here p. 124.

10 George Thompson, The Substance of a Speech Delivered in the Wesleyan Methodist Chapel, Irwell-street, Salford, Manchester, Monday August 13, 1832, London 1832.

act repugnant to the laws of the land in which they dwell."[11] Here, Benjamin Latrobe also inadvertently summed up the two-pronged Moravian ethos of engagement with slavery: First, promoting the slaves' religious liberty yet discouraging direct challenges to the institution, on the grounds that it was "the law of the land." Second, the Moravians' need to defend their loyalty to the British Government and Church of England in order to operate their missions to enslaved and indigenous peoples in North America, the West Indies, South Africa and elsewhere.

The case of Christian Latrobe, Slavery, and Antislavery Sentiment

The career of Christian Ignatius Latrobe offers an empirical example of how the tensions between imperialism and evangelicalism, between spiritual and temporal liberty, and between family, national, and global imperial politics played out. He is a central figure in my larger study because, from 1788 to 1836, he was both the head of the British Moravian Church and the Secretary of the Moravian Society for the Furtherance of the Gospel, in which latter capacity he oversaw the Moravian missions worldwide. During his almost fifty years as Secretary he was in constant contact with the mother church in Herrnhut, had oversight of the Church's global missions to enslaved and indigenous peoples, corresponded with missionaries all over the world, and dealt with American government officials in the United States and British government officials in various parts of the British Empire.

Latrobe's activities as Secretary of the Moravian Society for the Furtherance of the Gospel between the 1780s and the 1830s embroiled him in the Church's larger conflicts over slavery, at the crux of which was the theological dictate of a separation between spiritual and worldly matters. Latrobe's personal commitment to supporting the parliamentary debates against slavery in London, spearheaded by William Wilberforce, put him at odds with the quietism of the mother church in Herrnhut and with his own father's admonition to challenge the laws of the land. Yet, it was also his father, Benjamin Latrobe, who introduced him to an ecumenical circle of key antislavery proponents, including the Bishop of London, Beilby Porteus, and Lord Charles

11 Benjamin Latrobe, Apologia for the Moravian Church, 1762, London Moravian Archive (hereafter: London MA), A3 Archives Book, packet 1.

Middleton.[12] Latrobe's engagement with the fraught question of slavery was thus shaped by his family history. But his attitudes towards slavery in the British West Indies and in South Africa also implicated him in a larger national and even global imperial history. In the 1780s and 1790s, he was an active supporter of British attempts to ban the slave trade – an effort that had a thoroughly global purview encompassing North America, the Caribbean, and Africa.

The Moravian Church's political quietism came under extreme duress during the European-wide Napoleonic wars and the War of 1812 between the United States and Great Britain, which heightened political and military tensions over slaves' spiritual and physical liberty. During this war, thousands of African American slaves chose to fight with the British – as they had in the American Revolution – in opposition to the U.S. forces. The Moravian Church, with Latrobe at the helm of its missions, including those in North America, remained neutral on the question of slavery. The Church's unwillingness to challenge political authority was tested anew in South Africa, when Latrobe helped the Moravian missionaries in the Western Cape to expand their missions – an expansion made possible in part by acquiescing to harsh laws of slave-like labour conditions for the indigenous Khoisan peoples, even while advocating for their "civilisation" through the missions. Latrobe thus epitomises the Moravians' conviction in the spiritual equality of all humankind, but espousal of a separation between spiritual and worldly matters.

Latrobe's involvement with 1780s antislavery efforts in London and in Moravian missions, and his engagement with enslaved Africans and the Khoisan peoples in the Western Cape, which he documented in his *Journey to South Africa,* published in London in 1816, reveal that he was critical of, yet accommodated imperial governance, thus speaking to the question of how national and colonial cultures were related. He complied, for example, with land and labour policies towards enslaved and Khoisan peoples that he deemed unjust, in order to advance the greater good of the missions. He deplored slavery and espoused an anti-racialist belief in human equality, both spiritual and intellectual, yet did not challenge the institution of slavery itself. Indeed, he embraced an overriding belief in Christianising as a requisite preparation for civilisation and, in keeping with Moravian precepts, saw spiritual salvation as more important than temporal circumstances, no matter how dire. Chris-

12 J. C. S. Mason, The Moravian Church and the Missionary Awakening in England 1760–1800, London 2001, p. 114.

tian Latrobe's involvement with British antislavery activism and his *Journey to South Africa* also show how mission history connects micro and macro levels of analysis, which is particularly valuable for a global history of religion. Furthermore, the Moravians in general – and Latrobe in particular – offer fascinating contributions to our understanding of the history of knowledge – *Wissensgeschichte* – that took place through global mission networks.

Latrobe's participation in the Moravian contribution to the history of knowledge begins with the expansive education all Moravians received in the eighteenth and nineteenth centuries, which included music, architecture, art, geography and philosophy, as well as religious instruction. This history of knowledge continues with the many reports sent by missionaries across the globe to the mother church in Herrnhut and to Latrobe in London, in his capacity as the Secretary of the missions, which included extensive ethnographic and botanical details. To be sure, Latrobe's own evangelical commitment and global view of religious outreach were a product of his Moravian education. He was born in the Moravian settlement at Fulneck, England, and educated at the school there until age thirteen. He then attended the Moravian school in Niesky, Saxony, in 1771 and thereafter trained for ordination in the Moravian seminary in Barby, Saxony, before returning to Great Britain in 1784. Moravian education followed the precepts of Comenius – the Czech philosopher, pedagogue, and bishop of the pre-Reformation Unitas Fratrum of Moravia – and stressed nurturing each child's individuality through what we might now call a liberal arts education. At Fulneck, Niesky, and Barby, Latrobe studied Greek, Latin, Hebrew, ethnography, history, natural sciences, philosophy, theology, art, architecture, and music.[13] The curriculum was explicitly oriented towards teaching evangelical philanthropy and an enlightened awareness of human cultural differences, emphasising the universality of global civilisations.

The Moravians were contributors to global evangelical networks, to national and colonial cultures, and importantly, to the sciences. Latrobe's career provides a vivid empirical case of all three of these themes. During his early education at the Moravian school and community in Fulneck, Leeds he was taught a global vision of geography using Moravian mission maps. While at Niesky, he received classes in *Naturwissenschaften* that were taught with samples of

13 Kurze Geschichte des Paedogogiums der evangelischen Brüder-Unität, p. 8–11 and p. 14, Unitätsarchiv Herrnhut (hereafter: UA Herrnhut), NB.I.R.3. 576 1; Das Theologische Seminarium der evangelischen Brüder-Unität in seinem Anfang und Fortgang, p. 1–19, UA Herrnhut, NB. I.R3.138.

flora, fauna, and cultural artefacts sent to the schools from Moravian missions around the globe. These objects were catalogued and displayed in Linnaeus's system.[14] In keeping with these universalising foci, Latrobe acquired an aversion to the slave trade while still a young child at the Moravian school in Fulneck, where he read a tract on the slave trade and "was so much shocked at the cruelties I read of, that the dreadful impression did not leave me".[15]

The "dreadful impression" of slavery and the slave trade Latrobe formed at an early age helps explain his conflicted feelings about the institution in his adult career as head of the Moravian missions in London and in his travels to South Africa. His distaste for slavery drove his involvement with and patriotic pride in British antislavery activities in the 1780s and 1790s, which he undertook in defiance of the Moravian Church's ethos of refraining from involvement in temporal affairs. His antislavery sympathy also strongly coloured his view of settler-indigenous relations and slavery in the Western Cape of South Africa, where he travelled in 1814 and 1815 to try to expand the Moravian missions.

After becoming the mission's Secretary in 1788, Latrobe built upon ecumenical relationships that his father, Benjamin, had established with evangelicals who were instrumental in founding the London Society for Effecting the Abolition of the Slave Trade in 1787. His abolitionist clerical network included William Wilberforce, the abolitionist Member of Parliament who led the British legislative drive for slave-trade abolition from the 1780s to the 1810s; James Ramsey, a slave-ship doctor turned abolitionist; John Newton, a slave-trader turned abolitionist (a conversion to which he testified in *Amazing Grace*); and also Lord and Lady Middleton, who used their home as an abolitionist meeting place – a home where Latrobe was a frequent visitor. Wilberforce and Latrobe became lifelong friends, as evidenced in the two men's correspondence. For example, in 1815 Wilberforce wrote to Lord Caledon, an official in the Admiralty's office, to plead with him to aid Latrobe's war-time efforts by supplying the worldwide Moravian missions with both goods and missionaries. In his letter, Wilberforce attested to his decades of friendship with Latrobe and his deep respect and admiration for him as "the head and hand […] of the Moravian missions, who manages much of their correspondence all over the world".[16]

14 Das Theologische Seminarium, p. 37; Kurze Geschichte des Paedogogiums, p. 14.

15 Christian Latrobe, Letters to My Children, London 1851, p. 13. Curiously, the tract Christian Latrobe recalls reading was William Snelgrave's pro-slavery *A New Account of Guinea and the Slave-trade,* London 1754.

16 Christian Latrobe, Copies of Letters and Papers Relating to Transactions with Government, Letter from William Wilberforce to Lord Caledon, 2.3.1815, p. 4–5, London MA.

In 1788 Wilberforce asked Latrobe to testify before a Privy Council that was charged with collecting evidence for use in the first parliamentary debate about slavery. This first debate was to mark the beginning of Wilberforce's prolonged political fight to persuade Parliament to ban the slave trade. One critical reason why Wilberforce asked Latrobe to provide evidence to the Privy Council was that, as Secretary of the missions, Latrobe received regular letters and reports from Moravian missionaries evangelising enslaved peoples of African descent in British Jamaica, Antigua, and Barbados. As Latrobe himself explained: "Mr. Wilberforce called early in 1787 to obtain information on the subject, and to collect evidence, such as he might produce in the course of the investigation about to take place in Parliament."[17] The reports sent to Latrobe from missionaries in the Danish and British West Indies included "Diaries of the Negro Congregations", in which missionaries transcribed their conversations with enslaved church attendees, converts, and official church helpers and sometimes ordained ministers, detailing the day-to-day lives of slaves and their roles in the Moravian congregations. Some of these reported conversations detailed gruesome realities of the working and living conditions of enslaved people, their harsh treatment by their masters, and the efforts of some masters to prevent enslaved Africans from participating in church services and Sunday schools. A few of the missionaries' reports also offered harsh criticism of masters' sexual abuse of and physical tyranny over the slaves, while others castigated the slave trade as an abomination.[18]

Because of this intimate knowledge, courtesy of Latrobe's global missionary networks, about the conditions of West Indian plantation slavery, his abolitionist friends persuaded him to testify about the conditions of slavery for the 1788 Privy Council. He was deeply conflicted about mounting any challenge to the slave economy that might contradict Moravian quietist dictates, jeopardise the Moravian missions, or undermine his own standing with Herrnhut. Latrobe had to have his arm twisted to offer evidence about the West Indian plantations and when the abolitionists first asked him to lend his voice, he emphatically refused. He explained his refusal in his diary:

> It struck me forcibly, that if the Brethren were called upon, publicly, or by a parliamentary Committee, to give any Evidence concerning the treatment of slaves in the

17 Ibid.

18 For example, Lewis Stobwasser's reports to Christian Latrobe from Gracehill, Antigua, especially his scathing letter of November 1814, London MA, Letters from Antigua Missions.

> West Indies, it might prove very injurious to our Missions, by bringing upon the ill will of the Proprietors.[19]

Only under great pressure did he offer evidence to the Privy Council. Moreover, given Herrnhut's injunction against interfering with temporal affairs, he had to seek permission from Herrnhut, and travelled there in 1787 to discuss the matter with the Council of Church Elders. The success of his petition was aided by a delegation sent to Herrnhut by the London Society for Effecting the Abolition of the Slave Trade, also in 1787.[20] Although Latrobe's Privy Council testimony included missionaries' observations of the degraded conditions of slavery, his overriding emphasis was on the good effect the missions had had on the behaviour and morals of the slaves, thereby endorsing the slaves' obedience to their masters and to the institution of slavery. His testimony may also have been motivated by the need to find financial support for the worldwide Moravian missions. Indeed, it became a major source of revenue to support the missions on the West Indian plantations. In 1790, Latrobe began transcribing and publishing edited versions – and, in some cases, versions translated from German to English – of the missionaries' handwritten reports as printed *Periodicals*. His preface to the first published *Periodical* summarised his Privy Council testimony. After 1790, the *Periodicals* became a significant way of fundraising for the missions and also served to spread knowledge globally about the missions and the peoples they sought to convert. Latrobe persuaded many in his clerical and political networks to be subscribers, including Wilberforce, Wilberforce's sons, and abolitionist Henry Sturge.[21]

Yet, Latrobe's testimony and personal correspondence with family members and friends suggest that, notwithstanding the Church's equivocal stance of non-interference in the slave system, he was genuinely sympathetic to the cause of British slave trade abolition. Recent mission scholarship has espoused the idea that evangelical Protestantism's precept of human spiritual equality – that everyone is equal before God, regardless of temporal station – was at the root of evangelicals' reformist politics (like antislavery activism and resistance to the land dispossession of indigenous peoples) and as such represents an intersection between evangelicalism and Enlightenment precepts of human difference

19 Copies of Letters, Diary Excerpt, 1788, p. 5–6, London MA.

20 Protokoll der Ältesten Conferenz der Unität, June/July/August 1787, UA Herrnhut.

21 Periodical Accounts, vol. XIV, p. 464 and XV, p. 33, London MA; Protokoll des Synodus, p. 266, UA Herrnhut, R 2 B 51d.

and rights.[22] In some ways, Latrobe's activities would seem to bear out this basic premise. In 1814, as he was voyaging to South Africa, he proudly touted his Privy Council testimony as evidence of his antislavery sympathies in a letter he wrote to his daughter, Charlotte. In this letter, he notes that both he and his daughter have "rejoiced [...] in the abolition of the slave trade [because] our nation has been delivered from the blood-guiltiness attached to it".[23]

But ultimately Latrobe put spiritual deliverance as paramount over temporal. In the same letter and under the same breath, he defended the Moravian missions to the slaves as contributing to "the blessed effects [...] by which the negroes were rendered happy even under oppression and contempt, with the sure hope of a blissful immortality", which intimates that he comfortably negotiated between indicting slavery's oppression yet supporting the missions that would, in his view, spiritually liberate the slaves. In this vein, he drew a clear distinction between slavery and the slave trade, telling his daughter that, "the horrors of the slave trade far exceed those of slavery." He ended his letter by acknowledging his fears of "the harm likely to ensue to the cause of the Mission by such interference" but then asserted his overriding "ardent wish [...] for the success of Mr. Wilberforce's benevolent undertaking [and] the sense I had of honor of being [...] called upon to contribute [...] towards it."[24]

While Latrobe had, through his correspondence as Secretary, in-depth knowledge of slavery in the Moravian missions and was engaged with slave-trade abolition activism, his trip in 1814 and 1815 to South Africa brought him face to face with slavery and indigenous converts for the very first time.[25] The indigenous peoples of colonial South Africa were the Khoikhoi and San, each of which was composed of multiple tribes who spoke related but distinct click languages. The Khoikhoi were pastoral peoples thought to have arrived in what is now South Africa approximately 2000 years ago, while the San were mobile hunter-gatherers whose existence in the area predated the Khoikhoi by

22 For example, Richard Elphick, The Equality of Believers: Protestant Missionaries and the Radical Politics of South Africa, Charlottesville/London 2012; James Heartfield, The Aborigines Protection Society: Humanitarian Imperialism in Australia, New Zealand, Fiji, Canada, South Africa, London 2011; Alan Lester/Fae Dussart, Colonization and the Origins of Humanitarian Governance: Protecting Aborigines across the Nineteenth-Century British Empire, Cambridge 2014.

23 Latrobe, Letters to My Children, p. 15.

24 Ibid., p. 23.

25 Ibid., p. 46.

about 100,000 years.[26] Although descended from separate peoples, I will here borrow other scholars' designation of both groups under the collective term, "Khoisan" to refer to the indigenous peoples that Latrobe – and all other British and Dutch colonists – lumped together as "Hottentots", or "Bushmen", derived from the Dutch term "Bosjemans". The moniker "Hottentot', used ubiquitously by European missionaries to refer to South Western pastoral Khoikhoi and San indigenous peoples, was a nonsense term ("hot en tot") that the Dutch colonisers invented to disparage Khoisan peoples as "stutterers" because the Dutch found their click languages unintelligible. Similarly, "Caffres" was a derogatory term for free blacks that was first used by the Dutch and later widely adopted by the British, including Christian Ignatius Latrobe, to refer to free blacks and runaway slaves.[27] Sent to South Africa in the immediate aftermath of the so-called Caffre War, Latrobe unthinkingly adopted the colonisers' terms of Hottentots and Caffres.

In the wake of the recently ended Napoleonic wars, because of which Great Britain had wrested control of the Western Cape from the Dutch, Latrobe was instructed by the Herrnhut Synod of Church Elders to go to South Africa in order to smooth over the conflicts between the Dutch farmers and British government and expand the Moravian missions in the Western Cape hinterland amidst armed conflict over land between the Dutch farmers and the so-called Caffres. But indigenous Khoisan teamed up enslaved and formerly enslaved blacks to rebel in unison against the widespread Dutch and British imposition of unfree labour to which they were all subjected, replete with harsh corporal punishments for resisting colonial land encroachment and forced labour policies. As the missionaries reported to Latrobe before his arrival, the "Bosjemans," a "Hottentot tribe," after being "deprived of their land and robbed of their cattle by the Europeans [...] became in their turn savage, and given to plunder."[28] Just before his arrival, so-called Caffres and Hottentots had staged an armed revolt against the Boers to try to regain the land that the white colonisers had taken from them. Between 1799 and 1803, pastoral Khoikhoi and hunter-gatherer San peoples rallied together to fight dispossession from their lands, and formed a potent alliance with free and formerly enslaved black Afri-

26 Nigel Penn, The Forgotten Frontier: Colonist and Khoisan on the Cape's Northern Frontier in the 18th Century, Athens/Cape Town 2005, p. 8–9; Willemien Le Roux/Alison White (eds.), Voices of the San: Living in Southern Africa Today, Cape Town 2004, p. 18–23.

27 For a discussion of ethnographic terminology, see Penn, The Forgotten Frontier, p. 8–9.

28 Periodical Accounts, vol. IV, p. 422, London MA.

cans to jointly rebel against becoming landless labourers in the servile employ of white settlers in what white colonial settlers – Dutch and British – termed the Caffre Wars.[29]

Although the imperative to resolve conflict between indigenous Africans and European settlers was the overriding reason the Synod sent Latrobe to South Africa, Herrnhut in fact issued multiple directives for his trip to the Western Cape. He was to assist in the expansion of the Moravian missions to the South African indigenous Khoisan peoples as well as enslaved African peoples imported by the Dutch from other parts of the continent. He was also sent there to smooth over conflicts the Moravian missions had with Dutch settlers who were hostile both to the missions and to the new British imperial government. While older scholarship emphasises the "missionary as imperialist", the activities of Latrobe (and his other family members) complicate this idea. The "missionary as imperialist" trope was revived by Jean and John Comaroff in their influential study of the London Missionary Society's evangelising of the South African Tswana, in which they argued that the evangelists were agents of imperial subjugation because they were "civilising" the Tswana by educating them to adopt Western mores and cultural practices.[30] Newer scholarship has instead proposed a more nuanced relationship between imperial and evangelical expansion, one in which missionaries just as often contested as colluded with imperial governance.[31] Latrobe's activities in South Africa fit this more subtle approach to imperial and evangelical expansion, and shed light on the relationship between national and colonial cultures. For he was critical of the British imperial government's treatment of indigenous Khoisan and enslaved African peoples, and one reason was that he brought his British antislavery

29 Wayne Dooling, Slavery, Emancipation and Colonial Rule in South Africa, Athens 2007, p. 62–63.

30 Jean Comaroff/John Comaroff, Of Revelation and Revolution, vol. 1: Christianity, Colonialism and Consciousness in South Africa, Chicago 1997; ibid., vol. 2: The Dialectics of Modernity on a Southern Frontier, Chicago 1997.

31 For example, Brian Stanley, The Bible and the Flag: Protestant Missions and British Imperialism in the Nineteenth and Twentieth Centuries, London 1990; ibid. (ed.), Christian Missions and the Enlightenment, Michigan 2001; Elizabeth Elbourne, Blood Ground: Colonialism, Missions, and the Context for Christianity in the Cape Colony and Britain, Montreal 2002; Norman Etheridge (ed.), Missions and Empire, Oxford 2005; Sujit Sivasundaram, Nature and Godly Empire: Science and Evangelical Missions in the Pacific, 1795–1850, Cambridge/New York 2005; Tony Ballantyne, Entanglements of Empire: Missions, Māori, and the Question of the Body, Durham/London 2014.

sympathies to bear on South African conditions of unfree labour: that is, he brought his nationalist sentiments to bear on his global views of labour.

Latrobe arrived in South Africa when the Western Cape, recaptured by the British from the Dutch in 1806 as a result of the Napoleonic Wars, was in a state of political upheaval that threatened the missions. As early as 1802, when the colony was still Dutch-controlled, missionary reports led Latrobe to conclude that "the insidious machinations and treachery, of the French, after the Revolution [...] affected our missionaries".[32] Further field reports from the Cape, which Latrobe included in the printed *Periodicals* that he began publishing in the 1790s to raise money for the missions, detailed "the continual disturbances of the farmers, wild Hottentots, and Caffres, on the frontiers".[33] The missionary reports here referred to the Dutch farmers – or Boers – with whom they had conflict over land even before the British supplanted Dutch control of the colony in 1806.

Yet, Latrobe also challenged the racialist assumptions underlying these categorisations and was deeply distressed by whites' displacement of South Africa's indigenous peoples from their ancestral lands. His journal of his visit to South Africa thus opens a window into the whole question of the relationship between Christianising and "civilising" projects. For example, while current mission scholarship does not deny the imbrication of evangelicalism with imperialism, it does emphasise that the global expansion of evangelicalism owed a good deal to its indigenous advocates, who adopted evangelical Christianity to their own ends and spread it of their own initiative.[34] In keeping with his Moravian belief in universal spiritual equality, when Latrobe travelled from Cape Town to Grönekloopf, site of one of the earliest Moravian missions in South Africa, he emphatically asserted the intellectual acuity of the Khoisan converts and, by implication, their role is spreading Christianity: "Whoever charges the Hottentots with being inferior to other people of the same class, as to education and the means of improvement, knows nothing about them."[35] And, when admiring the indigenous converts' singing at the other main Moravian mission town, Genadendal, he noted that the Khoi and San converts' "Sunday dress" was "neat and clean" and commented: "If some of my Cape friends, who often

---

32 Latrobe, Letters to My Children, p. 52.

33 Periodical Accounts, vol. III, p. 292, London MA.

34 For a fresh discussion of this issue, see Peggy Brock/Norman Etherington/Gareth Griffiths/Jaqueline Van Gent (eds.), Indigenous Evangelists and Questions of Authority in the British Empire 1750–1940, Leiden/Boston 2015, p. 1–2.

35 Christian Latrobe, Journey to South Africa, London 1816, p. 46.

Fig. 1: Interior of the Church at Genadenthal, in: Christian I. Latrobe, Journey to South Africa, 1814–1815, London 1818, p. 65.

describe the Hottentots as an incorrigible set of lazy, dirty, and ragged creatures, were to see this congregation on such occasions, they would at least say, that *here*, facts do not prove their assertions true."[36] Latrobe documented his observations of the "neat and clean" indigenous converts in his painting of the Genadenthal congregation, which he included in his published journal (fig. 1).

As well as acknowledging Khoisan converts as intellectually and morally capable, Latrobe also expressed sympathy for their displacement from their ancestral lands. When confronted with the realities of colonists' dispossession of the Khoisan's lands, he professed outrage at this injustice:

> In this part of the country, one may behold the state of degradation, into which the Hottentot nation has sunk, the blame and shame of which lie heavy with some of the former possessors of this land who, first having robbed the aborigines of their paternal inheritance, took advantage of their tame and defenceless state, to thrust them down into the most abject servitude.[37]

36 Ibid., p. 75. Italics in original.
37 Ibid., p. 193.

Yet, under the same breath, he claimed helplessness to oppose aboriginal land dispossession, and ultimately concluded that Christianising the indigenous population was a boon that outweighed the colonial imposition of "abject servitude".

Latrobe also repeatedly critiqued slavery in a similar vein: expressing dismay and disgust about the institution, yet acceptance of its reality. Having given testimony in 1788 to the parliamentary Privy Council, in service of William Wilberforce's first abolitionist appeal to Parliament, he was aghast to observe that slave-trade abolition had had an unfortunate unintended consequence: "Since the slave-trade has been abolished, the slaves remaining in the colony are sold at an enormous price [to other slave-trading European powers]."[38] But even though he was dismayed by this reality, he averred that the slaves still being sold in South Africa benefited from "the effect of Christian instruction [which] raises them from the abject and wretched state, into which they had been plunged."[39] He also observed the violent conditions of slavery with great distaste. For example, he documented in detail how "a runaway slave, chained to a post in the farmer's kitchen, was this morning sent forward for [corporal] punishment. Deserters are passed, from one farm to the other, till they reach the prison. We expressed to him our pity."[40] Latrobe did not, however, censure slavery as an institution, and not only casually notes the presence of slaves in the mission churches, but also makes use of slave labour in his travels.[41] Even his direct criticism of the slave trade – versus slavery itself – exposes the fault-lines between his enlightened universalist notions of human difference and faith in spiritual equality of all peoples, yet unwillingness to directly challenge imperial authority, even in the face of obvious injustice.[42] His discomfort with the treatment of enslaved peoples nonetheless tells us that his absorption of British national antislavery ethics carried over to his impressions of colonial culture with regard to slavery.

Throughout his travels from Cape Town into the interior of the Western Cape and back again, Latrobe also furthered the Moravian emphasis on contributing to a global history of knowledge including languages, culture and geography. In his journal he not only made ethnographic observations of the

38 Ibid, p. 128.
39 Ibid., p. 128.
40 Ibid., p. 256.
41 Ibid., p. 134, 137.
42 Ibid., p. 319.

so-called Hottentot peoples and enslaved Africans, but also included observations of the flora and fauna, for which he created and published a separate index in his *Journey to South Africa* titled, "List Of Trees, Shrubs, And Plants, Noticed in this Journal." Latrobe's ethnographic and botanic observations duly became part of the pedagogical materials used in the Moravian schools at Fulneck, Leeds, and Niesky and Barby in Saxony where students – like the youthful Latrobe before them – took in a universalising purview of the peoples and landscapes across the Moravians' global *Gottesreich*. Latrobe, and the Moravians more generally, thus contributed in significant ways to the history of knowledge that grew out of worldwide evangelical missionising. This *Wissensgeschichte* – ethnographic, botanical, but also global political knowledge of slavery and labour conditions – was made possible by global missionary networks, and the interlinked micro and macro levels of mission history in the eighteenth and nineteenth centuries that connected the Latrobes' family, national, and colonial history.

Conclusion

Christian Ignatius Latrobe's career reflects complex tensions: between evangelical fervour and enlightened precepts of universal humanity and global knowledge, between Christianising and civilising, and between imperial and spiritual governance. To be sure, these tensions, and Latrobe's attempts to rationalise them, did not end with the passage of the British Emancipation Act of 1833, which set in motion the eventual freedom of all the slaves in the British West Indies. On the eve of his death in 1836, Latrobe asserted: "Though precluded by a declared principle of their Church, from any direct interference, as a religious community, in the question of Negro Emancipation, the United Brethren have not been the less sincerely anxious for its safe and speedy adjustment." But, in this same writing, rather than dwell on the end of an unjust system, he concluded that freedom was "conducive to the spread of [the] gospel".[43] Throughout his career, Latrobe consistently maintained not only his dislike of slavery but also his unwillingness to challenge its legality, challenge oppressive labour laws, and fight imperial dispossession of indigenous lands.

Latrobe Ignatius Latrobe provides an empirical case study of how missionaries in the eighteenth and nineteenth centuries allow us to see the global reach

43 Periodical Accounts, vol. XIII, p. iv, London MA.

of Protestant religious history, the link between mission history and the history of knowledge, and the relationship between family, national and colonial cultures. After Latrobe's death, one of his sons, Peter Latrobe, took over as the Secretary of the world-wide Moravian mission society and oversaw the emancipation of slaves in the British West Indies as well as a prolonged conflict between the Moravian Church and British abolitionists – many of whom were Christian Ignatius Latobe's late father's friends – over the Moravians' continued slave holding in the Danish West Indies, where slavery was still legal.[44] Christian's involvement with the problem of slavery was thus bookended by his family history: his father Benjamin Latrobe, who had first introduced him to the ecumenical abolitionist circle in London – including William Wilberforce and Lord and Lady Middleton, who would become Christian's friends and colleagues – and his son, Peter, who inherited from Christian the thorny problem of the Moravians' involvement with slavery in the era of emancipation. Throughout his *Journey to South Africa,* a published version of his daily record of the more than six months he spent in the Western Cape, Christian Ignatius Latrobe lamented the realities of slavery and land dispossession and offered a universalising view of human spiritual equality that reflects the global outreach of Protestant missions. Yet, his view of human spiritual equality and his support of British slave-trade abolition went hand-in-hand with his determination to expand existing and establish new Moravian missions in the Western Cape of South Africa, which he saw as paramount to civilising the indigenous and enslaved Africans in the region. This ambiguity is indicative of the deep connections Christian Ignatius Latrobe embodied between family, national, and colonial cultures: the micro, meso and macro layers of mission history.

44 For an in-depth discussion of Peter Latrobe's struggles over slavery in the Danish/Dutch West Indies, see Hüsgen, Mission und Sklaverei.

Matthäus Feigk

Von Edinburgh nach Oegstgeest

Die transnationalen missionarischen Netzwerke Europas am Beispiel der Basler Mission 1910–1920

Das auslaufende 19. und beginnende 20. Jahrhundert gelten nicht nur als Zeitalter imperialistischer Konkurrenz. Seit der Konjunktur globalhistorischer Ansätze in der Geschichtswissenschaft wird dieser Zeitraum auch als Phase einer von technischen Innovationen getragenen Vernetzung der Welt und einer verstärkten internationalen Zusammenarbeit wahrgenommen, welche durch den Ersten Weltkrieg jäh unterbrochen wurde.[1] Durch die Darstellung von globalen Interaktionsräumen und Transnationalisierungsprozessen sind mittlerweile auch religiöse Gemeinschaften mit ihrer häufig grenzübergreifenden Mitgliederbasis in den wissenschaftlichen Fokus gerückt. Insbesondere das Forschungsfeld der Missionsgeschichte hat hierdurch in jüngster Zeit wichtige Impulse erhalten.[2] Missionsbewegungen zählen zu den wenigen nichtstaatlichen Organisationen, die bereits im 19. Jahrhundert über weltweite Kontaktnetzwerke verfügten. Missionare versuchten, im Zeitalter des Kolonialismus nicht nur christlich-europäische Kulturvorstellungen in Afrika und Asien zu installieren, sondern fungierten auch umgekehrt als Vermittler überseeischen Wissens in Europa – etwa im Bereich der Linguistik, Zoologie oder der Tropenmedizin.[3] Missionen nahmen also eine Schlüsselposition bei der angespro-

1 Vgl. Jürgen Osterhammel, Die Verwandlung der Welt. Eine Geschichte des 19. Jahrhunderts, Bonn 2010; Emily Rosenberg (Hg.), Weltmärkte und Weltkriege, 1870–1945, München 2012; Madeleine Herren, Internationale Organisationen seit 1865. Eine Globalgeschichte der internationalen Ordnung, Darmstadt 2009.

2 Vgl. Mai'a K. Davis Cross, Rethinking Epistemic Communities Twenty Years Later, in: Review of International Studies 39 (2013) 1, S. 137–160; Vincent Viaene, International History, Religious History, Catholic History, Perspectives for Cross-Fertilization (1830–1914), in: European History Quarterly 38 (2008), S. 578–607; Gisela Mettele, Weltbürgertum oder Gottesreich. Die Herrnhuter Brüdergemeine als globale Gemeinschaft 1727–1857, Göttingen 2009; Abigail Green/Vincent Viaene, Introduction. Rethinking Religion and Globalization, in: dies. (Hg.), Religious Internationals in the Modern World. Globalization and Faith Communities since 1750, Basingstoke et al. 2012, S. 1–19.

3 Vgl. hierzu die Arbeiten von Patrick Harries/David Maxwell (Hg.), The Spiritual in the Se-

chenen Verflechtung der Welt ein und stellten Verbindungskanäle zwischen Europa und der Welt her. Wie etwa Rebekka Habermas, Richard Hölzl und Ulrike Lindner gezeigt haben, kooperierten und konkurrierten Missionen dabei in ihren Arbeitsgebieten innerhalb eines komplexen Beziehungsnetzes mit einheimischen Autoritäten und Helfern sowie europäischen Kolonialbehörden, Siedlern und Forschern auch über Landesgrenzen hinweg.[4] In Europa trugen die Zentralen der Missionsgesellschaften zu dieser komplexen Gemengelage bei. Die Leitungsgremien versuchten mithilfe von Visitationsreisen und hochfrequenten Briefwechseln trotz der geografischen Distanz eine maximale Kontrolle über die Arbeit ihrer Missionare auszuüben, wobei sie ihrerseits das Stimmungsbild innerhalb ihrer jeweiligen Missionsvereine zu berücksichtigen hatten.[5] Darüber hinaus korrespondierten die Spitzen vieler protestantischer Missionsgesellschaften regelmäßig mit ihren Kollegen aus anderen europäischen Ländern, veröffentlichten wechselseitig Artikel in den jeweiligen Missionszeitschriften und nahmen an international besuchten Konferenzen teil. Ermöglicht wurde eine solche grenzübergreifende Zusammenarbeit durch die aus den pietistischen Wurzeln vieler Missionen übernommene Vorstellung vom nahenden Reich Gottes. Dieses galt überzeugten Christen als ihr eigentliches Vaterland, wodurch nationale und ethnische Grenzen relativiert wurden.[6] Missionen verbanden also nicht nur die Kolonialgebiete mit Europa, sondern vernetzten auch religiöse Gruppen innerhalb Europas und über den nördlichen Atlantik hinweg.

Der folgende Aufsatz will diese bisher von der Forschung nur wenig berücksichtigten transnationalen Kooperationen zwischen protestantischen Missionsgesellschaften innerhalb Europas anhand der Basler Mission näher beleuchten. Der Untersuchungszeitraum beginnt 1910 mit der Weltmissionskonferenz in Edinburgh als dem Höhepunkt des Vorkriegsoptimismus in der internationalen protestantischen Missionskooperation, schließt die durch den Ersten Welt-

---

cular. Missionaries and Knowledge about Africa, Grand Rapids 2012; Patrick Harries, Butterflies and Barbarians. Swiss Missionaries and Systems of Knowledge in South-East Africa, Oxford 2007; Rebekka Habermas/Richard Hölzl (Hg.), Mission Global. Eine Verflechtungsgeschichte seit dem 19. Jahrhundert, Köln/Weimar/Wien 2014.

4 Vgl. Habermas/Hölzl, Mission Global, S. 9–31; Ulrike Lindner, Koloniale Begegnungen. Deutschland und Großbritannien als Imperialmächte in Afrika 1880–1914, Frankfurt a. M. et al. 2011.

5 Vgl. Karolin Wetjen, Das Globale im Lokalen. Die Unterstützung der äußeren Mission im ländlichen lutherischen Protestantismus um 1900, Göttingen 2013.

6 Vgl. Rebekka Habermas, Mission im 19. Jahrhundert. Globale Netze des Religiösen, in: Historische Zeitschrift 287 (2008) 3, S. 629–679, hier S. 656f.

krieg eintretende Umbruchs- und Belastungsphase mit ein und endet 1920 mit dem ungleich kleineren Missionstreffen in Oegstgeest bei Leiden als der ersten Annäherung zwischen deutschen und britischen Missionsspitzen nach dem Ende des Krieges. Dafür werde ich zunächst den grenzübergreifenden Interaktionsraum der Missionen, so wie er sich aus der Perspektive der Basler Mission vor Ausbruch des Ersten Weltkrieges gestaltete, skizzieren. Danach werde ich auf einer inhaltlichen Ebene den Fragen nachgehen, wie sich der Krieg auf dieses Beziehungsgewebe auswirkte, wie die Basler Mission ihre Kontakte nutzte, um die für sie mit dem Krieg verbundene Krise zu überstehen und inwiefern die Gesellschaft in die nach dem Krieg einsetzende erneute Internationalisierungswelle innerhalb der europäischen Missionskreise involviert war. Ferner wird der vorliegende Text methodisch-konzeptionelle Anstöße für ähnlich gelagerte Untersuchungen geben, indem er auf spezifische, dem Untersuchungsgegenstand und dem historischen Kontext geschuldete, Probleme der Quellenanalyse hinweist und als deren mögliche Lösung eine Kombination aus netzwerktheoretischen und wissensgeschichtlichen Ansätzen vorstellt.

Die transnationalen Kontakte der Basler Mission im 19. Jahrhundert

Die Basler Mission stellt einen idealen Ausgangspunkt zur Untersuchung von missionarischen Netzwerken dar. Seit ihrer Gründung im Jahr 1815 war sie fester Bestandteil dieser sich über Landesgrenzen und Ozeane hinweg spannenden Kontakte. Von Beginn an war die Basler Mission zumindest binational. Die Mitglieder des zentralen Entscheidungsorgans – des »Komitees« – wie auch einige Missionare waren Schweizer. Das geschäftsführende Direktorium und der Großteil der Missionare stammten aus dem deutschen Südwesten, insbesondere Württemberg. Mehrere der in Deutschland existierenden Basler Hilfsvereine entwickelten sich im Verlauf des 19. Jahrhunderts zu eigenständigen Missionsgesellschaften weiter, wie beispielsweise die Rheinische oder die Leipziger Mission. Diese Gesellschaften standen weiterhin mit Basel in engem Kontakt und trugen so zur guten Vernetzung der Mission in Deutschland bei.[7] Auch nach Großbritannien existierten enge Beziehungen. Bevor in den 1820er Jahren mit der Errichtung eigener Arbeitsfelder begonnen wurde, verstand sich die Mission zunächst als Ausbildungsstätte für zukünftige Missionare anderer,

7 Vgl. Wilhelm Schlatter, Geschichte der Basler Mission 1815–1915, Bd. 1, Basel 1916, S. 52f., 56f., 143.

bereits länger existierender Gesellschaften. So bildete Basel zwischen 1819 und 1858 über hundert angehende Missionare für die in London ansässige Church Missionary Society aus, bis diese in den 1850er Jahren beschloss, zukünftig stärker auf britische Anwärter zurückzugreifen.[8] Zusätzlich übernahm die inzwischen selbst in der Bekehrungsarbeit aktive Basler Mission die Ausbildung für die jüngere Norddeutsche Missionsgesellschaft in Bremen.[9]

Trotz der bereits in der ersten Hälfte des 19. Jahrhunderts weit gefächerten Kontakte der Basler Mission entwickelte sich eine stärker institutionalisierte Bindung erst ab 1868, als Vertreter des Missionsdirektoriums nach anfänglicher Skepsis begannen, regelmäßig an der Kontinentalen Missionskonferenz in Bremen teilzunehmen.[10] Angeregt durch die beginnende Kolonialexpansion des Deutschen Reiches ging aus dieser Konferenz der spätere *Deutsche Evangelische Missionsausschuss* (DEMA) hervor, ein noch lose organisierter Dachverband der protestantischen Missionen in Deutschland, in dem auch Basel vertreten war.[11] Diese institutionelle Anbindung an die deutschen Gesellschaften sollte sich während des Ersten Weltkrieges als problematisch für die Mission erweisen.

Auch nach Großbritannien waren die Kontakte zu Beginn des 20. Jahrhunderts weiterhin gut. 1910 trat in Edinburgh die sogenannte *World Missionary Conference* zusammen. Die Konferenz stellte zum damaligen Zeitpunkt die größte bisherige internationale Zusammenkunft protestantischer Missionare und Kirchenleute dar und gilt bis heute in der kirchengeschichtlichen Forschung als ein Startpunkt der ökumenischen Bewegung.[12] Als eine von wenigen kontinentaleuropäischen Missionsgesellschaften war die Basler Mission hier nicht nur einfache Teilnehmerin, sondern mit Missionsinspektor Johannes Frohnmeyer auch in die Planung der Konferenz maßgeblich involviert.[13] Zudem wählten die Konferenzteilnehmer den Basler Missionsinspektor Friedrich Würz in das am Ende der Konferenz geschaffene *Continuation Committee*, wel-

8 Vgl. Julia Mack, Menschenbilder. Anthropologische Konzepte und stereotype Vorstellungen vom Menschen in der Publizistik der Basler Mission 1816–1914, Zürich 2013, S. 68.

9 Vgl. Schlatter, Geschichte der Basler Mission, Bd. 1, S. 86f., 346.

10 Vgl. ebd., S. 310f.; Niels-Peter Moritzen, Koloniale Konzepte der protestantischen Mission, in: Klaus J. Bade (Hg.), Imperialismus und Kolonialmission. Kaiserliches Deutschland und koloniales Imperium, Wiesbaden 1982, S. 51–67, hier S. 51.

11 Vgl. ebd.

12 Vgl. Klaus Koschorke, Die Weltmissionskonferenz Edinburgh 1910 und die Globalisierung des Christentums, in: Pastoraltheologie. Wissenschaft und Praxis in Kirche und Gesellschaft 100 (2011), S. 215–226, hier S. 208.

13 Vgl. Brian Stanley, The World Missionary Conference 1910, Grand Rapids/Cambridge 2009, S. 34.

ches den Kontakt zwischen den Konferenzteilnehmern aufrechterhalten und Informationen zu international relevanten Belangen des Missionswesens weitergeben sollte.[14] Die Weltmissionskonferenz brachte die Basler Missionsspitze höchst wahrscheinlich auch zum ersten Mal in engeren Kontakt mit Joseph Oldham, dem Mitinitiator und Hauptorganisator der Weltmissionskonferenz sowie späteren Geschäftsführer des Continuation Committee. Oldham war zum damaligen Zeitpunkt einer der einflussreichsten und am besten vernetzten Akteure in der protestantischen Welt. Er verfügte über exzellente Kontakte zu den britischen, nordamerikanischen und kontinentaleuropäischen Missionsgesellschaften wie auch zur anglikanischen Kirche und den britischen Regierungsstellen.[15] Während des Ersten Weltkrieges erwies sich diese vorherige Arbeitsgemeinschaft mit Oldham als äußerst relevant für die Basler Mission.

Der Erste Weltkrieg

Der Ausbruch des Ersten Weltkrieges war für die Basler Mission zunächst ein relativ geringer Einschnitt. Während Angehörige der ausschließlich deutschen Gesellschaften sowohl in den von der Entente kontrollierten Kolonien als auch in den rasch unter alliierter Kontrolle geratenen deutschen Überseegebieten inhaftiert und in Kriegsgefangenenlager nach Europa gebracht wurden, betraf dies Mitglieder der Basler Mission zunächst nur in den beiden Missionsgebieten von Kamerun und dem nördlichen Togo, als diese Schauplätze von Kampfhandlungen wurden. Die Arbeit in den weitaus größeren und sowohl im Selbstbild als auch in der Außendarstellung wichtigeren Arbeitsfeldern an der Goldküste und in Indien konnte jedoch vorerst ungehindert fortgesetzt werden.[16]

Auch auf der Ebene ihrer grenzübergreifenden Kontakte kam es für die Mission zu keiner unmittelbaren Verschlechterung. Zwar gestaltete es sich seit August 1914 insbesondere für die britischen und deutschen Mitglieder des Continuation Committee als zunehmend schwierig, weiterhin über den von der Frontlinie unterbrochenen und von der Kriegszensur eingeschränkten Postweg miteinander zu korrespondieren. Dennoch mündete dies in keinem

14 Ebd., S. 34, 249, 297–303.

15 Vgl. Keith Clements, Faith on the Frontier. A Life of J. H. Oldham, Edinburgh 1999.

16 Vgl. Wilhelm Schlatter, Geschichte der Basler Mission 1914–1919, Bd. 4, Basel 1965, S. 105–161.

völligen Zusammenbruch der Beziehungen. Mithilfe der in neutralen Staaten ansässigen Mitglieder, insbesondere der Basler Mission, konnte weiterhin ein regelmäßiger Briefwechsel aufrechterhalten werden. So leitete Friedrich Würz Briefe deutscher Missionsdirektoren, die offiziell an ihn selbst ins Basler Missionshaus adressiert waren, nach Edinburgh und London zu Joseph Oldham weiter.[17] Die Basler Mission wurde somit für die Dauer des Krieges zu einem wichtigen Kommunikationsrelais zwischen Missionskreisen in Deutschland und Großbritannien.

Auf einer methodisch-konzeptionellen Ebene bedeutet dies, dass sich ein Großteil der Korrespondenz zwischen den deutschen Missionsspitzen und dem DEMA einerseits sowie Joseph Oldham und den britischen Missionen andererseits in den Beständen des Basler Missionsarchivs nachverfolgen lässt. Die Basler Mission bietet somit einen attraktiven Ausgangspunkt, um die durch den Ersten Weltkrieg auftretenden, bisher kaum erforschten Fliehkräfte innerhalb der transnationalen missionarischen Netzwerke Europas, wie auch daraus resultierende Anpassungsstrategien und Konsensfindungsprozesse innerhalb des protestantischen Internationalismus zu untersuchen.[18]

Der Kriegsbeginn führte nicht in sofortiger Konsequenz zum Zerwürfnis zwischen deutschen und britischen Missionskreisen. Eine essentielle Rolle spielte dabei Joseph Oldham als Sekretär des Continuation Committee. Er hatte in den Jahren zwischen der Weltmissionskonferenz in Edinburgh und dem Ausbruch des Krieges einen intensiven Austausch zwischen deutschen und britischen Mitgliedern etabliert und versuchte, diesen nach Kriegsausbruch aufrechtzuerhalten.[19] Hierbei waren sowohl seine persönliche Kenntnis der deutschen Missionsgesellschaften und ihres Führungspersonals als auch seine gute Vernetzung zu britischen Kirchen- und Regierungskreisen von Belang.[20] Geschockt von den politischen Ereignissen von Ende Juli und Anfang August 1914 rief Joseph Oldham in einem Rundschreiben an alle Mitglieder

17 Vgl. Clements, Faith on the Frontier, S. 136; vgl. hierzu auch den entsprechenden Bestand des Basler Missionsarchives BMA QK-4,3.

18 Vgl. Richard V. Pierard, John R. Mott and the Rift in the Ecumenical Movement During World War I, in: Journal of Ecumenical Studies 23 (1986) 4, S. 601–620.

19 Vgl. Samuel Prempeh, The Basel and Bremen Missions and their Successors in the Gold Coast and Togoland, 1914–1926. A Study in Protestant Missions and the First World War, Phil. Diss., Aberdeen 1977, S. 150; Clements, Faith on the Frontier, S. 135.

20 Oldham kannte Deutschland und einige wichtige Persönlichkeiten der protestantischen Missionen in Deutschland, wie etwa Gustav Warneck, bereits aus seiner zweijährigen Studienzeit in Halle. Andere lernte er – wie erwähnt – während seiner Aufgabe als Organisator der Weltmissionskonferenz kennen. Vgl. Clements, Faith on the Frontier, S. 58–63.

des Continuation Committee dazu auf »to maintain and renew our fellowship in prayer.«[21] Da sich auf britischer Seite sehr schnell die Überzeugung durchsetzte, dass die deutschen Missionen durch den Kriegsverlauf von ihren Arbeitsgebieten in Übersee abgeschnitten werden würden, äußerte sich noch im August 1914 diese Solidarität in einem konkreten Angebot zur logistischen und finanziellen Unterstützung aller kontinentalen Missionen durch die britischen Gesellschaften.[22] Während des Krieges setzte sich Oldham darüber hinaus wiederholt für eine bestmögliche Versorgung der inhaftierten deutschen und somit auch der Basler Missionare und deren schnellstmöglicher Repatriierung ein. Die durch gemeinsame Arbeit entstandene Klammer des Continuation Committee schien der Belastung durch den Krieg also zunächst standzuhalten.[23] Mit zunehmender Dauer des Krieges, der gesteigerten nationalistischen Stimmung in Großbritannien und Deutschland sowie der Verbannung der deutschen Missionen aus dem Herrschaftsbereich der Briten waren die deutschen Missionen – und mit ihnen auch die Basler Mission – zunehmend auf die Kontakte zu Oldham angewiesen.

Erst im Verlauf des Krieges begann sich die Tonlage zwischen den Missionsgemeinden in Deutschland und Großbritannien analog zur aufgeheizten Stimmung in beiden Ländern zu verschärfen.[24] Die Debatte kreiste dabei um die Frage, inwiefern sich beide Seiten noch dem Prinzip der sogenannten »Supranationalität der Mission« verpflichtet sahen. Dieses Prinzip leitete sich aus der geteilten Vorstellung vom kommenden Reich Gottes und der Herrschaft Christi auf Erden ab, welche die Missionen durch ihre Tätigkeit – die soge-

21 Vgl. Oldham an die Mitglieder des Continuation Committee, Edinburgh, 5.8.1914, BMA QK-4,3.

22 Vgl. ebd.; Würz an Oldham, Riehen b. Basel, 12.9.1914, BMA QK-4,3.

23 Zu erwähnen bleibt, dass die Deutschen das britische Angebot nicht annahmen, da es die wahrscheinliche militärische Niederlage Deutschlands implizierte. Vgl. BMA QK-4,3; Prempeh, The Basel and Bremen Missions, S. 143f.

24 Die im Folgenden von beiden Seiten veröffentlichten Erklärungen und Pamphlete lassen sich hierbei im Kontext des von Jörn Leonhard konstatierten Wettbewerbes intellektueller Kriegsdeutungen und -rechtfertigungen verorten, in welchem beispielsweise auch der von deutschen Hochschullehrern am 4. Oktober 1914 publizierte *Aufruf an die Kulturwelt* zu sehen ist. Dem *Aufruf an die Kulturwelt* ging das Schreiben der deutschen Missionsvertreter »To Evangelical Christians abroad with regard to the German Christian opinion on the causes of war«, das am 19. September 1914 in Großbritannien erschien, noch voraus. Vgl. Jörn Leonhard, Die Büchse der Pandora. Geschichte des Ersten Weltkrieges, München 2014, S. 236–250; Prempeh, The Basel and Bremen Missions, S. 136–139.

nannte »Reich-Gottes-Arbeit«[25] – mit anzubahnen hofften. Das kommende Reich Gottes wurde hierbei von überzeugten Christen als ihr eigentliches Vaterland begriffen, womit die Missionsgesellschaften sich einem explizit übernationalen Ideal verpflichtet sahen.[26] Die deutschen Missionen sahen sich als Leittragende der restriktiven britischen Kolonialpolitik und pochten daher auf die Solidarität ihrer englischen Glaubensbrüder und deren offenen Protest gegen die britische Regierung. Die Briten wiederum bedauerten zwar die Lage, sahen aber durch die Kriegssituation ihre Hände gebunden und sich selbst trotz christlicher Solidarität auch zu einer loyalen Haltung gegenüber Großbritannien verpflichtet.[27] Da eine Kritik an der Ernsthaftigkeit, mit der das Ideal der Reich-Gottes-Arbeit verfolgt wurde, auf das christliche Selbstverständnis der jeweiligen Gegenseite zielte, geriet die Diskussion schnell an einen Punkt, an dem keine Kompromissfindung mehr möglich schien.

Hatte die Basler Mission zunächst versucht, zwischen beiden Parteien zu vermitteln, wurde sie durch den wachsenden politischen Druck immer mehr zu einem Teil des Konfliktes. Aufgrund der hohen Anzahl deutschen Personals und der engen Beziehungen zu Deutschland erschien die Missionsgesellschaft den britischen Behörden in London und den Kolonien zunehmend suspekt.[28] Dies mündete in der Forderung der britischen Regierung, jeglichen deutschen Einfluss innerhalb der Gesellschaft zu beenden; aufgrund ihrer Organisationsstruktur hätte dies eine existenzielle Bedrohung für die Basler Mission dargestellt. 1918 erklärte die britische Regierung die Basler Mission schließlich zur feindlichen Organisation. Ihre Mitglieder in den verbliebenen Arbeitsgebieten wurden je nachdem, ob sie die deutsche oder schweizerische Staatsbürgerschaft besaßen, entweder inhaftiert oder gezwungen, die Missionsfelder in den britischen Kolonien zu verlassen, womit nur noch in China Basler Missionare verblieben.[29] Um diese Krisensituation zu überstehen und die Politik der britischen Regierung abzumildern, appellierte die Basler Mission zunächst an

---

25 Vgl. Hartmut Lehmann, Horizonte pietistischer Lebenswelten, in: ders. (Hg.), Protestantische Weltsichten. Transformationen seit dem 17. Jahrhundert, Göttingen, 1998, S. 11–28, hier S. 11–19.

26 Vgl. ebd.

27 Vgl. Clements, Faith on the Frontier, S. 121–163, 145–147, 151f., 168f.

28 Bei seinem ersten Besuch in der Schweiz nach Ende des Krieges wies Oldham wiederholt daraufhin, dass die Basler Mission gerade als Mission in einem neutralen Land durch ihre engen Kontakte nach Deutschland das Misstrauen der britischen Regierung erweckt habe, vgl. Konferenz mit Herrn J.H. Oldham in Zürich, 13.11.1919, BMA QK-4,3; Schlatter, Basler Mission 1914–1919, Bd.4, S. 295.

29 Vgl. BMA QK-4,3; Schlatter, Basler Mission 1914–1919, Bd. 4.

Oldham. Zum einen sah sich Oldham als Privatperson aber trotz seiner guten Kontakte außerstande, effektiv auf Kriegsmaßnahmen seiner Regierung einzuwirken. Zum anderen erklärte er, dass er trotz seines Engagements für die internationale Missionsarbeit die Kriegsmaßnahmen der britischen Regierung gegen die deutschsprachigen Missionen zwar nicht gutheiße, aber als den realpolitischen Zwängen geschuldet billige.[30]

Zum endgültigen Bruch zwischen der deutschen und der britischen Missionsgemeinde kam es 1917, nachdem John R. Mott, Vorsitzender des Continuation Committee, als Mitglied einer US-amerikanischen Delegation nach Russland gereist war, um die dortige provisorische Regierung von einer Fortsetzung des Krieges gegen die Mittelmächte zu überzeugen.[31] Mott hatte im Zuge dieser Reise am 27. Juni in St. Petersburg vor 300 versammelten Kosaken-Offizieren eine Rede gehalten, die die kriegerische Absicht des Unternehmens deutlich hervorhob:

> It is always an inspiration to meet a company of men who give evidence that they know the way, that they are ready to go ahead, and that they have the contagious power to get others to follow them. Your insistence that the way to bring about the desired peace is by an immediate offensive has the true ring. Your reiteration of the determination of the great mass of the Russian people to tolerate no separate peace is precisely what we have expected from you.[32]

Aus Sicht der aufgebrachten deutschen Missionsvertreter hatte Mott sich mit seiner Teilnahme an der Root-Mission trotz seiner internationalen Verpflichtungen einem Projekt angeschlossen, das klar das Ziel verfolgte, die Kampfhandlungen an der russischen Front und somit den Krieg gegen ihr eigenes Land zu verlängern. Der Deutsche Evangelische Missionsausschuss verabschiedete im August 1917 eine Erklärung, die Mott nicht länger als Vorsitzenden des Continuation Committee anerkannte und dessen Rücktritt forderte.[33]

Nominell dauerte die institutionelle Zusammenarbeit in Gestalt des Continuation Committee trotz der deutschen Erklärung zumindest noch bis ins Jahr 1918 an; allerdings gründeten die britischen Mitglieder des Continua-

30 Diese Argumentation zieht sich durch die gesamte Korrespondenz zwischen Würz und Oldham. Vgl. BMA QK-4,3.

31 Die sogenannte Root Mission. Vgl. Clements, Faith on the Frontier, S. 141–147; Richard V. Pierard, John R. Mott, S.615.

32 Zit. nach Howard C. Hopkins, John R. Mott. A Biography, Grand Rapids 1979, S. 498f.

33 Vgl. Prempeh, The Basel and Bremen Missions, S.152; Pierard, John R. Mott, S. 615.

tion Committee am 4. April 1918 gemeinsam mit John Mott das sogenannte *Emergency Committee of Co-operating Missions,* dessen Aufgabe darin bestand, sich in der gegenwärtigen Situation »mit Fragen zu befassen, die sofortige Aufmerksamkeit erforderten«.[34] Da eine internationale Zusammenarbeit der protestantischen Missionen im Rahmen des Continuation Committee effektiv nicht mehr gegeben war, sollte diese durch eine neue gemeinsame Institution der englischsprachigen Gesellschaften beiderseits des Atlantiks wiederbelebt werden.[35] Die Aufgaben des neugeschaffenen Emergency Committee lagen unter anderem in der Regelung von Angelegenheiten, die den Kontakt zu Regierungen erforderten und über das Interesse einzelner Missionen hinausreichten, sowie in unterstützenden Maßnahmen für vom Krieg in Mitleidenschaft gezogenen Gesellschaften.[36] Das neue Gremium stützte sich finanziell und strukturell auf die *Conference of Missionary Societies in Britain and Ireland* und die *Conference of Foreign Mission Boards in North America.* Beide Dachverbände stellten zu ungefähr gleichen Teilen die Mitglieder und das Jahresbudget des Komitees.[37] John Mott wurde zum Vorsitzenden, Oldham zum geschäftsführenden Sekretär gewählt.[38]

Dadurch entstanden ein starkes angloamerikanisches Übergewicht und eine finanzielle wie strukturelle Abhängigkeit des formal international ausgerichteten Emergency Committee von den beiden angloamerikanischen Verbänden. Aus Sicht der englischsprachigen Missionen, die das Gros der trotz des Krieges noch frei arbeitenden Missionsgesellschaften darstellten, ließen jedoch gerade diese Bedingungen auf eine gute Zusammenarbeit mit den Regierungen der sich abzeichnenden Siegermächte Großbritannien und Amerika hoffen. Faktisch kam die bisherige Kooperation zwischen deutschen und anglophonen Missionen mit der Gründung des Emergency Committee jeder zu einem vorläufigen Ende.[39]

---

34 Zit. nach William Richey Hogg, Ecumenical Foundations. A History of the International Missionary Council and its Nineteenth-Century Background, Eugene 2002, S. 183; Clements, Faith on the Frontier, S. 157.

35 Vgl. Clements, Faith on the Frontier, S. 157f.

36 Vgl. Hogg, Ecumenical Foundations, S. 183.

37 Und zwar im ersten Geschäftsjahr 1918–1919 mit jeweils 875 Pfund. Nordamerika stellte acht, Großbritannien sechs Mitglieder. Vgl. Conference of Missionary Societies in Great Britain and Ireland. Seventh Annual Conference. London, June 19th to 21st 1918, S. 25, BMA QK-4,3.

38 Vgl. Clements, Faith on the Frontier, S. 158.

39 Friedrich Würz stand aber zumindest noch bis in den Herbst 1917 in regelmäßigem Kontakt

Netzwerke

Die für die Untersuchung der Basler Mission und ihrer grenzübergreifenden Kontakte relevanten Quellen bestehen zum weitaus größten Teil aus Korrespondenzen, Konferenzprotokollen und Missionszeitschriften. Als idealer Analyseansatz bietet sich daher die historische Netzwerkforschung mit ihrer relationalen Perspektive an.[40] Der vorliegende Beitrag zielt dabei explizit nicht auf eine Übernahme eines quantitativen methodischen Konzeptes wie der *social network analysis* ab. Ein solches verlangt aus Gründen der operationalen Beherrschbarkeit seines stark quantitativen Fokus nach vorgegebenen Begrenzungen des zu untersuchenden sozialen Raumes, womit es einem offeneren Erkenntnisinteresse, etwa der Frage nach den Kontaktzonen zwischen religiösem und säkularem Internationalismus, entgegenläuft.[41] Stattdessen wird hier ein qualitativer Ansatz gewählt und die historische Netzwerkforschung als eine »Werkzeugkiste« verstanden, aus der verschiedene analytische Konzepte gewählt werden können und deren Vokabular es erlaubt, Beziehungen zwischen historischen Akteuren pointiert zu beschreiben.[42]

Aus einer netzwerktheoretischen Perspektive lässt sich der Erste Weltkrieg, der die direkte Kommunikation zwischen deutschen und britischen Missionen unterband, als ein sogenanntes »strukturelles Loch« innerhalb eines bestehenden Netzwerkes, und die Basler Mission sowie Joseph Oldham als »Brücken« oder »Beziehungsbroker« über dieses strukturelle Loch hinweg verstehen. Broker nehmen eine zentrale Rolle innerhalb eines Netzwerkes ein: Sie erhalten Informationen frühzeitiger als nicht direkt interagierende Akteure und können so Vorteile generieren.[43] Inwiefern die Basler Mission diesen Wissensvorsprung einseitig zum eigenen Vorteil nutzte, lässt sich anhand der Quellen nicht feststellen. Stattdessen scheint sie diesen im Sinne eines »ehrlichen Maklers« für ihre Mediatoren-Rolle eingesetzt zu haben. Beispielsweise war Friedrich Würz nach dem Bruch zwischen deutscher und britischer Missionsgemeinde scharfer

mit Joseph Oldham. Auch danach brach der Kontakt zwischen den beiden nie ganz ab. Vgl. BMA QK-4,3.

40 Claire Lemencier, Formale Methoden der Netzwerkanalyse in den Geschichtswissenschaften. Warum und Wie?, in: Österreichische Zeitschrift für Geschichtswissenschaften 23 (2012) 1, S. 16–41, hier S. 16–19.

41 Vgl. ebd.

42 Vgl. ebd.

43 Vgl. Nicoline Scheidegger, Strukturelle Löcher, in: Christian Stegbauer/Roger Häußling (Hg.), Handbuch Netzwerkforschung, Wiesbaden 2010, S. 145–156, hier S. 145–147.

Kritik ausgesetzt, da er in seiner Korrespondenz immer wieder um Verständnis für die jeweilige Gegenseite geworben hatte.[44] So exponierte er sich insbesondere gegenüber nationalistischen Stimmen innerhalb der deutschen Missionsspitzen, wie etwa dem Missionsdirektor der Berliner Missionsgesellschaft Karl Axenfeld.

Resümierend lässt sich über die transnationalen Beziehungen der Basler Mission während des Ersten Weltkrieges festhalten, dass die gemeinsam mit Oldham eingenommene Position als Broker zwischen den deutschen und britischen Missionskreisen keinesfalls nur Vorteile bot. Zum einen war Basel ebenso wie die anderen protestantischen Missionen in Deutschland auf Oldham angewiesen, da er eine der wenigen noch existierenden Verbindungen – und von diesen die vermutlich einflussreichste – zur britischen Regierung sowie den verschiedenen Kirchen- und Missionsspitzen darstellte. Zum anderen haben netzwerktheoretische Arbeiten festgestellt, dass innerhalb eng verbundener Netzwerke der Versuch einzelner Akteure, sich nachteiligen Beziehungen zu entziehen, zur völligen Isolation dieser Akteure führen kann. Konkret auf die Situation der Basler Mission angewandt bedeutet dies, dass die Mission, obwohl ihre intensiven Verbindungen nach Deutschland sie in den Augen der britischen Behörden suspekt erscheinen ließ, diese nicht einfach hätte lösen können, ohne in ihrer näheren Umgebung isoliert zu werden und darüber hinaus massive Auflösungserscheinungen innerhalb der eigenen Organisation zu riskieren. Als Brücke zwischen deutschen und britischen Missionskreisen nahm Basel also nicht nur eine vorteilhafte Position ein, die potentiell die Kontrolle über Informationsflüsse zwischen beiden Ländern gewährte, sondern befand sich gleichzeitig auch in einer doppelten Abhängigkeit zu diesen und war so – lapidar ausgedrückt – der Gefahr ausgesetzt, »zwischen den Stühlen zu sitzen«.

Wissensgeschichte

Der Erste Weltkrieg stellt der Betrachtung der transnationalen missionarischen Kontakte auf quellenanalytischer Ebene besondere Herausforderungen entgegen. Einerseits finden sich insbesondere zu Beginn des Konfliktes Versuche einer weiteren Zusammenarbeit, wie etwa die finanziellen Hilfsangebote britischer Missionen an deutsche Gesellschaften. Andererseits verdrängten in der zwei-

44 Vgl. BMA QK-4,3; Axenfeld an Hennig, Haussleiter, Richter, Würz, Berlin, 7.10.1918, Evangelisches Landeskirchliches Archiv in Berlin, bmw 1/8230.

ten Kriegshälfte die sich verschärfenden Streitigkeiten zwischen den deutschen und britischen Missionen – etwa die Kontroverse über das Verständnis der Supranationalität und die damit von den Akteuren immer wieder in Zusammenhang gestellte Kriegsschuldfrage – zumindest vordergründig alle Themenkomplexe, die bis 1914 Grundlage der Kooperation gewesen waren.[45] Anstatt hier die Perspektive der Zeitgenossen einzunehmen und nach vermeintlichen moralischen Verfehlungen und Verantwortlichkeiten der einen oder anderen Seite zu suchen, soll im Folgenden ein wissensgeschichtlicher Ansatz in die Analyse integriert werden, um so Dynamiken innerhalb des skizzierten missionarischen Netzwerkes und die Veränderungen wichtiger Themenkomplexe während des Krieges sichtbar zu machen. Die Wissensgeschichte basiert laut Philipp Sarasin auf dem Verständnis von Wissen als einem kommunikativen Phänomen, das permanent zwischen Individuen und Gruppen zirkuliert und dabei umgeformt wird. Wissen besteht dabei keinesfalls exklusiv aus einer rational-wissenschaftlichen Dimension, sondern schließt durchaus auch Religion bzw. transzendentale und andere nicht-transzendentale Glaubenssysteme mit ein.[46] Darüber hinaus muss Wissen historisiert werden. Es ist irrelevant, ob ein bestimmtes Wissen aus heutiger Perspektive als wahr oder falsch, nützlich oder wertlos angesehen wird.[47]

Dieser Argumentation folgend, versucht der vorliegende Beitrag, die Integration einer wissensgeschichtlichen Perspektive in das Netzwerkmodell fruchtbar zu machen. Die von mir vorgeschlagene Verbindung aus netzwerktheoretischen und wissensgeschichtlichen Ansätzen ermöglicht es, neue Einblicke in den scheinbaren Gegensatz zwischen dem grenzübergreifenden Ideal der protestantischen Missionen und den Verwerfungen während des Ersten Weltkrieges zu gewinnen. Das Beispiel der Missionsgeschichte kann dabei neue theoretisch-methodische Überlegungen zur Funktionsweise von transnationalen Netzwerken, auch und gerade über die vermeintliche Zäsur des Ersten Weltkriegs hinweg, bieten: Indem beispielsweise nachvollzogen wird, wie eine bestimmte Positionierung der historischen Akteure darüber, welches Wissen sie selbst als relevant ansahen, in das Kontaktnetz eingebracht, weiterverarbeitet und verändert wurde, können Fraktionsbildungen und der Einfluss oder die

45 Vgl. BM QK-4,3.

46 Vgl. Philipp Sarasin, Was ist Wissensgeschichte?, in: Internationales Archiv für Sozialgeschichte der deutschen Literatur, Berlin, 2011, S. 159–172, hier S. 167–172.

47 Vgl. ebd., S. 171f.; William H. Jr. Sewell, Refiguring the »Social« in Social Science: An Interpretivist Manifesto, in: ders., Logics of History. Social Theory and Social Transformation, Chicago/London 2005, S. 318–372.

Marginalisierung eines bestimmten Akteurs innerhalb des Basler Beziehungsnetzes sichtbar gemacht werden. Ein solcher Ansatz wirkt dabei auch der Gefahr einer rein positivistischen Aufzählung der internationalen Kontakte der Basler Mission entgegen, die die Mission in das falsche Licht eines ausschließlich philanthropischen Kosmopolitismus tauchen und so von den Motivationen und Abhängigkeiten der historischen Akteure ablenken würde.

Das Beispiel Oegstgeest

Dass sich die deutschen und angloamerikanischen Missionen während des Krieges auch inhaltlich in wichtigen Themenfeldern voneinander entfernt hatten, zeigt das Beispiel der Konferenz von Oegstgeest, die vom 16. bis 18. April 1920 im Missionshaus von Oegstgeest nahe Leiden stattfand. Zum ersten Mal nach Kriegsende kamen hier Vertreter protestantischer Missionsgesellschaften aus Deutschland und Großbritannien wieder zusammen und versuchten Möglichkeiten zu finden, um die einstmals guten Kontakte zu reaktivieren. Um nach Ende des Krieges die internationale Zusammenarbeit möglichst rasch neu zu beleben, planten John Mott und Joseph Oldham für Juni 1920 eine Konferenz aller wichtigen europäischen und nordamerikanischen Missionsvertreter, die in Crans-près-Céligny am Genfer See stattfinden sollte.[48] Die Idee eines ersten Sondierungstreffens in den Niederlanden ging auf die grundlegende Skepsis der deutschen Missionsführer gegenüber der geplanten Konferenz zurück.[49]

Der Großteil der Teilnehmer in Oegstgeest kannte sich seit der Weltmissionskonferenz und hatte anschließend im Continuation Committee zusammengearbeitet.[50] Dies traf zu auf Joseph H. Oldham, seinen Mitarbeiter Kenneth MacLennan, Friedrich Würz, Paul Otto Hennig, den Bischof und Missionsdirektor der Herrnhuter Brüdergemeine und zu dieser Zeit Vorsitzender des Deutschen Evangelischen Missionsausschusses, den gastgebenden Missionsdirektor der Niederländischen Missionsgesellschaft Jan Willem Gunning, sowie auf Johannes Rauws, den Missionsdirektor der *Utrechtsche Zendingsvereeniging*.[51] Laut dem Gedächtnisprotokoll, das von Oldhams Sekretärin Betty

48 Vgl. Clements, Faith on the Frontier, S. 170f.

49 Vgl. Hogg, Ecumenical Foundations, S. 194f.

50 Vgl. Koschorke, Die Weltmissionskonferenz, S. 208.

51 Vgl. hierzu die im »Official Handbook«, einem für die Konferenzteilnehmer von 1910 herausgegebenen Wegweiser, enthaltene Liste aller Delegierten, SOAS London, CBMS 510.

Gibson nach dem Treffen angefertigt wurde, diskutierten die Teilnehmer zunächst über die Differenzen, die sich während der Kriegszeit ergeben hatten, ohne allerdings auch nur in einem der Punkte zu einem abschließenden Konsens zu gelangen.[52] Der Konflikt um das Prinzip der Supranationalität sollte erst 1921 auf der Konferenz in Lake Mohonk bei New York beigelegt werden, bei der auch als Nachfolgeorganisation des Continuation Committee der *International Missionary Council (IMC)* gegründet wurde.[53] Ebenso schloss die britische Delegation eine baldige Rückkehr der deutschen Gesellschaften in die Missionsgebiete aufgrund der gegenüber Deutschland immer noch ablehnenden Haltung der britischen Öffentlichkeit aus. Oldham konstatierte: »If the matter was raised now in the House of Commons it would raise Cain.«[54]

Die abschließende Debatte um zukünftige Herausforderungen für das protestantische Missionswesen verdeutlicht, wie stark sich die Vorstellungen britischer und deutscher Missionsgesellschaften durch den Kriegsverlauf voneinander entfernt hatten: Oldham sah das seit Ende des Krieges insbesondere in den britischen Kolonien zunehmende Engagement staatlicher und somit säkularer Institutionen im Bildungssektor, der zuvor weitestgehend den Missionen überlassen war, als das bedeutendste Problem an. In den folgenden Jahren sollte der Ausbau des Bildungsangebotes durch die Missionen, etwa im Bereich der Berufs- und Erwachsenenbildung, speziell in den afrikanischen Kolonien zu einem seiner wichtigsten Anliegen werden.[55] Oldhams Frage nach den Vorstellungen der Deutschen zur Zukunft des missionarischen Schulwesens löste bei der deutschen Delegation hingegen Unverständnis aus. Insbesondere Hennig maß dem Thema keine Relevanz bei und sprach sich sogar für einen Rückzug der Missionen auf die Vermittlung von reinem Bibelwissen aus:

> We have to bring a Christian ›Bildung‹. The governing Power has a duty to give ›Bildung‹ – but it is different for Missions. They are not asked about schools but about souls. A general Bildungs-character has nothing to do with Missions. The fundamental problem is can we make a Christian atmosphere in schools? We must make Christians first, and they will make the atmosphere. […] If we could come to

---

52 Dieses befindet sich heute in den Archivbeständen des Centre for the Study of World Christianity in Edinburgh: CSWC Oldham, Box 1, Folder 1.

53 Vgl. Clements, Faith on the Frontier, S. 178.

54 Gedächtnisprotokoll Betty Gibson, CSWC, Oldham, Box 1, Folder 1.

55 Vgl. Clements, Faith on the Frontier, S. 212–214.

> the type of German Volksschule it would be simpler. Bible teaching provided for the Government. Would that not be best?[56]

Wesentlich relevanter und gefährlicher für die protestantische Mission erschien der deutschen Delegation die Konkurrenz katholischer und islamischer Bekehrungsarbeit in Afrika. Damit knüpfte sie an Debatten aus der Vorkriegszeit an, die sowohl innerhalb der deutschen Missionen als auch international geführt worden waren, beispielsweise auch im Rahmen der Kommission IV der Weltmissionskonferenz in Edinburgh, die sich mit nicht-christlichen Religionen auseinandergesetzt hatte.[57] Nach dem Krieg sollte dieses Thema aber mehr und mehr an Relevanz verlieren.[58] Die Vorstellungen darüber, welche Art von Kenntnissen sich zukünftig für die Missionsgesellschaften als wertvoll erweisen würden – eine größere bildungswissenschaftliche oder eine rein missionsorientierte Expertise – hatten sich zwischen den britischen und deutschen Missionskreisen während der Krieges deutlich auseinanderentwickelt.

Höchst wahrscheinlich war die Leitung der Basler Mission aufgrund der eigenen Verlusterfahrungen an der Goldküste weitaus stärker von der Plausibilität der Befürchtungen Oldhams überzeugt als Hennig und die übrigen deutschen Missionsvertreter. In ihrem ältesten Arbeitsfeld hatte die Mission einen Großteil des existierenden Bildungssektors getragen. Nach ihrer Ausweisung musste das Bildungsangebot nun von den dortigen kolonialstaatlichen Behörden bestritten werden.[59] Der von Oldham propagierte Ausbau der bildungswissenschaftlichen Expertise in den Missionsgesellschaften ließ somit die Hoffnung zu, eine Rückkehr Basels für die britischen Behörden attraktiv erscheinen zu lassen, da Basler Missionare in diesem Bereich den Kolonialstaat direkt entlasten könnten. Darüber hinaus waren Friedrich Würz und sein Basler Kollege Walter Oettli, Missionsinspektor für Afrika, als die einzigen deutschsprachigen Repräsentanten neben dem DEMA-Vorsitzenden Martin Schlunk von der Norddeutschen Missionsgesellschaft bei der IMC-Konferenz 1923 in Oxford

56 Vgl. Gedächtnisprotokoll Betty Gibson, CSWC, Oldham, Box 1, Folder 1.

57 Vgl. ebd.; Stanley, The World Missionary Conference, S. 227–231.

58 Vgl. hierzu die sogenannten Minutes der IMC-Konferenzen von 1921, 1922, 1923 und 1925, in denen mit Ausnahme von 1921 diese Themen nicht Teil der Debatten waren. Diese finden sich beispielsweise im Nachlass Joseph Oldhams, Bestand der New College Library in Edinburgh: NCL MSS OLD, Box 17.

59 Vgl. Schlatter, Geschichte der Basler Mission 1914–1919, Bd. 4, S. 40; Hermann Witschi, Geschichte der Basler Mission 1920–1940, Bd. 5, Basel 1970, S.311f.

anwesend. Hier wie auch bei den folgenden Konferenzen stellte die Bildungsarbeit einen der wichtigsten Programmpunkte dar.[60]

Tatsächlich erlangten Debatten über die Notwendigkeit einer stärkeren Verantwortung der Missionsgesellschaften für die ökonomischen und sozialen Belange der außereuropäischen Bevölkerungen im Verlauf der 1920er-Jahre eine immer größere Relevanz innerhalb der protestantischen Missionsszene. Ausdruck dieser Entwicklung war die seit Ende des 19. Jahrhunderts aufkommende christlich-sozialaktivistische Bewegung des *social gospel,* deren Protagonisten in engem Austausch mit den Wortführern der internationalen protestantischen Missionskreise, wie etwa John Mott, standen.[61] Zudem war das paternalistische Überlegenheitsgefühl der Missionare ihren Konvertiten gegenüber durch den Krieg zwar nicht beseitigt, aber zumindest zeitweilig erschüttert worden. Durch die Verbannung der deutschen Missionen aus den europäischen Kolonien und die damit verbundene, vorübergehende Autonomie hatten die einheimischen Gemeinden an Selbstbewusstsein gewonnen. Verschiedene europäische Gesellschaften versuchten zwar, die Arbeitsgebiete der deutschen Missionen treuhänderisch zu übernehmen, mussten dafür aber das Personal in den eigenen Missionsfeldern ausdünnen und somit wiederum auf die Unterstützung der dortigen Konvertiten zurückgreifen. Wollten die Missionsgesellschaften den in den Kolonien aufkeimenden Nationalismus in ihren eigenen Arbeitsfeldern nicht noch zusätzlich anstacheln, mussten sie Zugeständnisse machen und sich stärker an die Bedürfnisse der Missionsgemeinden anpassen.[62]

Das Treffen von Oegstgeest steht somit am Beginn eines Umwandlungsprozesses weg von der reinen Bekehrungsabsicht der Missionen im 19. Jahrhundert hin zu einer Vorform christlicher Entwicklungshilfe, die stark von der in den USA prominenten, christlich-sozialaktivistischen Bewegung des social

---

60 Vgl. Bericht an das Komitee über die 2. Sitzung des Internationalen Missionsrates abgehalten in Oxford vom 9.–16. Juli 1923, BMA QK-5,4.

61 Vgl. Janet F. Fishburn, The Social Gospel as Missionary Ideology, in: Wilbert R. Shenk (Hg.), North American Foreign Missions, 1810–1914. Theology, Theory, and Policy, Grand Rapids/Cambridge 2004, S. 218–242.

62 Vgl. Jonathan S. Barnes, Power and Partnership. A History of the Protestant Mission Movement, Eugene 2013, S. 148–162; Frieder Ludwig, Die Südwärtsbewegung der Weltmissionskonferenzen des frühen 20. Jahrhunderts. Afrikanische und asiatische Akteure in Edinburgh (1910), Jerusalem (1928) und Tambaram (1938), in: Klaus Koschorke (Hg.), Etappen der Globalisierung in christentumsgeschichtlicher Perspektive, Wiesbaden 2012, S. 337 – 360, hier S. 347 – 349.

gospel beeinflusst war.[63] Gleichzeitig wirkten sich die veränderten Umstände des Friedensschlusses und die damit verbundene erneute grenzübergreifende Kontaktaufnahme zwischen den Missionen dieses Mal vorteilhaft auf die Broker-Position der Basler Mission aus, da sie frühzeitig, auch aufgrund eigener Erfahrungen an der Goldküste, in die von den tonangebenden angloamerikanischen Missionen geführten Debatten um eine Neuausrichtung der missionarischen Tätigkeit eingebunden und von deren Relevanz überzeugt war.

Fazit

Die Basler Mission pflegte von ihrer Gründung zu Beginn des 19. Jahrhunderts an intensive grenzübergreifende Kontakte nach Großbritannien und Deutschland. Diese guten Beziehungen manifestierten sich nach der Jahrhundertwende besonders deutlich in der Teilnahme an der Weltmissionskonferenz in Edinburgh sowie der Mitgliedschaft im Continuation Committee und dem Deutschen Evangelischen Missionsausschuss. Sie überdauerten zunächst den Ausbruch des Ersten Weltkrieges und brachten die Basler Mission insbesondere durch die nun über die neutrale Schweiz laufende Briefkorrespondenz zwischen deutschen und britischen Missionsspitzen in eine vordergründig vorteilhafte Rolle als Vermittlerin, die sich mit dem Vokabular der Netzwerktheorie als die einer Brücke bzw. eines Brokers über ein strukturelles Loch hinweg beschreiben lässt. Doch durch den wachsenden politischen Druck der britischen Behörden, die das übernationale Selbstbild der Basler Mission nicht anerkannten, ihren engen Verbindungen nach Deutschland argwöhnisch gegenüberstanden und sie schließlich ebenso wie die deutschen Missionsgesellschaften zur feindlichen Organisation erklärten, zeigte sich, dass eine solche Mittlerposition sich durchaus auch nachteilig auswirken konnten. Mit dem Bruch zwischen deutschen und englischen Missionen im Zuge der Teilnahme John Motts an der sogenannten Root-Mission nach Russland, der damit einhergehenden eigenen Entfremdung von den angloamerikanischen Missionskreisen und der gleichzeitig aufkommenden Kritik einiger deutscher Kollegen wie etwa Karl Axenfeld,

63 Vgl. Natascha Erlank, Strange Bedfellows: The International Missionary Council, the International African Institute, and Research into African Marriage and Family, in: Harries/Maxwell (Hg.), The Spiritual in the Secular, S. 267–292, hier S. 270. Zum Social Gospel vgl. Ronald C. Jr. White/C. Howard Hopkins, The Social Gospel. Religion and Reform in Changing America, Philadelphia 1976.

lief die Basler Mission dann verstärkt – wenn auch niemals akut – Gefahr, auf beiden Seiten isoliert zu werden. Ein Bruch mit den britischen Missionsgesellschaften hätte dabei die Chance auf eine Rückkehr in die verlorenen Missionsgebiete minimiert, ein Bruch mit den deutschen Missionen aufgrund der binationalen Organisationsstruktur möglicherweise das Auseinanderbrechen der Basler Mission selbst bedeutet. Die Gesellschaft gewann somit durch ihre Mittlerrolle zwar an Relevanz in den transnationalen missionarischen Netzwerken Europas, befand sich aber gleichzeitig in einer doppelten Abhängigkeit von den sich entlang ihrer nationalen Zugehörigkeit gruppierenden deutschen und britischen Missionen. Die Krise, in der sich die Basler Mission und ihr Kontaktnetzwerk während des Krieges befanden, lässt folglich erkennen, wie grenzübergreifende Personennetzwerke auch von Konflikten, Fliehkräften und Schwächephasen bestimmt waren.

Um über die im Kontext des Ersten Weltkrieges bekannten Diskussionen um die Kriegsschuldfrage und die hier damit verknüpfte Debatte um die Supranationalität hinaus Dynamiken innerhalb des Beziehungsnetzes der Basler Mission sichtbar zu machen, hat der vorliegende Beitrag eine Kombination aus der historischen Netzwerkforschung und einem wissensgeschichtlichen Ansatz vorgeschlagen. Exemplarisch für den dabei angestrebten Erkenntnisgewinn wurde das Missionstreffen von Oegstgeest bei Leiden im April 1920 angeführt. Dort wurde zunächst wenig erreicht, um die entstandenen Gräben zwischen deutschen und britischen Missionen wieder zu schließen. Keiner der strittigen Punkte konnte abschließend geklärt werden. Trotz dieser vordergründig dürftigen Bilanz kommt dem Treffen von Oegstgeest unter Einbeziehung einer wissensgeschichtlichen Perspektive dennoch Bedeutung zu. Die dortige – insbesondere von Paul Hennig und Joseph Oldham geführte – Diskussion über die Relevanz der Bildungsarbeit markiert in doppelter Weise einen Bruch. Einerseits lässt sich hier erkennen, wie sehr sich die Vorstellungen der deutschen und britischen Missionen während der Kriegszeit auseinanderentwickelt hatten. Andererseits wird mit der Bildungsarbeit eine Problematik aufgegriffen, die im Verlauf der 1920er-Jahre innerhalb der international geführten missiologischen Debatten immer prominenter werden sollte. Das Treffen von Oegstgeest liegt somit zusammen mit den anderen internationalen Missionskonferenzen der 1920er-Jahre an der Gelenkstelle zwischen dem stärker paternalistisch geprägten und auf reine Bekehrung ausgelegten Selbstverständnis der Missionen im 19. Jahrhundert und einer vom christlich-sozialaktivistischen social gospel beeinflussten Auffassung, die sich stärker als zuvor auf die ökonomischen und sozialen Bedürfnisse der einheimischen Bevölkerungen Afrikas und Asiens konzentrierte und später in der christlichen Entwicklungshilfe mündete.[64] Eine weiterführende Untersuchung könnte hier aufzeigen, inwiefern die Übernahme der mit diesem Umbruch einhergehenden neuen Themenfelder den deutschsprachigen Missionen eine Gelegenheit bot, erneut internationalen Anschluss zu finden und so mittelfristig auch der Rückkehr in die verlorenen Missionsgebiete Mitte der 1920er-Jahre den Weg zu ebnen.

64 Vgl. Barnes, Power and Partnership, S. 157, 170–184, 412–415.

René Smolarski

Missionskartografie in Gotha

Eine Annäherung aus wissensgeschichtlicher Perspektive

Mit seiner Feststellung, »wie erspriesslich es [sei], wenn Geographie und Mission Hand in Hand gehen«[1], spricht der Missionsschriftsteller Reinhold Grundemann im Vorwort seines zwischen 1867 und 1871 in Gotha herausgegebenen *Allgemeinen Missionsatlas* ein wichtiges Feld der missionarischen Wissensproduktion an: den Beitrag von Missionen und Missionaren zur Erstellung kartografischen Materials. Die Integration der Mission in die Wissensgeschichte hat in den letzten Jahren neue Perspektiven auf die Missionsgeschichte ermöglicht.[2] Dabei konnte die Bedeutung einzelner Missionare und ihrer Netzwerke für die verschiedensten wissenschaftlichen Disziplinen, allen voran die Sprachwissenschaften, herausgearbeitet werden.[3] Im Folgenden steht die Verflechtung von Wissenschaft und Mission am Beispiel der Missionskartografie im Fokus – ein Themenbereich, der bislang in der Forschung relativ wenig Beachtung fand.

Die Missionskartografie hat sich spätestens seit der Etablierung der Geografie und der Missionswissenschaft als eigenständige, wissenschaftliche und universitäre Disziplinen im Verlauf des 19. Jahrhunderts in einem Spannungsfeld zwischen diesen beiden Polen entwickelt. Während sich die Missionswissenschaft nur selten der kartografischen Arbeiten und der daraus resultierenden Karten annahm, vernachlässigte die Geografie in der Regel den Blick auf die Leistungen der Missionare oder konzentrierte sich allein auf deren Bedeutung

1 Reinhold Grundemann, Allgemeiner Missions-Atlas nach Originalquellen, Gotha 1867–1871, S. IV.

2 Siehe u. a. Ulrich van der Heyden/Andreas Feldtkeller (Hg.), Missionsgeschichte als Geschichte der Globalisierung von Wissen, Stuttgart 2012. Insbesondere die Beiträge von Claudia v. Collani, Alexandra Przyrembel und Gabriele Richter.

3 Siehe u. a. Dotsé Yigbe, Übersetzung und Wissenstransfer. Schriften der evangelischen Missionare in Deutsch-Togo, in: Heyden/Feldtkeller (Hg.), Missionsgeschichte als Geschichte der Globalisierung von Wissen, S. 441–452; René Smolarski, Die sprachwissenschaftliche Arbeit Rheinischer Missionare im Hereroland, in: Namibia Scientific Society Journal 58 (2010), S. 33–55.

als Reisende und Entdecker.[4] Ihre besondere Rolle als wissenschaftlich aktive Laien, die ihre kartografischen Arbeiten unter sehr unterschiedlichen Vorbedingungen und häufig mit ganz konkreten, über das rein Wissenschaftliche hinausgehenden und religiös motivierten Zielsetzungen verrichteten, wurde bisher von der Geschichtsforschung weitgehend vernachlässigt.

Dabei war nicht nur der Zusammenhang von Mission und Wissenschaft im Allgemeinen, sondern gerade auch der Beitrag einzelner Missionare für die Kartierung und Entdeckung der Welt im 19. Jahrhundert immer wieder Gegenstand verschiedenster zeitgenössischer Publikationen.[5] Mit dem Ende des »Jahrhunderts der Mission« (Gustav Warneck) ging jedoch nicht nur die Beschäftigung mit der Mission an sich, sondern auch ihre Bedeutung für die verschiedensten wissenschaftlichen Disziplinen mehr und mehr zurück.

Dieser Rückgang lässt sich vor allem auf zwei Gründe zurückführen: Zum einen war das Ende des »langen 19. Jahrhunderts« gleichzeitig das Ende der geografischen Entdeckung der Welt und damit auch der großen Forschungsreisen, sodass Missionare immer seltener in geografisch unbekannte und noch nicht kartierte Gebiete vordrangen. Dieser Umstand wurde durch die Tatsache verstärkt, dass mit der Kolonialisierung und dem damit verbundenen *Scramble for Africa* im ausgehenden 19. Jahrhundert auch eine weitreichende professionelle Kartierung durch das Militär und/oder entsprechend ausgebildetes Personal einherging. Zum anderen hinterließ die antimissionarische Kritik in der Phase der Dekolonisierung ab der Mitte des 20. Jahrhunderts deutliche Spuren in der Missionsforschung.[6] So löste sich einerseits die wissenschaftliche Beschäftigung mit der Mission mehr und mehr aus dem Missionsumfeld, andererseits schalteten sich spätestens seit den 1960er Jahren zunehmend For-

---

4 Siehe z. B. die entsprechenden Einträge zu den verschiedenen Missionaren in Heinrich Pleticha/Hermann Schreiber (Hg.), Lexikon der Entdeckungsreisen, Stuttgart/Wien/Bern 1999.

5 Zu nennen ist hier neben den in unterschiedlichen Formaten publizierten Reiseberichten einzelner Missionare und anderen Beiträgen in Zeitungen und Zeitschriften v. a. der Beitrag des Greifswalder Professors für Kirchengeschichte Otto Zöckler (1833–1906), der sich dezidiert den geografischen Entdeckungen durch Missionare und deren Bedeutung für die »geographische Wissenschaft« widmet. Otto Zöckler, Mission und Wissenschaft. Ein Beitrag zur Würdigung der Verdienste der ersteren um die letztere, in: Allgemeine Missions-Zeitschrift 4 (1877), S. 3–16, 49–61.

6 Hierzu u. a. Gustav Menzel, Die Rheinische Mission: Aus 150 Jahren Missionsgeschichte, Wuppertal 1978, S. 371; und Andreas Eckert, Fischer kompakt: Kolonialismus, Frankfurt a. M. 2006, S. 106–107.

scherinnen und Forscher ohne missionarischen, kirchlichen oder gar christlichen Hintergrund in die Debatte ein.[7]

Für die Missionskartografie bedeutete dies in erster Konsequenz eine zunehmende Marginalisierung, da die bislang vor allem durch missionsnahe Autoren erfolgte Beschäftigung mit den aus der Missionsarbeit erwachsenen kartografischen Leistungen im Angesicht des sinkenden Rückhaltes der Mission in der Öffentlichkeit an Bedeutung verlor. Die Missionskartografie verschwand in der ersten Hälfte des 20. Jahrhunderts fast vollkommen aus dem Blickfeld wissenschaftlicher Betrachtungen und wurde erst nach dem Zweiten Weltkrieg langsam wiederentdeckt und erneut zum Gegenstand einer – diesmal missionsfernen – wissenschaftlichen Aufarbeitung.[8] Den disziplinären Grundstein dieser ersten Arbeiten legte dabei vor allem die Geografie, die sich der Missionskartografie aus dem Blickwinkel einer neu begründeten *history of cartography*[9] und den damit verbundenen Fragen nach der Entstehungsgeschichte einzelner Karten annäherte.[10] Eine intensive Beschäftigung mit dem Thema blieb aber weiterhin aus. Erst ab den 1980er Jahren lässt sich die Missionskartografie in der Forschungsliteratur erneut fassen.[11]

---

7 Thoralf Klein, Mission und Kolonialismus – Mission als Kolonialismus: Einblicke in eine schwierige Wahlverwandtschaft, in: Claudia Kraft/Alf Lüdtke/Jürgen Martschukat (Hg.), Kolonialgeschichten, Frankfurt a. M./New York 2010, S. 142–161, hier S. 143.

8 Eine der wenigen Ausnahmen bildet Karl Streit, Mission und Kartographie, in: Zeitschrift für Missionswissenschaft und Religionswissenschaft 20 (1930), S. 276–280. Streit selbst hatte bereits 24 Jahre zuvor einen Katholischen Missionsatlas herausgegeben, in dessen Vorwort er die Bedeutung der Missionare als »Pionier[e] der Kultur und Wissenschaft« betonte, deren Berichte »auch in den Kreisen der Gelehrten stets grossen Wert« hätten. Karl Streit, Katholischer Missionsatlas. Enthaltend die gesamten Missionsgebiete des Erdkreises, Steyl 1906, S. 1.

9 Siehe u. a. Gerald R. Crone, Maps and their Makers – An Introduction to the History of Cartography, London 1953; und Walter W. Ristow/Clara E. LeGear, A Guide to Historical Cartography – A Selected, Annotated List of References on the History of Maps and Map Making, Washington 1961.

10 Zu erwähnen ist hier v. a. der Aufsatz des amerikanischen Geografen Georg Kish, der sich den kartografischen Leistungen der jesuitischen Missionare im Japan des 16. Jahrhunderts widmet. Vgl. George Kish, Some Aspects of the Missionary Cartography of Japan during the Sixteenth Century, in: Imago Mundi 6 (1949), S. 39–47.

11 Im deutschsprachigen Raum v. a. Johann Christian Triebel (Hg.), Der Missionar als Forscher. Beiträge christlicher Missionare zur Erforschung fremder Kulturen und Religionen, Gütersloh 1988. In den Arbeiten der 1980er Jahre zeigt sich jedoch, wie bereits bei Kish, eine signifikante Konzentration auf die missionskartografischen Arbeiten jesuitischer Missionare in Asien. Erst seit den 1990er Jahren wurden auch vermehrt die kartografischen Arbeiten evangelischer Missionare und Missionsgesellschaften – nun vorwiegend in Afrika – in den Blick genommen.

Der größte Teil der seither erfolgten Studien konzentrierte sich jedoch auf konkrete regionale Schwerpunkte und/oder auf die Arbeit einzelner Missionare und Missionsgesellschaften und nahm nur selten andere Akteure wie beispielsweise die geografischen Verlage oder professionelle Kartografen und Geografen in den Blick.[12] Gerade diesen Akteuren kommt jedoch beim Transfer des durch die Missionare erhobenen Wissens und bei dessen Transformation in entsprechendes Kartenmaterial sowie der Zirkulation des Materials eine besondere Bedeutung zu. Dennoch blieben sie auch bei den bis dato wenigen überblicksartigeren Arbeiten häufig eine Randnotiz.[13]

Eine neue Missionsgeschichte kommt nicht umhin, die verschiedenen Akteure außerhalb des eigentlichen Missionsnetzwerkes sowie die Transformations- und Zirkulationsprozesse von missionarischem Wissen in ihre Betrachtungen einzubeziehen. Die Missionskartografie bildet einen geeigneten Gegenstand, um zu untersuchen, wie sich Akteure aus verschiedenen Wissensbereichen gemeinsam an der Generierung, Popularisierung und Transformation von geografischem Wissen beteiligten. Ziel der folgenden Ausführungen ist es, diese Vielschichtigkeit anhand der Entstehungsgeschichte des eingangs erwähnten *Allgemeinen Missionsatlas* darzustellen und an diesem konkreten Beispiel aufzuzeigen, welche Vorzüge ein wissensgeschichtlicher – vor allem auf den Arbeiten Ludwik Flecks basierender – Ansatz für die Auseinandersetzung mit diesem speziellen Aspekt der Missionsgeschichte bietet.

So u. a. bei Pallervo Kokkonen, Religious and Colonial Realities: Cartography of the Finnish Mission in Ovamboland (Namibia), in: History in Africa 20 (1993), S. 155–171.

12 Siehe u. a. Klaus Roeber, Missionare der Gossner Mission als Forscher und Wissenschaftler, in: Heyden/Feldtkeller (Hg.), Missionsgeschichte als Geschichte der Globalisierung von Wissen, S. 339–357; und Isabel Voigt, Die »Schneckenkarte«: Mission, Kartographie und transkulturelle Wissensaushandlung in Ostafrika um 1850, in: Cartographica Helvetica 45 (2012), S. 27–38, die sich auch mit indigenen Informanten und den durch sie gewonnenen geografischen Informationen beschäftigt. Seitens der Geografie nahm sich die Forschung v. a. jenen Missionaren an, die als Entdeckungsreisende in die Geschichte eingegangen sind. So neben dem berühmten Afrikareisenden David Livingstone auch die Basler Missionare Johann Ludwig Krapf, Johannes Rebmann und Johann Jakob Erhardt oder Carl Hugo Hahn von der Rheinischen Missionsgesellschaft.

13 Vgl. Ruth Kark, The Contribution of Nineteenth Century Protestant Missionary Societies to Historical Cartography, in: Imago Mundi 45 (1993), S. 112–119; Héléne Vu Thanh, Principles of Missionary Geography in Jesuit Spirituality and their Implementation in Japan (16th–17th Centuries), in: Bulletin of Portuguese – Japanese Studies 18–19 (2009), S. 175–191. Einen breiteren Blick auf die Missionskartografie in Afrika bietet Jean-Michel Vasquez, La cartographie missionnaire en Afrique: Science, Religion et Conquête (1870–1930), Paris 2011.

Missionskartografie: Versuch einer Begriffsgeschichte und -bestimmung

Da es sich bei dem Begriff der Missionskartografie bis dato um keinen etablierten *terminus technicus* weder der missiologischen noch der geografischen Wissenschaft handelt, scheint es notwendig, diesen im Vorfeld einer näheren Bestimmung zu unterziehen und ihn von inhaltlich verwandten Fachtermini abzugrenzen. Die Missionskartografie, als deren Begründer im Allgemeinen Reinhold Grundemann angesehen wird,[14] tauchte zwar begrifflich vor allem in der zweiten Hälfte des 19. Jahrhunderts immer wieder in der Wissenschaftslandschaft und Publizistik auf,[15] doch konnte sich diese Bezeichnung – ähnlich wie die entsprechenden Analogiebegriffe in der französisch- und englischsprachigen Literatur – bislang nicht als fest definierter Fachterminus durchsetzen.[16]

Sowohl die Missionskartografie als auch die französischen und englischen Äquivalenzbezeichnungen – *cartographie missionnaire* und *missionary cartography* – finden ihre vergleichsweise spärliche Anwendung primär in Bezug auf zwei Aspekte: zum einen, wenn die Darstellung missionsrelevanter Sachverhalte, allen

14 Vgl. Alfred Kirchhoff, Grundemann, R.: Neuer Missionsatlas (Rezension), in: Zeitschrift der Gesellschaft für Erdkunde zu Berlin 38 (1903), S. 547–548, hier S. 547; Adam Jones (Hg.), University of Leipzig Papers on Africa Mission Archives Series, Bd. 5: Afrikabestände in deutschen Missionsarchiven. Perspektiven ihrer Erschließung, Leipzig 1999, S. 21, Anm. 7.

15 Vgl. u.a. Günter Kurze, Literarische Umschau – Vahls Missions-Atlas, in: Mitteilungen der Geographischen Gesellschaft (für Thüringen) zu Jena 4 (1885), S. 120–121, hier S. 121; Guy Thomas, Glaube, Raum und Landkarten: Elemente einer Missionskartografie, in: Christine Christ-von Wedel/Thomas K. Kuhn (Hg.), Basler Mission. Menschen, Geschichte, Perspektiven 1815–2015, Basel 2015, S. 131–136.

16 Im Französischen wurde zwar durch André Seumois, Introduction à la Missiologie, Bd. 3, Schöneck-Beckenried 1952, S. 321–322, und durch die Arbeiten von Jean-Michel Vasquez mit der *cartographie missionnaire* ein entsprechender Begriff eingeführt, doch findet dieser bislang wenig Widerhall in anderen Publikationen. Der englische Begriff der *missionary cartography* wurde v.a. durch George Kish, Some Aspects, publik gemacht und später immer wieder aufgegriffen, z.B. von Lindsay Frederick Braun. Vgl. Lindsay F. Braun, Missionary Cartography in Colonial Africa: Cases from South Africa, in: Elri Liebenberg/Imre J. Demhardt (Hg.), History of Cartography, Berlin/Heidelberg 2012, S. 249–272. Eine Aufnahme in die missionswissenschaftliche oder geografische Fachterminologie ist jedoch bis dato nicht erfolgt. Neben diesem Begriff tauchen in der englischsprachigen Literatur auch weitere Begriffe auf, die zumeist durch eine entsprechende Fokussierung begründet sind. So findet sich z.B. in Bezug auf die kartografischen Arbeiten der jesuitischen Missionare im Verlauf der frühen Neuzeit vor allem der Begriff der *jesuit cartography* bei Cheryl A. Semans, Mapping the Unknown. Jesuit Cartography in China 1583–1773, Berkeley 1981; und Theodore N. Foss, A Western Interpretation of China: Jesuit Cartography, in: Charles E. Ronan/Bonnie B. C. Cho (Hg.), East Meets West: Jesuits in China 1582–1773, Chicago 1988, S. 209–251.

voran die Ausbreitung des Christentums in der Welt – unter anderem auf Landkarten – thematisiert wird oder wenn die geografischen Besonderheiten einzelner Missionsgebiete beschrieben werden;[17] zum anderen dann, wenn es um die Produktion von Kartenmaterial auf der Grundlage von aus dem Missionsumfeld gewonnen geografischen Daten, zum Beispiel in Form von Reisebeschreibungen, Vermessungen und Kartenskizzen, insbesondere durch die Missionare selbst, geht.[18] Häufig sind beide Aspekte aufs engste miteinander verwoben, und zwar insbesondere dann, wenn die besprochenen Karten oder Kartenwerke nicht nur missionsrelevante Inhalte visualisieren, sondern zugleich auf den aus dem Missionsumfeld stammenden Informationen beruhen, von Missionaren gezeichnet oder von den Missionsgesellschaften herausgegeben werden.

In der deutschsprachigen Literatur findet man in Bezug auf den Zusammenhang von Mission und Kartografie bislang vor allem den Begriff der Missionsgeografie vorherrschend.[19] Dieser bezieht sich als analytischer Begriff jedoch in der Regel nur auf den ersten der genannten Aspekte, und ist daher zumeist auf die Visualisierung missionsrelevanter Informationen auf Karten sowie die rein geografische Beschreibung der Missionsgebiete beschränkt. Diese Beschränkung hängt eng mit der Entstehungsgeschichte des Begriffes selbst zusammen. Die Bezeichnung Missionsgeografie ist laut Jan Jongeneel auf den um die Jahre 1825/27 von einem irischen Geistlichen eingeführten Terminus der *missionary geography* als Bezeichnung für die zu Beginn des 19. Jahrhunderts aufkommende Disziplin der *geography of Christian mission* zurückzuführen.[20] Dessen

---

17 So z. B. in Johann C. Blumhardt, Handbüchlein der Missionsgeschichte und Missionsgeographie, Calw/Stuttgart 1844.

18 Hier sei u. a. auf die folgenden Arbeiten verwiesen: Kish, Some Aspects; und Kokkonen, Religious and Colonial Realities.

19 So u. a. in der seit 1882 herausgegebenen Zeitschrift *Mitteilungen der Geographischen Gesellschaft (für Thüringen) zu Jena,* welche mit dem konkreten Ziel gegründet worden war, »den geographischen und ethnographischen Forschungen christlicher Missionare als Centralorgan zu dienen und damit eine von den Geografen schon seit längerer Zeit empfundene Lücke in ihrer Fachliteratur auszufüllen«. Günter Kurze, Vorwort des Herausgebers, in: Mitteilungen der Geographischen Gesellschaft (für Thüringen) zu Jena 1 (1882), S. 1. Auch wenn sich dieses Zentralorgan im Laufe der Zeit immer weiter von der ursprünglichen Idee entfernte und sich zunehmend zu einer botanischen Fachzeitschrift entwickelte, widmete man diesem Thema jedoch über 36 Bände hinweg bis zum Jahr 1917 einen eigenen »missionsgeographischen Teil«. Aber auch in der Literatur des 20. Jahrhunderts ist der Begriff der Missionsgeographie zu finden. So z. B. bei E. Winkler, Missionsgeographie, in: Cartographica Helvetica 4 (1949), S. 184; und Thomas Ohm, Von der Missionsgeographie, in: Zeitschrift für Missionswissenschaft und Religionswissenschaft 44 (1960), S. 128–130.

20 Vgl. Jan A. B. Jongeneel, Studien zur interkulturellen Geschichte des Christentums, Bd. 92, A

deutsche Entsprechung fand erstmals im Titel des durch Johann Christoph Blumhardt 1844 herausgegebenen *Handbüchleins der Missionsgeschichte und Missionsgeographie* Verwendung und bezieht sich in diesem Zusammenhang einzig auf die geografische Beschreibung einzelner Missionsgebiete.[21]

Im Anschluss an Blumhardt war es Reinhold Grundemann, der den Begriff unter anderem für seine 1901 erschienene *Kleine Missions-Geographie und -Statistik* erneut aufgriff.[22] Grundemann kommt in der wissenschaftlichen Beschäftigung mit dem Spannungsfeld zwischen Mission und Geografie eine besondere Bedeutung zu: er publizierte 1862 eine eigene Missionsweltkarte, schrieb wissenschaftliche Beiträge für die damals einschlägigen geografischen Zeitschriften,[23] und veröffentlichte eine Reihe von Missionsatlanten.[24] Sowohl in der zeitgenössischen Literatur als auch in der modernen Betrachtung wird Grundemann daher regelmäßig mit dem Prädikat des ersten deutschen Missionskartografen bedacht.[25] Die Bezeichnung des Missionskartografen, die sich im Vergleich zur Missionskartografie zwar ungleich häufiger, jedoch zumeist in direktem Bezug auf Grundemann findet, hatte dieser dabei sehr bewusst auch auf sich selbst angewandt.[26] Von einer Missionskartografie als solche sprach

---

Missiological Encyclopedia, Part 1: The Philosophy and Science of Mission, 2. Aufl., Frankfurt a. M. 2002, S. 258. Gemeint ist hier wohl o.V., Missionary Geography; Or, the Progress of Religion Traced Round the World. By an Irish Clergyman, London 1825 und dessen Zweitauflage im Jahr 1827.

21 Vgl. Blumhardt, Handbüchlein der Missionsgeschichte. Das Werk wurde 1846 unter dem Titel *Christian Missions: or, a Manual of Missionary Geography and History* auch in englischer Übersetzung publiziert.

22 Reinhold Grundemann, Kleine Missions-Geographie und -Statistik zur Darstellung des Standes der evangelischen Mission am Schluss des 19. Jahrhunderts, Calw/Stuttgart 1901.

23 Hier v. a. in verschiedenen Ausgaben der *Mittheilungen aus Justus Perthes' Geographischer Anstalt* (kurz: PGM): Reinhold Grundemann, Bemerkungen über einige Inseln Central-Polynesiens, in: PGM 12 (1866), S. 199–200; ders., Die Englische Kolonie Natal und das Zulu-Land, in: PGM 13 (1867), S. 209–210.

24 Reinhold Grundemann, Allgemeiner Missions-Atlas; ders., Kleiner Missions-Atlas zur Darstellung des evangelischen Missionswerkes nach seinem gegenwärtigen Bestande, Calw/Stuttgart 1884; ders., Neuer Missions-Atlas: Mit besonderer Berücksichtigung der deutschen Missionen, Calw/Stuttgart 1896.

25 Vgl. u. a. Theo Sundermeier/Volker Küster, Studien zur außereuropäischen Christentumsgeschichte, Bd. 2, Die Bilder und das Wort: Zum Verstehen christlicher Kunst in Afrika und Asien, Göttingen 1999, S. 29; Bernd Moeller/Bruno Jahn (Hg.), Deutsche biographische Enzyklopädie der Theologie und der Kirchen, München 2005, S. 544.

26 So hatte er u. a. dem seiner Zeit im Verlagshaus Justus Perthes in Gotha gewidmeten Kapitel seiner bislang unveröffentlicht gebliebenen Lebenserinnerungen aus dem Jahr 1922 die Überschrift *Der Missionskartograph in Gotha* gegeben. Ursprünglich hieß das Kapitel lediglich *Der*

er in seinen Veröffentlichungen jedoch nicht. Insgesamt blieb, von wenigen Ausnahmen abgesehen, auch über das 19. und 20. Jahrhundert hinweg vor allem die Bezeichnung der Missionsgeografie vorherrschend. Unter ihr versteht man heute jedoch primär »eine kirchlich-theologische Ausrichtung der Religionsgeografie, die sich im Mittelalter und in der frühen Neuzeit vor allem mit Fragen der Ausbreitung des Christentums beschäftigte« und deren Anstöße »im Wesentlichen christlich-missionarischen und kolonialen (Kolonialgeografie) Interessen« entstammten.[27] Als eigenständige Teildisziplin der Religionsgeografie konnte sich die Missionsgeografie jedoch nicht durchsetzen.[28]

Obwohl Grundemann, wie eingangs gesagt, der Ansicht war, dass es sehr »erspriesslich [sei], wenn Geographie und Mission Hand in Hand gehen«[29], sah er die Missionsgeografie dennoch lediglich als »ein[en] Zweig der Missionswissenschaft, nicht der Geographie«[30] an. Dies lag wohl, wie er selbst bekannte, vor allem daran, dass er »auch gar nicht für Geographen [arbeitete], sondern für Leute die Mission studieren [wollten]«.[31] Für ihn stand also die missiologische Interpretation des vorhandenen geografischen Wissens im Vordergrund; die Karte diente lediglich als Vermittlerin. Eine solche Position erscheint aus dem Munde des bekannten Missionskartografen auf den ersten Blick befremdlich, hatte er doch in der Zeit zwischen 1865 und 1868 selbst in einer geografischen Verlagsanstalt gearbeitet und sein Leben lang immer wieder Kartenblätter für seine eigenen[32]

Kartograph in Gotha, Grundemann setzte dem »Kartograph« aber nachträglich den Zusatz »Missions-« voran. Vgl. Reinhold Grundemann, Lebenserinnerungen, o.O. 1922 (unveröffentlichtes Manuskript), S. 41.

27 Ernst Brunotte/Hans Gebhardt/Manfred Meurer/Peter Meusburger/Josef Nipper, Lexikon der Geographie, Heidelberg 2002, S. 388. Zur Einordnung der Religionsgeografie als einer Disziplin der Religionswissenschaft, einem Teilgebiet der Geografie oder als einem interdisziplinären Feld zwischen Geografie und Religionswissenschaft siehe u. a. Gisbert Rinschede, Religionsgeographie, Braunschweig 1999, S. 20–28.

28 Die Ablehnung der Missionsgeografie als eigenständiger Teildisziplin brachte wohl v. a. Heinz-Gerhard Zimpel im letzten Satz seines Aufsatzes zur Religionsgeografie aus dem Jahre 1970 auf den Punkt, als er diesbezüglich schrieb: »Begriff und Begründung einer speziellen Missionsgeographie sind indiskutabel; dieser Problemkreis wird voll von der Religionsgeographie wahrgenommen«. Heinz-Gerhard Zimpel, Religionsgeographie, in: Martin Schwind (Hg.), Religionsgeographie, Darmstadt 1975, S. 373–380, hier S. 378. Dazu auch Jongeneel, The Philosophy and Science of Mission, S. 259.

29 Grundemann, Allgemeiner Missions-Atlas, S. IV.

30 Grundemann, Kleine Missions-Geographie, S. 9.

31 Ebd.

32 Neben den bereits genannten Werken sei hier auch auf einige Beiträge der *Allgemeinen Missions-Zeitschrift* verwiesen, welche Grundemann mit entsprechenden Kartenblättern bereicherte.

und fremde Publikationen[33] gezeichnet. Seine Position wird jedoch verständlich, wenn man sich vor Augen führt, dass die wichtigste Funktion der dem Missionsumfeld entstammenden Karten laut Guy Thomas die Vermittlung »höchst ideologisch geprägte[r] Bilder eines ziemlich utopischen Stands der seinerzeitigen Missionstätigkeit durch den Einsatz einer offiziellen und scheinbar objektiven kartografischen Sprache« war.[34] So sah auch Grundemann die Geografie lediglich als ein Medium an, das er nutzte, »um den toten Tabellen einiges Leben einzuhauchen.«[35] Für Grundemann stand also die missiologische Interpretation des vorhandenen geografischen Wissens im Vordergrund. Die Karte selbst stellte somit lediglich ein mögliches Medium zur Vermittlung dieser Interpretationen dar.

Auch wenn die von Grundemann vertretene Auffassung in Bezug auf den Begriff der Missionsgeografie nicht von allen Wissenschaftlern geteilt wurde, blieb sie doch lange tonangebend. Dies zeigt sich unter anderem in dem von Thomas Ohm 1960 verfassten Aufsatz *Von der Missionsgeographie,* in welchem er feststellte: »Es besteht kein Mangel an Missionskarten und Missionsatlassen, wohl aber ein solcher an missionsgeografischen Untersuchungen, d.h. an Untersuchungen über das Verhältnis, die Wechselbeziehungen und Wechselwirkungen zwischen der Mission und der Erde.«[36] Die eigentliche Rolle des Missionars als Geograf und/oder Kartograf sowie die Entstehungsgeschichte der durch Missionare produzierten Karten und des zugrundeliegenden Wissens spielten in den unter dem Schlagwort Missionsgeografie firmierenden Arbeiten, wenn überhaupt, nur eine untergeordnete Rolle. Es erscheint daher angebracht, dem Begriff der Missionskartografie für die zunehmende wissenschaftliche Auseinandersetzung mit dem Spannungsfeld zwischen Mission und Kartenproduktion den Vorzug zu geben.

Hierbei stellt sich nun aber die Frage, wie ein solcher Begriff zu fassen ist, um sich sowohl von einem allgemeinen Kartografie-Begriff als auch von dem bereits existierenden Begriff der Missionsgeografie hinreichend abzugrenzen und

So u.a. Reinhold Grundemann, Die Völkerstämme im centralen Südafrika nach E. Holub, in: Allgemeine Missions-Zeitschrift 9 (1882), S. 403–414, 457–480, 494–498, 547–554; und ders., Das Kamerun-Gebiet und die Mission daselbst, in: Allgemeine Missions-Zeitschrift 12 (1885), S. 113–136, 161–189.

33 So u.a. für die Missionsgeschichte seines Neffen Reinhold Gareis, Geschichte der evangelischen Heidenmission, Konstanz 1901; und Emil Strümpfel, Was jedermann heute von der Mission wissen muß, Berlin 1901.

34 Thomas, Glaube, Raum und Landkarten, S. 131. Dazu auch Kokkonen, Religious and Colonial Realities, S. 162.

35 Grundemann, Kleine Missions-Geographie, S. 6. Gemeint ist hier die Missionsstatistik.

36 Ohm, Von der Missionsgeographie, S. 128.

als methodischer Analysebegriff für eine neue Missionsgeschichte anschlussfähig zu sein.[37] Dies betrifft zum einen den Aspekt der Herstellung des entsprechenden kartografischen Materials, waren doch an den die Mission direkt betreffenden kartografischen Arbeiten in der Regel auch Akteure außerhalb des Missionskreises – Verlage, Kartografen, Entdeckungsreisende und nicht zuletzt die einheimische Bevölkerung vor Ort – beteiligt. Viele dieser Arbeiten gingen weit über die eigentliche Missionstätigkeit hinaus, denn das aus dem Missionskontext stammende Wissen ging auch in andere Arbeiten ein und löste sich somit aus dem missionsbezogenen Umfeld. Eine Missionskartografie sollte somit nicht allein als ein missiologisches Phänomen betrachten werden, das vor Ort in der Mission oder im direkten Umfeld der Missionsgesellschaften stattfand, sondern als ein Phänomen, dass sich durch eine vielschichtige Wissensproduktion und eine große Zahl individueller Akteure auszeichnete.

Zum anderen äußert sich die Schwierigkeit einer genauen Justierung des Begriffes über diese Verflochtenheit der Missionskartografie hinaus auch im Hinblick auf die auf den Karten dargestellten Inhalte, denn missionsrelevante Informationen – wie die Ausbreitung einer entsprechenden Denomination oder die Lage einzelner Missionsstationen in einem Missionsgebiet – wurden in der Regel auch auf »rein profanen« Karten dargestellt. So war gerade die Position einzelner Missionsstationen in bis dato teilweise noch gänzlich unerforschten Gebieten der Welt für die zeitgenössischen Landkarten, mit denen man auch die Erfolge der europäischen Zivilisierungsmission zu zeigen gedachte, von entscheidender Bedeutung. Sie waren zudem eine Orientierungshilfe in einer aus europäischer Sicht an Orientierungspunkten armen Umgebung.

Schließlich muss hier auch der Aspekt der Funktion Berücksichtigung finden, denn nicht alle im Umfeld der Mission entstandenen Karten erfüllten einen eindeutig erkennbaren missionarischen Zweck. Vielmehr setzten sich nicht wenige Missionare abseits ihrer für die Missionsarbeit relevanten Tätigkeiten mit den verschiedensten wissenschaftlichen Fragestellungen auseinander und publizierten ihre Erkenntnisse in den damals geläufigen wissenschaftlichen

37 Im Rahmen eines Workshops unter dem Titel *Mission/s/kartographie,* der im November 2016 an der Universität Tübingen stattfand, wurde die Notwendigkeit und Definition – hier wohl besser: die Bestimmung – eines solchen Fachterminus ausführlich und kontrovers diskutiert. Es zeigte sich, dass bereits eine konkrete Definition des unter dem Begriff Missionskartografie zu behandelnden Materials schwierig ist. Vgl. Laura Dierksmeier, Mission/s/Kartographie: Funktionen, visuelle Strategien, Wissenstransfer (1500–1800), in: http://www.hsozkult.de/conferencereport/id/tagungsberichte-6953 (letzter Zugriff: 19.6.2017).

Fachorganen. So erschienen gerade in der zweiten Hälfte des 19. Jahrhunderts auch zahlreiche Beiträge einzelner Missionare in den langsam entstehenden geografischen Fachzeitschriften, wie etwa *Petermanns Geographischen Mitteilungen* und den Mitteilungsblättern verschiedener Geografischer Gesellschaften.[38] Dennoch erfüllte die kartografische Arbeit nicht ausschließlich wissenschaftliche Funktionen, sondern diente auch ganz pragmatischen Zielen, wie etwa der Visualisierung der Missionserfolge oder, dann natürlich in entsprechend großem Maßstab, als Orientierungshilfe für das im jeweiligen Missionsgebiet eingesetzte Personal der Missionsgesellschaften.

Ein unter dem Begriff der Missionskartografie zusammengefasster Untersuchungsbereich steht somit in einem stetig variierenden Spannungsverhältnis zwischen Herstellungskontext, Inhalt und Funktion des ihm zugrundeliegenden kartografischen Materials, wobei die Mission selbst nur ein Bestandteil eines vielschichtigen Prozesses von Wissenserwerb, Wissenstransformation und Wissenspopularisierung war. Sie bot nicht selten den Anlass für die Produktion dieses kartografischen Wissens und stellte zudem häufig auch die strukturellen Grundlagen für den globalen Wissenstransfer, war aber dennoch nur eine Akteurin in einem umfangreichen, die konfessionellen und professionellen Grenzen überschreitenden Netzwerk. Die wissenschaftliche Auseinandersetzung mit der Missionskartografie und den entsprechenden Quellen erlaubt somit einen Blick weit über die Mission hinaus auf die verschiedensten Formen der Verflechtung innerhalb dieses Netzwerkes sowie auf die Verwissenschaftlichung und Popularisierung der in diesem Netzwerk kursierenden Wissensbestände. Einen Einblick in das dadurch entstehende Untersuchungspotenzial soll im Folgenden am Beispiel eines konkreten missionskartografischen Produktes – Grundemanns *Allgemeinem Missionsatlas* – gegeben werden.

Die Missionskartografie in Gotha aus wissensgeschichtlicher Perspektive

Mit dem Namen der Gothaer Verlagsanstalt *Justus Perthes* verbindet man in aller Regel zuerst die berühmten Atlanten von Adolf Stieler (1775–1836)

38 Zu erwähnen sei hier v.a. der in der damaligen Fachwelt für hitzige Debatten sorgende und mit einer Kartenbeigabe versehene Aufsatz zur Entdeckung des schneebedeckten Kilimandscharo im äquatorialen Afrika durch die Missionare Rebmann, Krapf und Erhardt. Johann Jakob Erhardt, Memoire zur Erläuterung der von ihm und J. Rebmann zusammengestellten Karte von Ost- und Central-Afrika, in: PGM 2 (1856), S. 19–32.

und Hermann Berghaus (1828–1890) sowie die seit 1855 von August Petermann (1822–1878) herausgegebene Zeitschrift *Mittheilungen aus Justus Perthes' Geographischer Anstalt* (kurz: PGM).[39] Zudem ist der Verlag für die Publikation der gerade im 19. Jahrhundert sehr ausgedehnten Tätigkeiten verschiedener Entdeckungsreisender, wie Gerhard Rohlfs (1831–1896) und Heinrich Barth (1821–1865) bekannt, deren geografische Entdeckungen im Hause Perthes gesammelt, ausgewertet und in kartografische Gesamtwerke oder einzelne Karten überführt wurden. Weniger bekannt ist jedoch, dass der Verlag auch mit den in dieser Zeit äußerst aktiven Missionsgesellschaften und einzelnen Missionaren zusammenarbeitete. So basierten nicht wenige der für ihre Genauigkeit und Aktualität bekannten Perthes-Karten auf Mitteilungen und kartografischen Vorarbeiten aus dem Missionsumfeld (siehe Abb. 1).

Das wohl umfassendste missionskartografische Werk, das in Gotha entstand, ist der eingangs erwähnte *Allgemeine Missionsatlas*. Sein Verfasser, Reinhold Grundemann, war zwar selbst weder Missionar noch Kartograf, doch hatte er sich diesem Thema bereits kurze Zeit nach Beendigung seines Studiums der Theologie und der sich anschließenden Promotion zunehmend gewidmet. Nach ersten Publikationen in diesem Bereich wandte er sich an die geografische Verlagsanstalt in Gotha, um sich über die von August Petermann geplante Herausgabe eines Missionsatlas zu erkundigen, von der er anlässlich eines Rechercheaufenthaltes am Berliner Missionshaus erfahren hatte.[40] Als Petermann sein Projekt jedoch aufgrund anderer Aufgaben spätestens seit September 1862 ruhen lassen musste, kristallisierte sich im Verlauf einer sich über mehrere Jahre hinziehenden Korrespondenz immer mehr heraus, dass Grundemann selbst die Herausgabe eines solchen Atlas vorantreiben würde.[41]

Die Entstehung dieses »erste[n] Standardwerk[s] deutscher Missionsliteratur«[42] verdeutlicht, welche Bedeutung die geografischen und kartografischen

---

39 Zu *Petermanns Geographischen Mitteilungen* siehe u. a. Sebastian Lentz/Ferjan Ormeling (Hg.), Die Verräumlichung des Welt-Bildes. Petermanns Geographische Mitteilungen zwischen »explorativer Geographie« und der »Vermessenheit« europäischer Raumphantasien, Stuttgart 2008; Imre J. Demhardt, Der Erde ein Gesicht geben: Petermanns Geographische Mitteilungen und die Anfänge der modernen Geographie in Deutschland, Gotha 2006.

40 Brief von Reinhold Grundemann an August Petermann, 16.08.1862, Forschungsbibliothek Gotha, Sammlung Perthes, SPA ARCH MFV 144/2, 2–3.

41 Brief von August Petermann an Reinhold Grundemann, 12.11.1862, Forschungsbibliothek Gotha, Sammlung Perthes, SPA ARCH MFV 144/2, 7.

42 A. Lehmann, Grundemann, Reinhold, in: Wilfrid Werbeck/Kurt Galling/Hans v. Cam-

Arbeiten aus dem Missionsumfeld für die Erschließung der Welt und die Vermittlung von missionarischen Wissen über die Grenzen der Mission hinaus hatten. So zeigt sich an diesem Beispiel, in welchem Umfang die Mission gerade in dieser Zeit an den Prozessen der Generierung, Transformation und Zirkulation von Wissen über die außereuropäische Welt beteiligt war. Es erscheint deswegen zielführend, sich der Geschichte des *Allgemeinen Missionsatlas* sowie der Missionskartografie an sich aus einer auf das Wissen selbst konzentrierten Perspektive anzunähern.

Landkarten und geografische Beschreibungen dienen nicht nur als reine Orientierungshilfen, sondern primär als Wissensspeicher und damit als »reflektierte Formen der Darstellung von Wissen über die Welt«, welches sie präsentieren, vermitteln und »über Zeit und Raum hinweg transportieren«.[43] Wie Achim Landwehr ausdrücklich hervorhebt, stellen Landkarten eine ganz eigene Form der Wissenspopularisierung dar, mit deren Hilfe »das räumliche Wissen über einen Staat neben das rechtliche, statistische und historische Wissen gestellt, und somit der entsprechende Bestand fixiert, klassifiziert und übersichtlich angeordnet« wird.[44] Dies gilt auch für Missionskarten, die räumliches Wissen über Missionsgebiete popularisierten.

Aufbauend auf den Arbeiten des französischen Philosophen Michel Foucault[45] (1926–1984) und des polnischen Bakteriologen und Wissenschafts-

---

penhausen (Hg.), Religion in Geschichte und Gegenwart, 2. Aufl., Bd. 2, Tübingen 1958, S. 1889–1890.

43 Bettina Schöller, Medienwandel – Medienwechsel – Medienwissen, Bd. 32, Wissen speichern, Wissen ordnen, Wissen übertragen: Schriftliche und bildliche Aufzeichnungen der Welt im Umfeld der Londoner Psalterkarte, Zürich 2014, S. 12. Siehe auch Ute Schneider, Die Macht der Karten: Eine Geschichte der Kartographie vom Mittelalter bis heute, 2. Aufl., Darmstadt 2006, S. 12–14. Zur Karte als Wissensspeicher siehe Johannes Gießauf, Historische Wissensspeicher: Erinnerte Geschichte(n), in: Wernfried Hofmeister (Hg.), Mittelalterliche Wissensspeicher, Bd. 3, Frankfurt a. M. 2009, S. 61–96.

44 Achim Landwehr, Wissensgeschichte, in: Rainer Schützeichel (Hg.), Handbuch Wissenssoziologie und Wissensforschung, Konstanz 2007, S. 801–813, hier S. 808–809. Landwehr verwendet in diesem Zusammenhang den Begriff der Wissenschaftspopularisierung. Dieser ist jedoch m.E. gerade im Kontext missionskartografischer Arbeiten, die nur selten von Wissenschaftlern im eigentlichen Sinne durchgeführt wurden und in Anbetracht der Tatsache, dass sowohl die Geografie als auch die Missionswissenschaft sich im 19. Jahrhundert gerade erst als eigenständige wissenschaftliche Disziplinen etablierten, zu engführend.

45 Hier v. a. Michel Foucault, Archäologie des Wissens, Frankfurt a. M. 1990 (Originalausgabe von 1969); und ders., Die Ordnung der Dinge: Eine Archäologie der Humanwissenschaften, Frankfurt a. M. 1990 (Originalausgabe von 1966).

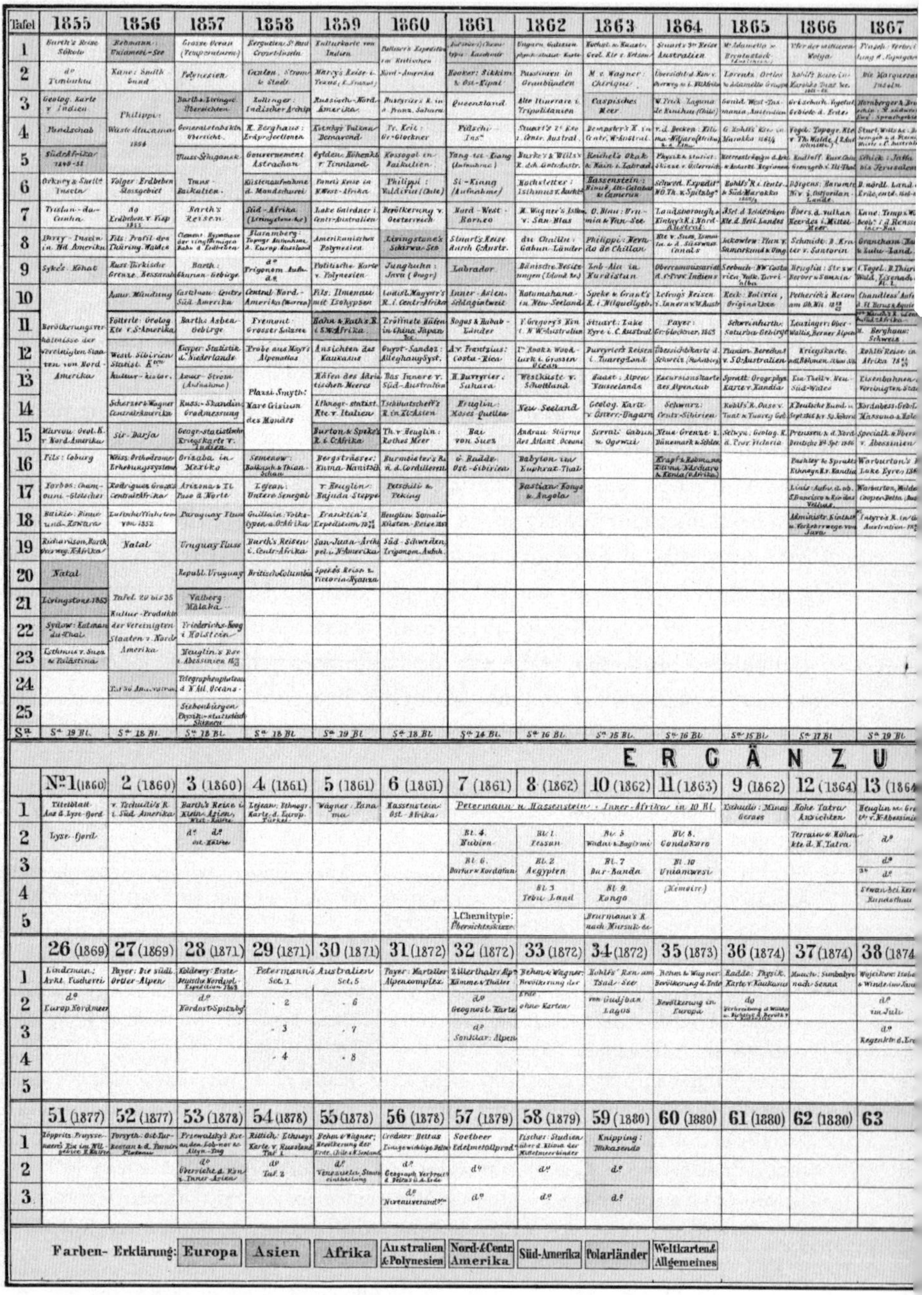

Abb. 1: Übersicht über die Kartenbeigaben der ersten 25 PGM-Jahrgänge. Die jeweiligen – hier durch den Verfasser hervorgehobenen – durch verschiedene Farben für die unterschiedlichen Weltregionen gekennzeichneten, Karten sind entweder

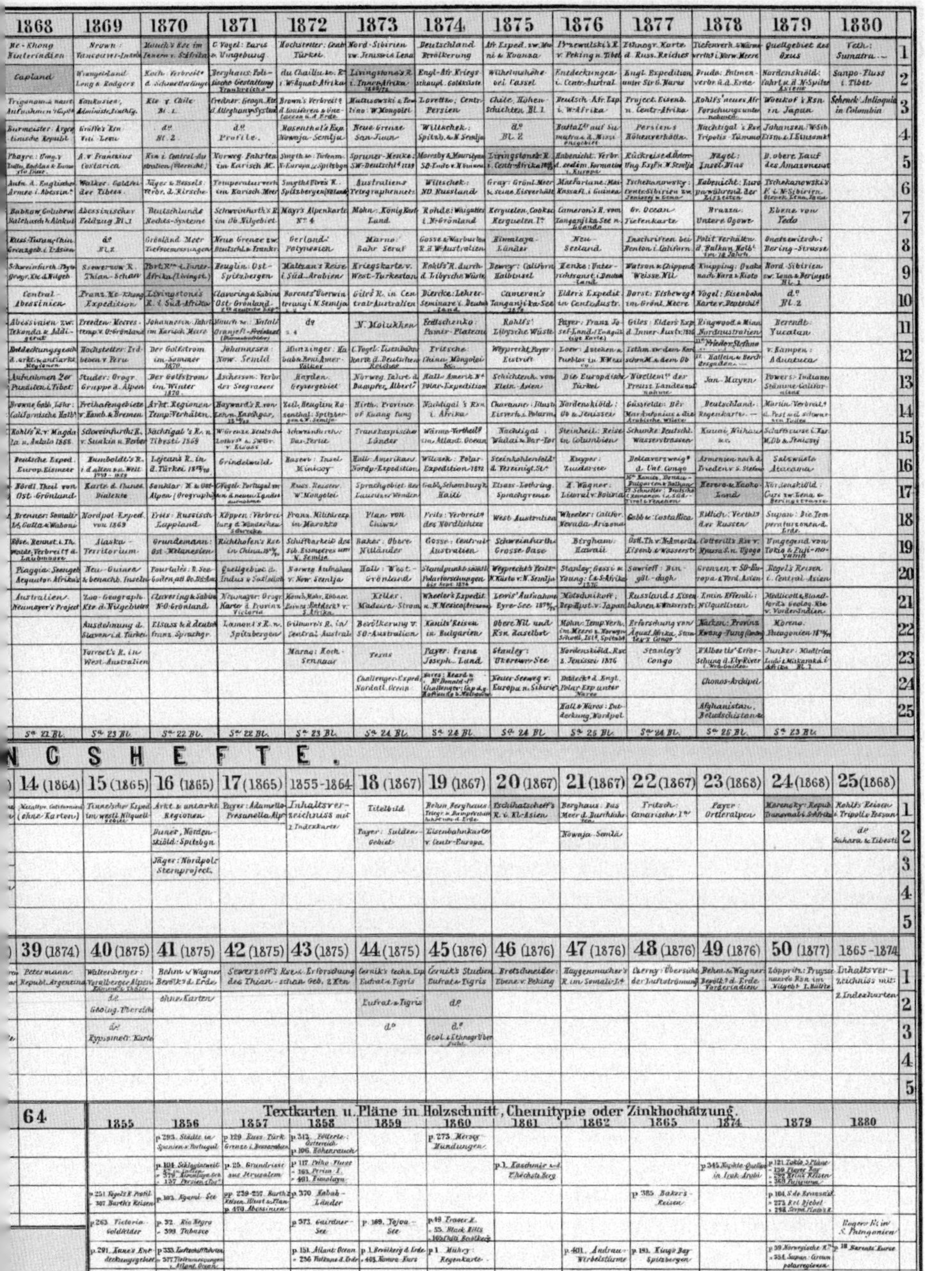

direkt auf der Grundlage von Vorarbeiten aus dem Missionsfeld entstanden oder verweisen zumindest in ihren Legenden auf diese. Quelle: Forschungsbibliothek Gotha, Sammlung Perthes, SPA ARCH PGM 576, 3.

theoretikers Ludwik Fleck[46] (1896–1961), die vor allem die philosophischen und erkenntnistheoretischen Grundlagen einer neuen Wissenschaftsgeschichte legten, sowie einiger weiterer Arbeiten[47] hat sich in den letzten Jahren mit der Wissensgeschichte eine eigene Forschungsrichtung etabliert, welche das Wissen selbst als eine zentrale Ressource ansieht und nicht nur nach den Inhalten, Vermittlungsverfahren, Anwendungsformen, gesellschaftlichen Kontexten sowie den Bedingungen und Folgen (gelehrten) Wissens, sondern auch nach den an der Wissensgenerierung und -propagierung beteiligten Akteuren und Institutionen sowie den im Transferprozess verwendeten Medien fragt.[48] Dadurch werden in wissensgeschichtlichen Untersuchungen gerade die Umstände der Wissensproduktion und -zirkulation in ihrem gesellschaftlichen Kontext, d.h. unter Einbeziehung der beteiligten Akteure und Institutionen, in den Vordergrund gerückt.[49] Zudem untersucht die Wissensgeschichte die Auswirkungen dieses Wissens auf die Gesellschaft, indem sie dessen Popularisierung ins Blick-

46 Hier v.a. Ludwik Fleck, Entstehung und Entwicklung einer wissenschaftlichen Tatsache: Einführung in die Lehre von Denkstil und Denkkollektiv, Frankfurt a. M. 1980 (Originalausgabe von 1935); und ders., Schauen, Sehen, Wissen, in: Sylwia Werner/Claus Zittel/Frank Stahnisch (Hg.), Denkstile und Tatsachen, Berlin 2011, S. 390–418 (Erstveröffentlichung: 1947). Fleck vertrat die Ansicht, dass »jede wissenschaftliche Tatsache als ein historisch und kulturell bedingtes Phänomen« und damit als Resultat bestimmter Denkstile und Denkkollektive anzusehen sei. Zit. nach Bozena Chołuj, Einführung, in: Bozena Chołuj/Jan C. Joerden (Hg.), Von der wissenschaftlichen Tatsache zur Wissensproduktion, Frankfurt a. M. 2007, S. 11–18, hier S. 12. Vgl. Daniel Speich-Chassé/David Gugerli, Wissensgeschichte. Eine Standortbestimmung, in: Traverse. Zeitschrift für Geschichte 1 (2012), S. 85–100, hier S. 91.

47 U.a. Bruno Latour, Science in Action: How to Follow Scientists and Engineers through Society, Cambridge 1987; und Hans-Jörg Rheinberger, Toward a History of Epistemic Things: Synthesizing Proteins in the Test Tube, Stanford 1997.

48 Vgl. dazu u.a. Friedhelm Neidhardt/Peter Weingart/Renate Mayntz/Ulrich Wengenroth, Zur Einleitung, in: dies. (Hg.), Wissensproduktion und Wissenstransfer, Bielefeld 2008, S. 19–37, hier S. 19. Dabei steht laut Philipp Sarasin der Erkenntnisgewinn darüber im Vordergrund, »wie, wann und gegebenenfalls warum ein bestimmtes Wissen auftaucht und wieder verschwindet«. Philipp Sarasin, Was ist Wissensgeschichte? in: Internationales Archiv für Sozialgeschichte der deutschen Literatur 36 (2011) 1, S. 159–172, hier S. 165. Hinzu kommen Fragen nach den Effekten, welche das jeweilige Wissen hat, sowie nach den hierfür relevanten Zusammenhängen, dessen Trägern und Formen. Damit steht die Wissensgeschichte zwar weiterhin in einer engen Verbindung zur Wissenschaftsgeschichte, die nach wie vor eine ihrer wichtigsten Impulsgeber und Bezugspunkte ist, geht aber über damit verbundene disziplinäre Engführungen hinaus.

49 Vgl. Landwehr, Wissensgeschichte, S. 802; und Sarasin, Was ist Wissensgeschichte?, S. 163.

feld der Betrachtung rückt, denn »Wissen benötigt, in welchem Umfang auch immer, einen gewissen Grad der Öffentlichkeit«, um Wirkungen zu zeitigen.[50]

In Bezug auf die Missionskartografie in Gotha ergeben sich aus den spezifischen Ansätzen der Wissensgeschichte einige fruchtbare Anknüpfungspunkte.[51] Dies betrifft insbesondere die Untersuchung der engen Beziehungen zwischen den an der Wissensproduktion beteiligten Akteuren[52] und Institutionen[53] sowie den zur Wissenspopularisierung und -verbreitung eingesetzten Medien.[54] Gerade für die Betrachtung der Akteure spielt die von Ludwik Fleck bereits in seinem wegweisenden Aufsatz *Schauen, Sehen, Wissen* von 1947 herausgearbeitete Theorie der Denkkollektive und Denkstile und die damit verbundene Abhängigkeit der eigenen Wahrnehmung von verschiedenen sozialen Faktoren eine entscheidende Rolle.[55] Diese sozialen Faktoren – »die gesellschaftlichen und diskursiven Rahmenbedingungen der Herstellung von Karten ebenso [...] wie die sozialen Effekte der Kartographie«[56] – sind auch für die eigentliche Kartenproduktion von enormer Bedeutung. Sie finden unter dem Schlagwort der *critical cartography*, die das lange Zeit dominante Paradigma der Kartografie, Landkarten seien als neutrale Abbilder der Wirklichkeit anzusehen, hinterfragt und sie vielmehr als eine Ausdrucksform sozialer Wirklichkeiten analysiert und interpretiert, zunehmend Eingang in die neuere Kartografiegeschichte.[57] Vor

50 Landwehr, Wissensgeschichte, S. 807.

51 Dabei ist jedoch auch eine gewisse Orientierungslosigkeit der Wissensgeschichte festzustellen, wenn unter anderem Speich-Chassé und Gugerli, den Begriff zwischen einer »unübersichtliche[n] Vielfalt von Disziplinen und Institutionen, zwischen Kultur- und Literaturwissenschaft, Erkenntnistheorie, Wissenschaftstheorie, Wissenschaftssoziologie, Wissenssoziologie, Wissenschaftsgeschichte und Wissensforschung« oszillieren sehen. Vgl. Speich-Chassé/Gugerli, Wissensgeschichte, S. 85.

52 Gemeint sind hier neben den an der eigentlichen Kartenproduktion beteiligten (vorwiegend verlagsinternen) Akteuren wie Kartografen, Lithografen, Druckern und Koloristinnen auch die mit der Generierung des Wissens verbundenen Akteure wie einheimische Informanten, Entdeckungsreisende und eben die Missionaren selbst.

53 Neben dem Perthes Verlag in Gotha v. a. die verschiedenen Missionsgesellschaften.

54 Dies beinhaltet neben den jeweiligen Kartenblättern für missionsnahe Verlagsprodukte (hier u. a. Grundemanns Allgemeiner Missions-Atlas) sowie den in Gotha gefertigten Karten für die Neuauflage des Atlas der Rheinischen Missionsgesellschaft (1878) und den PGM auch jene Verlagsprodukte, in welche das aus Missionskreisen stammende Wissen als eine von vielen Quellen mit einfloss, wie z. B. die verschiedenen Auflagen des Stieler Handatlas.

55 Fleck, Schauen, Sehen, Wissen.

56 Georg Glasze, Kritische Kartographie, in: Geographische Zeitschrift 97 (2009) 4, S. 181–191, hier S. 181.

57 Zur *critical cartography* siehe u. a. Jeremy W. Crampton/John Krygier, An Introduction to

allem die hierbei sichtbar werdenden Akteursnetzwerke sind dabei von großem Interesse, ist doch laut Fleck »jede wissenschaftliche Arbeit [in erster Linie] Kollektivarbeit«, zumal dann, wenn, wie Fleck weiter schreibt, das dieser Arbeit zugrunde liegende Wissen die Kapazität eines einzelnen Individuums bei weitem übersteigt.[58]

Diese Kollektivarbeit lässt sich anhand des heute in der Sammlung Perthes überlieferten Verlagsarchives am Beispiel der missionskartografischen Arbeiten im Gothaer Verlagshaus insbesondere an der Entstehung des *Allgemeinen Missionsatlas* aufzeigen. So hatte Grundemann selbst zwar spätestens seit der Unterzeichnung eines entsprechenden Vertrages mit der Geschäftsführung des Verlages im März 1865 die Hauptverantwortung für die Herausgabe des *Allgemeinen Missionsatlas* übernommen, doch waren letztlich viele Akteure an der Umsetzung des Projektes beteiligt.[59] Bereits die Sammlung des dem Atlas zugrundeliegenden Wissens erfolgte auf der Basis eines breiten institutionellen und personellen Netzwerkes. So hatte Grundemann beispielsweise schon im Vorfeld seiner vertraglichen Bindung an den Verlag und in Rücksprache mit dessen führendem Kartografen August Petermann einen entsprechenden Fragebogen erstellt (siehe Abb. 2), den er über die Leitungen verschiedener europäischer und angloamerikanischer Missionsgesellschaften an einzelne Missionare versandte, um neben den erforderlichen geografischen auch ethnografische, philologische und vor allem missiologische Informationen direkt aus den Missionsgebieten zu erhalten. Diese weiterführenden Informationen flossen dann in die Begleittexte der Karten ein.

Darüber hinaus erreichten ihn gelegentlich Kartenskizzen einzelner Missionare (siehe Abb. 3), die teilweise bis dahin unbekannte Informationen über das nähere und weitere geografische Umfeld der Missionsstationen lieferten

---

Critical Cartography, in: ACME. An International Journal for Critical Geographies 4 (2006) 1, S. 11–53; John B. Harley, Deconstructing the Map, in: Martin Dodge/Rob Kitchin/Chris Perkins (Hg.), The Map Reader, Chichester 2011, S. 56–64.

58 Fleck, Entstehung und Entwicklung einer wissenschaftlichen Tatsache, S. 57. Für die Untersuchung dieser Netzwerke bieten sich u. a. verschiedene Ansätze der Netzwerkforschung an, welche seit einigen Jahren auch in der Geschichtswissenschaft starke Verbreitung finden. Vgl. Morten Reitmayer/Christian Marx, Netzwerkansätze in der Geschichtswissenschaft, in: Christian Stegbauer/Roger Häußling (Hg.), Handbuch Netzwerkforschung, Wiesbaden 2010, S. 869–880, hier S. 869.

59 Vertrag zwischen Reinhold Grundemann und der geographischen Verlagsanstalt Justus Perthes, März 1865, Forschungsbibliothek Gotha, Sammlung Perthes, SPA ARCH MFV 144/1, 49–50.

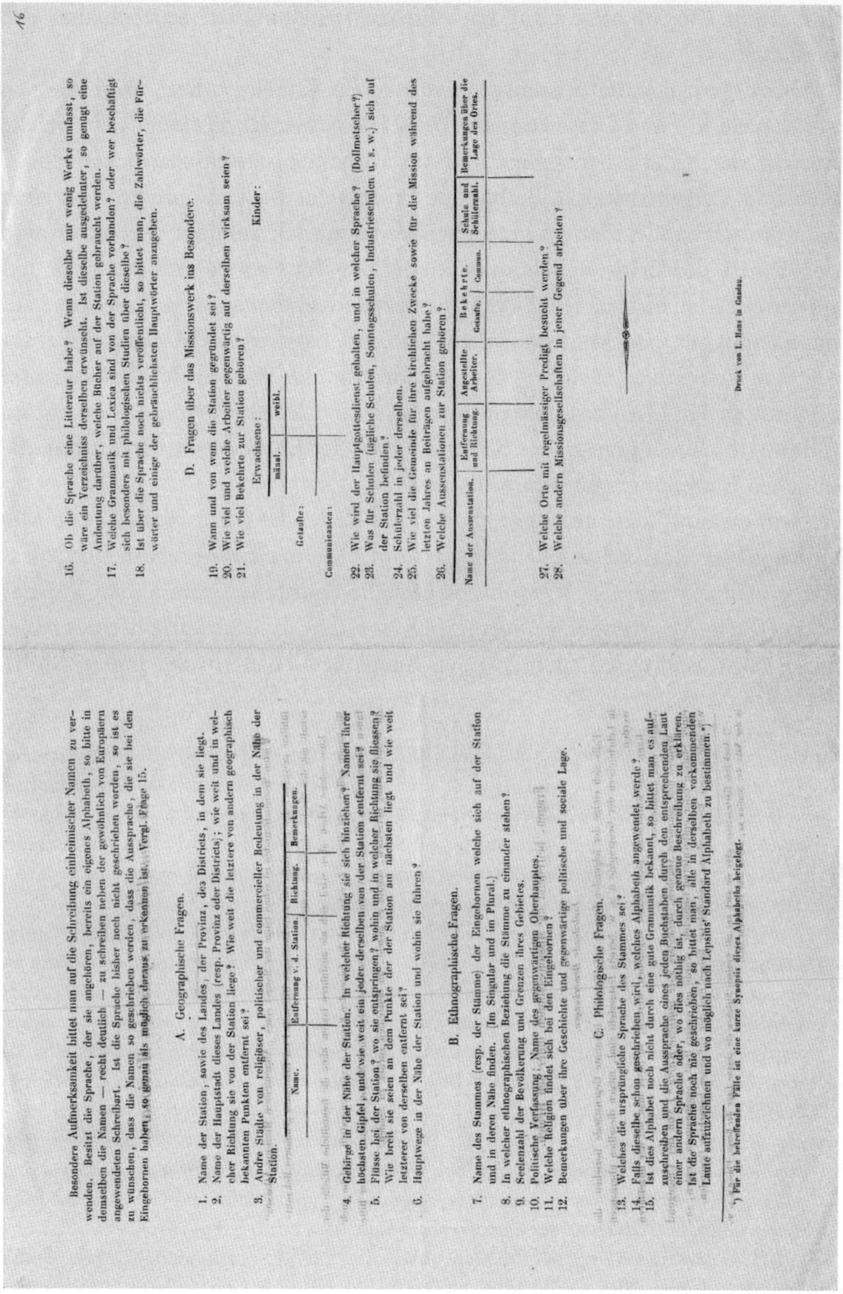
16

Besondere Aufmerksamkeit bittet man auf die Schreibung einheimischer Namen zu verwenden. Besitzt die Sprache, der sie angehören, bereits ein eigenes Alphabeth, so bitte in demselben die Namen — recht deutlich — zu schreiben neben der gewöhnlich von Europäern angewendeten Schreibart. Ist die Sprache bisher noch nicht geschrieben worden, so ist es zu wünschen, dass die Namen so geschrieben werden, dass die Aussprache, die sie bei den Eingebornen haben, so genau als möglich daraus zu erkennen ist. Vergl. Frage 15.

A. Geographische Fragen.

1. Name der Station, sowie des Landes, der Provinz, des Districts, in dem sie liegt.
2. Name der Hauptstadt dieses Landes (resp. Provinz oder Districts); wie weit und in welcher Richtung sie von der Station liege? Wie weit die letztere von andern geographisch bekannten Punkten entfernt sei?
3. Andre Städte von religiöser, politischer und commercieller Bedeutung in der Nähe der Station.

Name.	Entfernung v. d. Station.	Richtung.	Bemerkungen.

4. Gebirge in der Nähe der Station. In welcher Richtung sie sich hinziehen? Namen ihrer höchsten Gipfel, und wie weit ein jeder derselben von der Station entfernt sei?
5. Flüsse bei der Station? wo sie entspringen? wohin und in welcher Richtung sie fliessen? Wie breit sie seien an dem Punkte der der Station am nächsten liegt und wie weit letzterer von derselben entfernt sei?
6. Hauptwege in der Nähe der Station und wohin sie führen?

B. Ethnographische Fragen.

7. Name des Stammes (resp. der Stämme) der Eingebornen welche sich auf der Station und in deren Nähe finden. (Im Singular und im Plural.)
8. In welcher ethnographischen Beziehung die Stämme zu einander stehen?
9. Seelenzahl der Bevölkerung und Grenzen ihres Gebietes.
10. Politische Verfassung; Name des gegenwärtigen Oberhauptes.
11. Welche Religion findet sich bei den Eingebornen?
12. Bemerkungen über ihre Geschichte und gegenwärtige politische und sociale Lage.

C. Philologische Fragen.

13. Welches die ursprüngliche Sprache des Stammes sei?
14. Falls dieselbe schon geschrieben wird, welches Alphabeth angewendet werde?
15. Ist dies Alphabet noch nicht durch eine gute Grammatik bekannt, so bittet man es aufzuschreiben und die Aussprache eines jeden Buchstaben durch den entsprechenden Laut einer andern Sprache oder, wo dies nöthig ist, durch genaue Beschreibung zu erklären. Ist die Sprache noch nie geschrieben, so bittet man, alle in derselben vorkommenden Laute aufzuzeichnen und wo möglich nach Lepsius' Standard Alphabeth zu bestimmen.*)

*) Für die betreffenden Fälle ist eine kurze Synopsis dieses Alphabeths beigelegt.

16. Ob die Sprache eine Litteratur habe? Wenn dieselbe nur wenig Werke umfasst, so wäre ein Verzeichniss derselben erwünscht. Ist dieselbe ausgedehnter, so genügt eine Andeutung darüber, welche Bücher auf der Station gebraucht werden.
17. Welche Grammatik und Lexica sind von der Sprache vorhanden? oder wer beschäftigt sich besonders mit philologischen Studien über dieselbe?
18. Ist über die Sprache noch nichts veröffentlicht, so bittet man, die Zahlwörter, die Fürwörter und einige der gebräuchlichsten Hauptwörter anzugeben.

D. Fragen über das Missionswerk ins Besondere.

19. Wann und von wem die Station gegründet sei?
20. Wie viel und welche Arbeiter gegenwärtig auf derselben wirksam seien?
21. Wie viel Bekehrte zur Station gehören?

	Erwachsene: männl.	Erwachsene: weibl.	Kinder:
Getaufte:			
Communicanten:			

22. Wie wird der Hauptgottesdienst gehalten, und in welcher Sprache? (Dollmetscher?)
23. Was für Schulen (tägliche Schulen, Sonntagsschulen, Industrieschulen u. s. w.) sich auf der Station befinden?
24. Schülerzahl in jeder derselben.
25. Wie viel die Gemeinde für ihre kirchlichen Zwecke sowie für die Mission während des letzten Jahres an Beiträgen aufgebracht habe?
26. Welche Aussenstationen zur Station gehören?

Name der Aussenstation.	Entfernung und Richtung.	Angestellte Arbeiter.	Bekehrte. Getaufte.	Bekehrte. Commun.	Schule und Schülerzahl.	Bemerkungen über die Lage des Ortes.

27. Welche Orte mit regelmässiger Predigt besucht werden?
28. Welche andern Missionsgesellschaften in jener Gegend arbeiten?

Druck von L. Hans in Gnadau.

Abb. 2: Auszug aus dem an die Missionare versandten Fragebogen. Quelle: Forschungsbibliothek Gotha, Sammlung Perthes, SPA ARCH MFV 144/1, 14–16.

und damit eine wichtige Grundlage für die Erstellung der Kartenblätter darstellten.[60]

Doch nicht nur die Wissensgenerierung war Kollektivarbeit, sondern auch die Konzeption und Umsetzung des Atlas selbst. Gerade hier zeigt sich, welche Auswirkungen der arbeitsteilige und auf konkreten wissenschaftlichen Prinzipien und Vorgehensweisen beruhende Prozess der Kartenproduktion in einer ökonomisch handelnden geografischen Verlagsanstalt auf die Präsentation und den Inhalt des ursprünglich missionarischen Wissens hatte.[61] So wich beispielsweise die im ursprünglichen Konzept Grundemanns vorgesehene, auf missiologischen und konfessionellen Kriterien basierende Ordnung des Atlas, die dem kollektiven Denkstil der Mission, die die Welt nach religiösen und konfessionellen Gesichtspunkten unterteilte und dabei immer auch an der Erfüllung des Missionsauftrages orientiert war, der bis heute in der Kartografie üblichen Einteilung nach Kontinenten.[62]

Grundemann hatte anfangs lediglich das Ziel, »das ganze evangelische Mis-s[ions]gebiet [...] darzustellen«.[63] Erst auf Petermanns Anregung hin, dass das geplante Werk alle Missionsgesellschaften umfassen und »nicht auf das evangelische Missionsgebiet beschränkt, sondern auf das katholische Gebiet ausgedehnt, und das[s] auch von den Religions-Gebiete[n] der Juden, Muha-

60 Die wiedergegebene Karte in Abbildung 3 wurde erst 1873 und damit zwei Jahre nach Fertigstellung des Atlas an Grundemann übersandt. Sie soll aber beispielhaft für jene in der Korrespondenz erwähnten Kartenzusendungen stehen, da diejenigen Karten, die in den Atlas einflossen, den Briefen entnommen und der heute über 180'000 Karten umfassenden Perthes`schen Kartensammlung beigefügt wurden. Hinweise auf solche Kartenskizzen finden sich in der Korrespondenz zwischen Grundemann und Petermann, u.a. in: Brief von Reinhold Grundemann an August Petermann, 19.10.1863, Forschungsbibliothek Gotha, Sammlung Perthes, SPA ARCH MFV 144/2, 17–18; Brief von Reinhold Grundemann an August Petermann, 8.6.1862, Forschungsbibliothek Gotha, Sammlung Perthes, SPA ARCH MFV 144/2, 21–24. Zu den Quellen des *Allgemeinen Missionsatlas* und hierbei insbesondere den Fragebogen und Kartenskizzen siehe auch René Smolarski, Reinhold Grundemanns Allgemeiner Missionsatlas und seine Quellen, in: http://promisska.hypotheses.org/42 (letzter Zugriff: 14.2.2018).

61 Zur Wissenstransformation während der Kartenproduktion im Perthes Verlag des 19. Jahrhunderts siehe auch Bruno Scheelhaas/Ute Wardenga, »Inzwischen spricht die Karte für sich selbst«: Transformation von Wissen im Prozess der Kartenproduktion, in: Steffen Siegel/Petra Weigel (Hg.), Die Werkstatt des Kartographen, Paderborn 2011, S. 89–107.

62 Vgl. Plan zur Einteilung des Missions-Atlas, 17.11.1864, Forschungsbibliothek Gotha, Sammlung Perthes, SPA ARCH MFV 144/1, 31.

63 Brief von Reinhold Grundemann an August Petermann, 16.8.1862, Forschungsbibliothek Gotha, Sammlung Perthes, SPA ARCH MFV 144/2, 2–3.

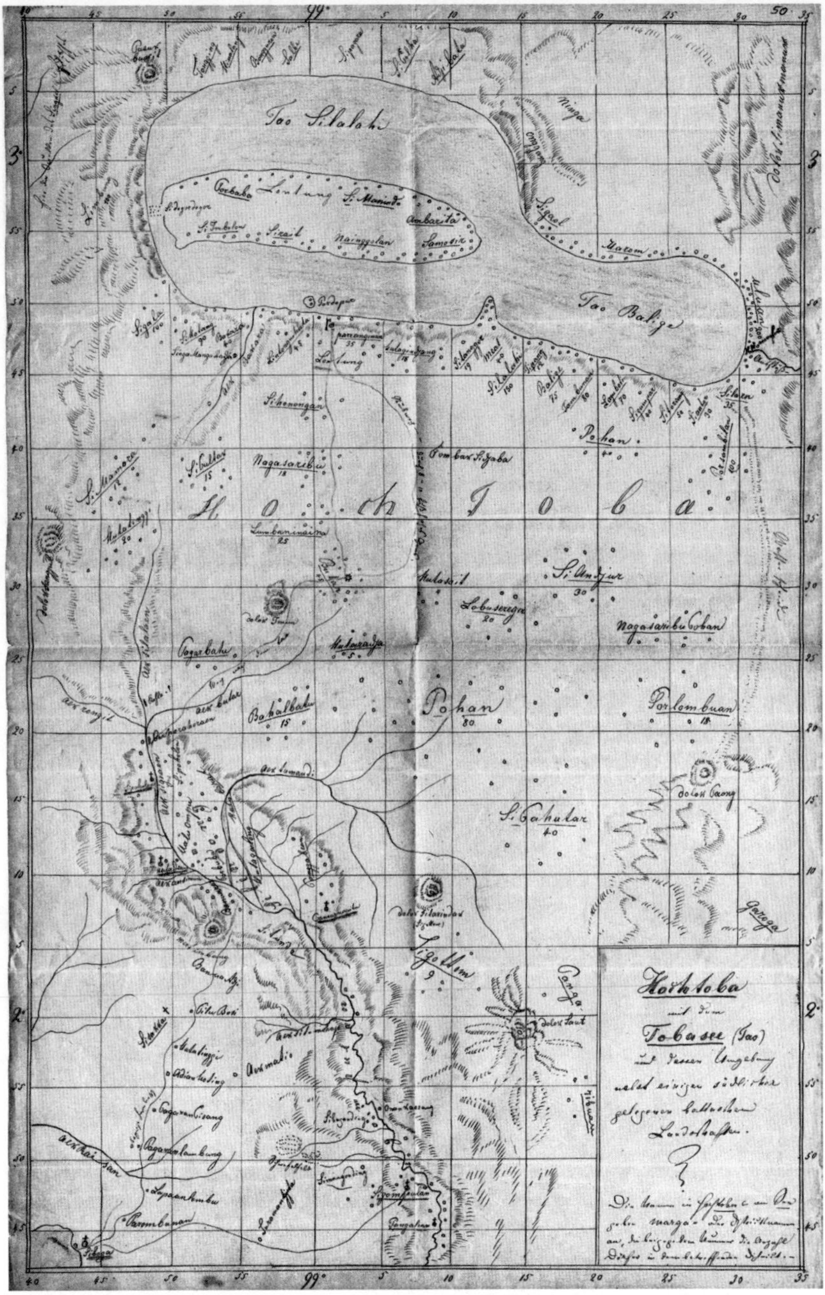

Abb. 3: Kartenskizze des Tobasees (Sumatra). Angerfertigt von einem Missionar. Datiert auf den 14. Juni 1873. Quelle: Forschungsbibliothek Gotha, Sammlung Perthes, SPA ARCH MFV 144/2, 50.

medaner, Buddhisten und Brahmisten wenigstens Übersichtskarten gegeben werden« sollten,[64] fasste Grundemann einen allgemeineren Atlas ins Auge.[65] Der *Allgemeine Missionsatlas* unterscheidet sich gerade dadurch von den vorhergehenden und nachfolgenden Missionsatlanten, dass er eben nicht auf eine einzige Missionsgesellschaft oder eine einzelne Konfession beschränkt blieb.

Damit zeigt sich, dass nicht nur, wie bereits Fleck konstatierte, die Objektivität wissenschaftlicher Beobachtungen, sondern auch die Ordnung des durch diese Beobachtungen gewonnenen Wissens »einzig auf ihren Bindungen mit dem ganzen Vorrat an Wissen, Erfahrung und traditionellen Gewohnheiten des wissenschaftlichen Denkkollektivs« beruht.[66] Der Theologe Grundemann war sowohl durch seine Ausbildung als auch sein soziales Umfeld mit diesem, dem Missionskollektiv eigenen, Denkstil vertraut und ging auch seine Arbeit am *Allgemeinen Missionsatlas* vor diesem Hintergrund an. Hierbei kam er jedoch mit einem anderen Denkstil in Berührung, der auf anderen Erfahrungen und Traditionen und somit einem ihm fremden Wissensvorrat beruhte und den er sich durch seine kartografischen Arbeiten und den Austausch mit den Gothaer Kartografen aneignete. Auch wenn Grundemann bei seinen kartografischen Arbeiten stets missionarische Ziele verfolgte, so setzte sich in Bezug auf die Ausführung nicht selten der Kartograf in ihm durch. Gerade hier zeigt sich, wie das durch Fragebogen, Kartenskizzen und Berichte gesammelte missionarische Wissen durch die Logik des gewählten Mediums mitbestimmt und transformiert wurde.[67]

Auch wenn der Atlas für den Perthes Verlag letztlich, trotz oder gerade wegen der intensiven Datenakquise und langjährigen Arbeit, ein ökonomischer Misserfolg war,[68] so ist seine Bedeutung als ein über viele Jahrzehnte hinausgehendes missionskartografisches Standardwerk dadurch ungeschmälert. Reinhold Grundemann profitierte in vielerlei Hinsicht von seinen Erfahrungen bei der Arbeit an diesem Atlas und den sich daraus ergebenden Kontakten sowohl

---

64 Vgl. Brief von August Petermann an Reinhold Grundemann, 18.8.1862, Forschungsbibliothek Gotha, Sammlung Perthes, SPA ARCH MFV 144/2, 4.

65 Vgl. Brief von Reinhold Grundemann an August Petermann, 20.8.1862, Forschungsbibliothek Gotha, Sammlung Perthes, SPA ARCH MFV 144/2, 5-6.

66 Fleck, Schauen, Sehen, Wissen, S. 410.

67 Vgl. Sarasin, Was ist Wissensgeschichte?, S. 168. Zur Rolle des indigenen Wissens in der europäischen Kartografie siehe auch Kathrin Fritsch/Isabel Voigt, »Local knowledge is wonderfully good, but …«. African Knowledge in European Maps. Proceedings of the Portsmouth Symposium, ICA Commission on the History of Cartography, 10.–12.09.2008 in Portsmouth/UK.

68 Vgl. Brief der Geschäftsführung des Perthes Verlages an Reinhold Grundemann, 12.4.1872, Forschungsbibliothek Gotha, Sammlung Perthes, SPA ARCH MFV 144/1, 304.

in die Mission als auch in die Kartografie.[69] So hielt er die hier geknüpften Verbindungen zum Gothaer Verlagshaus und anderen damit verbundenen Kartografen über viele Jahrzehnte aufrecht und nutzte diese Kontakte, wie beispielsweise zu dem zwischen 1858 und 1868 bei Perthes arbeitenden Kartografen Ernst Debes, um seine nachfolgenden, nun nicht mehr konfessionsübergreifenden und allgemeinen, sondern vorwiegend auf die evangelischen Missionsgebiete der deutschen Missionsgesellschaften bezogenen Missionsatlanten zu publizieren.[70]

Und auch der Verlag, der zwar nach diesem Abenteuer keine eigenen Missionsatlanten mehr publizierte, profitierte letztlich von dem hierbei gewonnenen Wissen, welches auch in andere Verlagsprodukte einfloss und diese damit im Hinblick auf Korrektheit, Aktualität und Vollständigkeit bereicherte. Die kartografischen Arbeiten aus dem Missionsumfeld erlebten in den darauffolgenden Jahrzehnten noch einmal einen Höhepunkt, der sich auch in der bis heute erhaltenen Kartensammlung des Verlages widerspiegelt, bis sie seit der ersten Hälfte des 20. Jahrhunderts nahezu völlig verschwanden.

Fazit

Trotz einer allgemein konstatierten Hochkonjunktur der Missionsgeschichte, die sich laut Rebekka Habermas in den letzten Jahren erkennbar wandelte und seither nicht mehr aus den Missionsgesellschaften heraus selbst bestimmt wird, bleiben nach wie vor viele damit einhergehende Themenfelder nahezu unberührt.[71] Eines dieser Themenfelder ist die Missionskartografie, die sich zum einen nie als Teildisziplin der allgemeinen Geografie oder der Missionswissenschaft durchsetzen konnte und zum anderen häufig auf die reine Entdeckerleistung der Missionare fokussiert blieb. Gerade die Missionskartografie, deren Bestimmung im ersten Teil dieses Aufsatzes skizziert wurde, zeichnet sich aber durch eine enorme Akteursvielfalt aus, die sich nicht in der Verflechtung von Mission und Kartografie/Geografie erschöpft. Vielmehr ist sie geprägt durch vielschichtige Prozesse der Generierung, Transformation und Popularisierung

69 Siehe dazu auch Grundemann, Lebenserinnerungen, S. 102–103.

70 Für die beiden nachfolgenden Atlanten 1884 und 1896 wurden die Karten in der von Ernst Debes mitgeführten Geografischen Anstalt *Wagner & Debes* hergestellt.

71 Christine Egger/Martina Gugglberger, Doing Mission History – Ein Gespräch mit Rebekka Habermas, Patrick Harries und David Maxwell, in: ÖZG 24 (2013) 2, S. 159–165, hier S. 159.

von Wissen sowie durch große und sich teilweise überschneidende Akteursnetzwerke, die von den einzelnen kartografisch arbeitenden Missionaren vor Ort bis hin zu den Missionsgesellschaften, wissenschaftlichen Institutionen und geografischen Verlagsanstalten reichen.

Diese Vielschichtigkeit wurde im Rahmen dieses Aufsatzes an einem konkreten Beispiel illustriert – der Entstehung von Reinhold Grundemanns *Allgemeinem Missionsatlas* an der Gothaer Verlagsanstalt Justus Perthes in den späten 1860er und frühen 1870er Jahren – um aufzuzeigen, welches Potenzial ein wissensgeschichtlicher, vor allem auf den Arbeiten Ludwik Flecks basierender und auf die verschiedenen Akteure konzentrierter Ansatz bietet. Auf der Basis eines solchen Ansatzes, den es um eine kartografische Dimension im Sinne der *critical cartography* zu erweitern gilt, verspricht eine weiterführende Auseinandersetzung mit der Missionskartografie gerade des 19. Jahrhunderts nicht nur tiefe Einblicke in das Verhältnis von Wissenschaft und Mission im Allgemeinen, sondern vor allem auch im Hinblick auf die Bedeutung der Missionsgesellschaften und Missionare bei der Erzeugung, Zirkulation und Rezeption von Wissen in einer wichtigen Phase der Entstehung der modernen Wissensgesellschaft. Denn gerade die Entstehung des *Allgemeinen Missionsatlas* zeigt, welche Rolle die Mission in den vermeintlich säkularen Netzwerken der Wissenschaft und Wissenspopularisierung im 19. Jahrhundert spielte sowie mit welchem Selbstverständnis sich ein nicht unerheblicher Teil der Missionare in diese Netzwerke einbrachte und dort etablierte. Eine neue Missionsgeschichte sollte sich demnach auch vermehrt diesem seit langer Zeit nur am Rande beachteten Gebiet zuwenden, um das verzeichnete Bild eines lediglich als Entdecker durch unbekannte Regionen ziehenden Missionars zu korrigieren.

Karolin Wetjen

Gemeinde im Laboratorium

Aushandlungsprozesse des Christentums und Kirchenzucht in der Mission am Beginn des 20. Jahrhunderts

Am 30. November 1911 trat der Gemeindevorstand der Gemeinde Mamba im Kilimandscharogebiet zusammen, um über den Fall des Barnaba Ndowo zu verhandeln. Anlass war Barnabas Geständnis, »sich mit der Frau seines Bruders vergangen« zu haben. Während Barnabas' Bruder auf ein Bußgeld verzichtet hatte und damit der sexuellen Beziehung seiner Frau mit seinem Bruder wenig Bedeutung beimaß, sah der Gemeindevorstand dies anders: Nicht nur beschlossen die Ältesten, weitere Erkundigungen einzuziehen; einer der Ältesten, Samueli, wurde außerdem beauftragt, den hintergangenen Bruder darüber aufzuklären, dass ein solcher Ehebruch nicht geduldet werde, ja, »daß B. sich schwer versündigt habe.« Barnaba musste schließlich öffentlich Abbitte leisten, ein Bußgeld zahlen und konnte dann in der Gemeinde verbleiben.[1] Der Skandal blieb also aus.

Tatsächlich waren solche Fälle von »Unzucht«, »Polygamie«, »Zauberei«, »Abfall«, »Diebstahl« oder sonstigen Vergehen gegen vermeintlich festgeschriebene christliche Normen der Hauptgegenstand der Verhandlungen des regelmäßig tagenden Gemeindevorstands der Gemeinde Mamba im damaligen Deutsch-Ostafrika. Nicht zuletzt weil die hier geübte Kirchenzucht, also die öffentliche Maßregelung vermeintlich devianten Verhaltens durch die christliche Gemeinde in seelsorgerischer Absicht, in Europa seit dem Beginn des 19. Jahrhunderts unüblich geworden war, scheint dieser Vorfall erneut unter Beweis zu stellen, dass Missionare erstens effektive Agenten einer disziplinierenden Zivilisierungsmission waren, und dass sie zweitens mehr zum Festhalten an Althergebrachtem und sogar längst Überholtem neigten, als dass sie Veränderungen und Dynamiken beförderten.[2]

1 Protokolle über die Sitzung des Gemeinde-Vorstandes und die Gemeindeversammlungen der evangelisch-lutherischen Gemeinde zu Mamba, 1906–1919 [im Folgenden Protokollbuch], 30.11.1911, S. 32–33, Evangelical-Lutheran Church Tanzania Northern Diocese Archives Moshi, Tanzania [im Folgenden ELCT] 18. Für den Hinweis auf diese Quellen sowie hilfreiche Kommentare danke ich Adam Jones, Rebekka Habermas und Manuela Bauche.

2 Zur Mission und einer Kolonialisierung von Verhaltensweisen siehe prominent Jean Coma-

Eine andere Lesart dieser und anderer Geschichten von missionarischer Kirchenzucht im kolonialen Deutsch-Ostafrika wird erst dann möglich, wenn man Mission als komplexes, globales und verflochtenes Unternehmen denkt: Zum einen gerät dann nicht nur die Agency der Missionare, sondern auch die der Missionierten in den Blick;[3] zum anderen wird an diesem Beispiel deutlich, dass es für eine neue Missionsgeschichte wichtig ist, die religiöse und theologische Dimension von Mission nicht unter den Tisch fallen zu lassen. Kirchenzucht lässt sich dann als eine Praxis verstehen, mit der Grenzziehungen des Religiösen ausgehandelt wurden und durch die über die richtige und falsche christliche Lebensform – trotz unterschiedlicher Positionen im Machtgefüge der Mission – verhandelt wurde. Damit entstand hier ein Raum, in dem jenseits von Universitäten theologische Fragen entschieden und praktisch-theologische Konzepte erprobt wurden, deren Gültigkeit auch in deutschen Gemeinden propagiert wurde. Missionarinnen und Missionare, so soll dieser Aufsatz zeigen, agierten nicht in einer *splendid isolation,* sondern ihre Entscheidungen und Ansätze korrespondierten eng mit zeitgleichen praktisch-theologischen Erwägungen in ihrer Heimatgemeinde, über die sie informiert waren und an denen sie teilnahmen. Eine Analyse, die den Fokus auf Aushandlungsprozesse des Religiösen legt, muss dies ebenso berücksichtigen wie die Agency der lokalen Christen vor Ort und deren Interpretation vom Christentum. Durch eine aufmerksame Quellenlektüre der überlieferten Kirchenzuchtprotokolle lassen sich so Spielräume und Grauzonen ausmachen, die über das Beispiel Kirchenzucht hinausweisen und Antworten auf Fragen nach Gemeindezugehörigkeit und Konversion zulassen.

---

roff/John Comaroff, The Colonization of Consciousness in South Africa, in: Economy and Society 18 (1989), S. 267–296; dies., Of Revelation and Revolution. Bd. 1: Christianity, Colonialism, and Consciousness in South Africa, Chicago 1991. Zur Zivilisierungsmission Jürgen Osterhammel, »The Great Work of Uplifting Mankind«. Zivilisierungsmission und Moderne, in: ders./Boris Barth (Hg.), Zivilisierungsmissionen. Imperiale Weltverbesserung seit dem 18. Jahrhundert, Konstanz 2005, S. 363–426.

3 Siehe dazu den wichtigen Beitrag von Derek R. Peterson, Morality Plays: Marriage, Church Courts, and Colonial Agency in Central Tanganyika, ca. 1876–1928, in: American Historical Review 111 (2006), S. 983–1010, der zeigt, wie Afrikanerinnen und Afrikaner die Kirchengerichtsbarkeit nutzten, um ihre eigene Agenda durchzusetzen.

Die Leipziger Missionsgesellschaft als verflochtene Unternehmung und das Laboratorium

Die evangelisch-lutherische Leipziger Missionsgesellschaft, ursprünglich gegründet in Dresden und in der Tradition der frühen pietistischen Missionsunternehmungen in Tranquebar (Indien) stehend,[4] hatte sich zu Beginn der 1890er Jahre – nicht zuletzt aufgrund der Popularität des kolonialen Projektes – dazu entschieden, eine zweite Mission in der damaligen Kolonie Deutsch-Ostafrika zu etablieren. Das Gebiet, welches man nach zähen Verhandlungen von der englischen Church Missionary Society übernommen hatte, lag im Nordosten der Kolonie direkt am Kilimandscharo und damit an einem prominenten Ort auf der mentalen Karte des deutschen Kaiserreichs.[5] Dies wurde durch die zunehmende wirtschaftliche Attraktivität des Berges noch begünstigt.[6] Die Mission unter den Chagga – so wurden die Bewohner der Hänge des Kilimandscharo zeitgenössisch von Europäern genannt[7] – wurde im Kaiserreich aufmerksam verfolgt, was auch an den zahlreichen Vernetzungen der Missionsgesellschaft lag. Die Leipziger Missionsgesellschaft war Teilnehmerin der auf nationaler und internationaler Ebene stattfindenden Missionskonferenzen; sie galt zeitgenössisch als *die* lutherische Missionsgesellschaft, was einerseits in ihrer langen Tradition begründet und andererseits dem Umstand geschuldet war, dass sie als eine der wenigen protestantischen Missionsgesellschaften bestrebt war, nur theologisch sehr gut ausgebildete Missionare auszusenden, die sich

4 Zur Geschichte der Leipziger Missionsgesellschaft siehe Niels-Peter Moritzen, Werkzeug Gottes in der Welt: Leipziger Mission 1836 – 1936 – 1986, Erlangen 1986.

5 Iris Schröder, Der deutsche Berg in Afrika. Zur Geographie und Politik des Kilimandscharo im Deutschen Kaiserreich, in: Historische Anthropologie 13 (2005), S. 19–44, hier S. 42. Zum Konzept der mentalen Karte siehe Frithjof Benjamin Schenk, Mental Maps: Die Konstruktion von geographischen Räumen in Europa seit der Aufklärung, in: Geschichte und Gesellschaft 28 (2002), S. 493–514.

6 Spätestens nach dem Bau der Eisenbahn nach Moshi 1911 entwickelte sich eine selbstbewusste Siedlergruppe am Kilimandscharo, die auch vor Konflikten mit der Mission nicht zurückschreckte. Zu den Siedlern siehe Philippa Söldenwagner, Spaces of Negotiation. European Settlement and Settlers in German East Africa 1900–1914, München 2006.

7 Zur Konstruktion der Chagga als homogene Bevölkerungsgruppe siehe Fausto Mkenda, Becoming Chagga: Population and Politics around Kilimanjaro before 1886, in: Timothy A.R. Clack (Hg.), Culture, History and Identity: Landscapes of Inhabitaton in the Mount Kilimanjaro Area, Tanzania. Essays in Honour of Paramount Chief Thomas Lenana Mlanga Marealle II (1915–2007), Oxford 2009, S. 125–140; Matthew V. Bender, Being »Chagga«: Natural Resources, Political Activism, and Identity on Kilimanjaro, in: The Journal of African History 54 (2013), S. 199–220.

zudem als strenge Lutheraner verstehen mussten. Die Leipziger Missionsgesellschaft unterhielt deshalb nicht nur enge Verbindungen zu ihren Unterstützerkreisen in den Königreichen Sachsen, Hannover und Bayern, sondern erfuhr zusätzliche Unterstützung (und Aufmerksamkeit) von der *Allgemeinen Lutherischen Kirchenzeitung,* zu der es zudem prominente personelle Verbindungen gab.[8]

Die Missionsgesellschaft und die von ihr ausgesandten Missionare waren Anhänger einer für die Theologie des Kaiserreichs durchaus noch hegemonialen, aber nicht mehr unumstrittenen konservativen Ausrichtung.[9] Eine solche Positionierung, zu der bei der Leipziger Mission noch die Betonung der lutherischen Konfession hinzukam, war nicht unüblich für die deutschen protestantischen Missionsgesellschaften.[10] Die Mission wurde zu einem Rückzugsort dieser konservativen Theologie, deren Anhänger nicht zuletzt stark im ländlichen Raum verwurzelt waren.

Eine solche Interpretation neigt dazu, der Mission eine Rückwärtsgewandtheit zu unterstellen, der jegliche gestalterische Kraft abgesprochen wird, und damit letztlich einem Blick auf Mission als Marginalem eher zu- als abträglich zu sein. Nimmt man jedoch die Verflochtenheit der Mission ernst, lässt sich dieser Gefahr entgehen. Mission kann dann, so möchte ich argumentieren, als eine Art »Laboratorium«, als »Versuchsfeld« verstanden werden, dessen Ergebnisse durchaus in die deutsche Gesellschaft und Kirche zurückgespielt wurden und auch Gehör fanden.[11] Die Mission trug somit zu einer Transformation des Religiösen in der Moderne bei und war damit zwar einerseits durchaus besagter

8 Die evangelische Heidenmission im J. 1891, in: Allgemeine Evangelisch-Lutherische Kirchenzeitung 25 (1892), S. 249–251, hier S. 251. Christoph Ernst Luthardt, der Begründer der Allgemeinen Evangelisch-Lutherischen Kirchenzeitung, war bereits unter Karl Graul im Missionskollegium der Mission tätig gewesen und wirkte bis 1901 als dessen Vorsitzender. Seine Vorstellungen für die Innere Mission korrespondierten mit denjenigen der äußeren Mission. Angelika Dörfler-Dierken, Luthertum und Demokratie. Deutsche und amerikanische Theologen des 19. Jahrhunderts zu Staat, Gesellschaft und Kirche, Göttingen 2001, S. 233.

9 Dies v. a. weil die konservative Theologie im Kirchenregiment beherrschend war. Zur konservativen Theologie siehe Friedrich Wilhelm Graf, Konservatives Kulturluthertum. Ein theologiegeschichtlicher Prospekt, in: Zeitschrift für Theologie und Kirche 85 (1988), S. 31–76.

10 Bedeutsamste Ausnahme ist der Allgemeine evangelisch deutsche Protestantenverein, der deswegen häufig nicht zu Sitzungen der protestantischen übergreifenden Missionskonferenzen eingeladen wurde.

11 Zum Konzept der alternativen Modernen siehe Reinhard Wendt, Mission zwischen Modernekritik und Moderneförderung. Beispiele aus Südindien, in: Wolfgang Kruse (Hg.), Andere Modernen. Beiträge zu einer Historisierung des Moderne-Begriffs, Bielefeld 2015, S. 89–107.

Rückzugsort dieser konservativen Theologie, andererseits und gleichzeitig aber auch ein dynamischer Ort, der – ob gewollt oder nicht – nachhaltig zu Veränderungen beitrug.

Der Laboratoriumsbegriff, der für die Forschung zum kolonialen Afrika nicht neu ist, ist nicht unumstritten;[12] tatsächlich lässt sich zurecht argumentieren, dass er die europäischen Missionare als Gestalter des Laboratoriums in den Mittelpunkt rückt, dabei die Agency der Missionierten aus dem Blick zu verlieren droht und zudem unterschätzt, dass Afrika keineswegs kontrollierte Laborbedingungen bereithielt. Fest steht jedoch, dass eine kritische Untersuchung von Missionen nur gelingen kann, wenn man die Agency der Missionierten ernst nimmt. Eine binäre Opposition gleich einem kolonialen Setting, das Missionare als Gestalter und die (aus Sicht der Missionare zu missionierende und damit als Objekt zu betrachtende) afrikanische Bevölkerung als (willige) Empfänger einer europäischen Botschaft versteht, zum Ausgangspunkt der Analyse zu machen, ist zu sehr in Termini des 19. Jahrhunderts gedacht und kann Ergebnisse mehr verstellen als erhellen;[13] dies gilt insbesondere, wenn es um religiöse Dynamiken geht.[14]

Eine Perspektive auf das Missionsgebiet als Laboratorium kann aber hilfreich sein, wenn man missionarische Praktiken nicht nur vor dem Hintergrund der Situation im Missionsgebiet analysiert, sondern ihre Verflochtenheit mitdenkt.[15] Missionare waren selten *nur* an dem Wohlergehen »ihrer« konkreten afrikanischen (oder indischen, usw.) Missionsgemeinde interessiert. Wie es auch bei anderen Missionsgesellschaften üblich war, waren die Leipziger

---

12 Prominent Helen Tilley, Africa as a Living Laboratory. Empire, Development, and the Problem of Scientific Knowledge, 1870–1950, Chicago/London 2011; Kokou Azamede, Transkulturationen? Ewe-Christen zwischen Deutschland und Westafrika, 1884–1939, Stuttgart 2010, nutzt den Begriff ebenfalls, um die nach Europa gesandten zwanzig Ewe-Christen zu beschreiben.

13 Die Aufmerksamkeit für die binäre Opposition und deren Aufbrechen verdankt sich wesentlich postkolonialen Ansätzen, die ich für konstitutiv für eine kritische Beschäftigung mit Mission halte.

14 Kirsten Rüther, Zugänge zur Missionsgeschichte: Plädoyer für eine akteurszentrierte Geschichte religiöser Veränderung, in: Zeitschrift für Missionswissenschaft und Religionswissenschaft 100 (2016), S. 211–219.

15 Richard Hölzl hat dies unlängst mit einem ähnlichen Anliegen als Heterotopie bezeichnet. Zur Verwendung des Foucaultschen Begriffs der Heterotopie im Kontext von Missionen siehe Richard Hölzl, Der Körper des Heiden als moderne Heterotopie. Katholische Missionsmedizin in der Zwischenkriegszeit, in: Historische Anthropologie 19 (2011), S. 54–81, und jüngst Rebekka Habermas, Colonies in the Countryside: Doing Mission in Imperial Germany, in: Journal of Social History 50 (2017), S. 502–517.

Missionare Teil andauernder Debatten im Kaiserreich: Sie veröffentlichten nicht nur zu wissenschaftlichen, vornehmlich ethnographischen und theologischen Fragestellungen, sondern eben auch vermehrt in Missionszeitschriften, Kirchenzeitschriften, Magazinen und der Tagespresse, wo sie sich durchaus zur (religiösen) Lage in der Heimat äußerten und versuchten, missionarisch zu wirken. Auch nach ihrer aktiven Dienstzeit – zahlreiche Missionare schieden, nicht zuletzt aufgrund des Ersten Weltkrieges, aus dem Missionsdienst aus – widmeten sie sich religiösen Zeitfragen als Pastoren der Inneren Mission, als Dorfpfarrer oder theologische Lehrer.[16] Hinzu kommt, dass sie während ihrer Dienstzeit, und auch im Anschluss daran, immer als Angehörige der sie aussendenden Gesellschaft agierten, von der wesentliche Entscheidungen mitgetroffen wurden und deren Leitung nicht selten in Kirchengremien und theologischer Wissenschaft führende Positionen einnahm.[17]

Eine besondere Bedeutung kommt zudem den Veröffentlichungen in den Missionszeitschriften zu, die nicht nur Multiplikatoren für Wissen über das Außereuropäische waren, sondern selbst häufig missionarisch wirkten und in denen ein Idealbild vom Christentum entwickelt wurde, das seine Wirkung v. a. in der Heimat entfalten sollte und das nicht selten direkt auf die afrikanischen Gemeinden als Vorbild verwies. Für eine Verflechtungsgeschichte von Mission ist dies von besonderer Bedeutung: Will man »Kolonie« und »Metropole« in einem Bezugsrahmen analysieren,[18] kommt man nicht umhin, auch Brüche und Verschweigen mit in die Analyse einzubeziehen. Richard Hölzl hat dafür jüngst den Begriff der »imperialen Kommunikationsarbeit« vorgeschlagen, um die mediale Vermittlung und Rahmung von Missionsberichten zu fassen und so den Begriff der Verflechtung durch eine praxeologische Perspektive zu ergänzen und zu konkretisieren.[19]

---

16 Besonders einsichtig wird dies bei Bruno Gutmann, einem der berühmtesten Leipziger Missionare. Siehe zu Gutmann Klaus Fiedler, Christentum und afrikanische Kultur: Konservative deutsche Missionare in Tanzania 1900–1940, Gütersloh 1983.

17 Hartmann Tyrell, »Organisierte Mission«: Protestantische Missionsgesellschaften des langen 19. Jahrhunderts / »Organized Missions«: Protestant Missionary Societies in the Long Nineteenth Century, in: Klaus Koschorke (Hg.), Etappen der Globalisierung in christentumsgeschichtlicher Perspektive / Phases of Globalization in the History of Christianity, Wiesbaden 2012, S. 255–272, hier S. 267.

18 So die mittlerweile berühmte Forderung von Ann Laura Stoler/Frederick Cooper, Beetween Metropole and Colony: Rethinking a Research Agenda, in: dies. (Hg.), Tensions of Empire. Colonial Cultures in a Bourgeois World, Berkeley 2001, S. 1–56.

19 Richard Hölzl, Imperiale Kommunikationsarbeit. Zur medialen Rahmung von Mission im 19. und 20. Jahrhundert, in: medien&zeit 31 (2016) 2, S. 3–17.

Kurzum: Den Missionsgemeinden und ihrer religiösen Entwicklung kam als wichtige Orte auf der mentalen Karte des Protestantismus,[20] als diskursive Vorbilder und als zu gestaltende Rückzugsorte konservativer theologischer Entwürfe eine Bedeutung zu, die über das Missionsgebiet hinausreichte. Sie als ideale Gemeinden zu erschaffen, war deshalb ein implizit mitgedachtes Element des Missionsauftrags, der in der lutherischen Leipziger Mission nicht nur die Bekehrung Einzelner, sondern auch die Schaffung einer Volkskirche meinte.[21] Der Kirchenzucht als traditionelles Mittel, Gemeindemitglieder zu erziehen, kam deswegen in der Mission eine erneuerte Bedeutung zu.

Die Kirchenzucht in der Gemeinde Mamba

Kirchenzucht war in europäischen frühneuzeitlichen Gemeinden eine übliche Praxis.[22] In Zusammenarbeit mit der staatlichen Obrigkeit konnten durch Kir-

20 Rebekka Habermas, Mission im 19. Jahrhundert. Globale Netze des Religiösen, in: Historische Zeitschrift 287 (2008), S. 629–679, hier S. 659.

21 Zum Missionsziel der Schaffung einer Volkskirche in der protestantischen Missionswissenschaft Hans Kasdorf, Gustav Warnecks missiologisches Erbe. Eine biographisch-historische Untersuchung, Gießen 1990.

22 Für die Frühe Neuzeit liegen zahlreiche Forschungsarbeiten zur Kirchenzucht vor, die sich unter dem Aspekt der Sozialdisziplinierung zwischen Kirche und Staat im Zeitalter der Konfessionalisierung mit der Kirchenzucht auseinandersetzen; hier liegt ein Fokus zudem auf der calvinistischen Auffassung. Studien für das 19. Jahrhundert hingegen sind rar, was erstens durch das mangelnde Interesse an Religion in der sozialhistorischen Forschung begründet war, sich zweitens durch den Fokus, den die historische Forschung zum 19. Jahrhundert auf städtische Gemeinden legt, erklären lässt und drittens in der vermutlich deutlich weniger auftretenden Anwendung der kirchenzuchtrechtlichen Bestimmungen begründet ist. Allgemein gilt die Kirchenzucht, wenn sie im 19. Jahrhundert überhaupt noch Anwendung fand, in der Forschung als Überbleibsel der Frühen Neuzeit. Dass die Mission auf dieses Mittel scheinbar selbstverständlich zurückgriff, ist deshalb schon für sich ein wichtiger Befund. Einen Überblick über die deutschsprachigen Forschungen zur Frühen Neuzeit geben immer noch Heinz Schilling, Disziplinierung oder »Selbstregulierung der Untertanen«? Ein Plädoyer für die Doppelperspektive von Makro- und Mikrohistorie bei der Erforschung der frühmodernen Kirchenzucht, in: Historische Zeitschrift 264 (1994), S. 675–691; ders., Die Kirchenzucht im frühneuzeitlichen Europa in interkonfessionell vergleichender und interdisziplinärer Perspektive – eine Zwischenbilanz, in: ders. (Hg.), Kirchenzucht und Sozialdisziplinierung im frühneuzeitlichen Europa, Berlin 1994, S. 11–40, sowie die Auswahlbibliographie in Ders., Kirchenzucht und Sozialdisziplinierung im frühneuzeitlichen Europa (mit einer Auswahlbibliographie), Berlin 1994. Zum Vergleich von lutherischer und calvinistischer Auffassung Raymond A. Mentzer, The Practice of Church Discipline in Lutheran and Reformed Areas,

chenzucht kriminelle oder auch nur deviante Gemeindemitglieder ermahnt und bestraft werden. Kirchenzucht sollte »zur Wahrung der kirchlichen Ehre und zur Besserung der Sünder«[23] geübt werden, was einer lutherischen Auffassung, die sich auf Mt. 18 und die Ausführungen des Schmalkaldischen Artikels 9 stützte, entsprach.[24] Zwar war die Kirchenzucht ein reformatorisches Merkmal und als solches in allen protestantischen Konfessionen in Europa als Teil kirchlicher Ordnungen verankert, praktisch fand sie jedoch dort um 1900 kaum Anwendung. In den von den protestantischen Missionsgesellschaften gegründeten Gemeinden war dies anders,[25] wie im Folgenden am Beispiel der Gemeinde Mamba ausgeführt werden soll.

Die Gemeinde Mamba lag an den Hängen des Kilimandscharo und umfasste neben einer Hauptmissionsstation mehrere Unterrichtsplätze und Nebenstationen. Sie zählte zu den ersten drei Orten, an denen die Leipziger Missionare ihre Missionierung in Ostafrika begannen, und besaß eine heterogene Bevölkerung. Sie gliederte sich in mehrere *chiefdoms* mit unterschiedlichen Erwartungen an die Europäer und einem differenzierten Umgang mit der Mission. Für die deutsche Missionsleitung war die Station bereits seit dem Beginn der Missionierungsbestrebungen sehr wichtig. Hier war der Missionssenior, der die Geschäfte in Ostafrika leitete, stationiert. Der Missionar Gerhard Althaus[26] wirkte prägend für die Anfangsjahre der Mission, da er nicht nur zahlreiche ekklesiologische Konzeptionen erarbeitete,[27] sondern als Senior bei Belangen, die alle Missionsstationen innerhalb des ostafrikanischen Missionsgebietes

in: Irene Dingel/Ute Lotz-Heumann (Hg.), Entfaltung und zeitgenössische Wirkung der Reformation im europäischen Kontext / Dissemination and Contemporary Impact of the Reformation in a European Context, Gütersloh 2015, S. 288–302. Für die Kirchenzucht in der Mission siehe Erwin Steinborn, Die Kirchenzucht in der Geschichte der deutschen evangelischen Mission, Leipzig 1928.

23 Missionskollegium an Missionare, 15.3.1906, ELCT III, Gemeindeordnung 1906.

24 John H. Leith, Kirchenzucht. Theologischer Überblick, in: Theologische Realenzyklopädie 19 (1990), S. 173–176, hier S. 175.

25 Steinborn, Die Kirchenzucht; Peterson, Morality Plays.

26 Althaus stammte aus einer alten und im Kaiserreich bedeutenden Theologenfamilie. Siehe dazu Gotthard Jaspar, Theologiestudium in Tübingen vor 100 Jahren – im Spiegel der Briefe des Studienanfängers Paul Althaus an seine Eltern, in: Zeitschrift für neuere Theologiegeschichte 13 (2006), S. 251–335. Althaus selbst hatte in Hannover, Erlangen und Leipzig Theologie studiert und sich – ohne ein zweites Examen abzulegen – direkt für den Missionsdienst beworben, auf den er sich vor seiner Aussendung am Seminar für Orientalische Sprachen in Berlin vorbereitete.

27 So erstellte er die für die Missionsarbeit besonders wichtige Tauf- und Katechumenatsordnung. Gerhard Althaus, Beilage Nr. 7 zum Protokoll der Konferenz im Dezember 1903: Ka-

betrafen, als Ansprechpartner fungierte, eigenständig mit der Kolonialmacht verhandeln konnte und einen engen Briefwechsel mit der Missionsleitung unterhielt. Die Station Mamba erhielt zudem besondere Aufmerksamkeit, weil sie in der Nähe des katholischen Missionsgebietes der sogenannten »Schwarzen Väter« lag.

Die Anfänge der Missionsarbeit, soweit sie sich aus den Aufzeichnungen Althaus' und den diversen und regelmäßigen Berichten im *Missionsblatt* rekonstruieren lassen, waren von zahlreichen Rückschlägen geprägt.[28] Die erste Taufe fand im Februar 1898 statt. Nach anfänglichem Zögern wuchs die Gemeinde dann allerdings recht schnell: Durch die Einrichtung einer Kostschule erfuhr die Mission massiven Zulauf, sodass Althaus für das Jahr 1899 150 Schüler und damit auch 150 Gottesdienstbesucher, von denen neun getauft waren, für die Missionsstatistik angab.[29] 1907 waren unter den 450 regelmäßigen Gottesdienstbesuchern bereits 148 abendmahlsberechtige Christen, zu denen weitere 64 Katechumenen hinzukamen; auch die Zahl der Kindertaufen, die nur an Kindern christlicher Eltern durchgeführt wurden, war bereits beträchtlich.[30] Die Anzahl der Taufen ist deshalb so entscheidend, weil die Taufe als das sichtbare Zeichen der Konversion galt.[31] Das Ritual markierte die grundsätzliche Zugehörigkeit zur christlichen Gemeinde und damit eine zumindest äußerliche Bekehrung.[32] Auch wenn in der Leipziger Mission nicht sofort alle Getauften zum Abendmahl zugelassen wurden, waren sie Gemeindemitglied und somit auch potenzielles Objekt der Kirchenzucht.[33]

---

techumenatsordnung der Dschagga-Mission, Archiv des lutherischen Missionswerks, Depositum in den Franckeschen Stiftungen, Halle/Saale [im Folgenden ALMW], II.32.95.

28 Siehe dazu auch Karolin Wetjen, Abdrucken, Verändern, Auslassen. Das Stationstagebuch der Station Mamba im Missionsblatt der Leipziger Missionsgesellschaft um 1900, in: Geert Castryck et al. (Hg.), Sources and Methods for African History and Culture. Essays in Honour of Adam Jones, Leipzig 2016, S. 201–220.

29 Statistik der Dschagga-Mission. Ende 1899, in: Evangelisch-lutherisches Missionsblatt (1899), S. 337.

30 Statistik der Dschagga-Mission. Ende 1907, in: Evangelisch-lutherisches Missionsblatt (1907), S. 302–303.

31 Ulrike Schröder, Religion, Kaste und Ritual. Christliche Mission und tamilischer Hinduismus in Südindien im 19. Jahrhundert, Halle 2009, S. 138.

32 Diese ist von einer »innerlichen«, einer dem pietistischen Ideal nahekommenden und vermutlich kaum abgeschlossenen Konversion zu unterscheiden. Siehe dazu Judith Becker, Conversio im Wandel. Basler Missionare zwischen Europa und Südindien und die Ausbildung einer Kontaktreligiosität, 1834–1860, Göttingen 2015.

33 Katechumenen, die zum inneren Kreis der Gemeinden gehörten, fielen hingegen unter die

Ab wann in der Gemeinde disziplinarische Maßnahmen ergriffen wurden, lässt sich nicht mehr nachvollziehen. Missionar Althaus maßregelte bereits 1895 Jungen, die gestohlen hatten.[34] Institutionalisierte Kirchenzucht, die auch die Mitwirkung von Ältesten vorsieht, lässt sich spätestens ab 1906 nachweisen. Überliefert sind ab diesem Zeitraum Protokolle der Ältesten- und teilweise der Gemeindeversammlungen, in denen die Anwendung von Kirchenzucht dokumentiert wurde.[35] Die Protokolle sind in einem eigens dafür genutzten Protokollbuch mit fortlaufendem Datum notiert. Häufig gibt es Verweise auf frühere Sitzungen, denn es kam nicht selten vor, dass ein Fall den Gemeindevorstand über mehrere Sitzungen beschäftigte. Insofern kann auch davon ausgegangen werden, dass das Protokollbuch alle Sitzungen des Gemeindevorstands verzeichnet.[36] Das Protokollbuch wurde außerdem bei offiziellen Visitationen vorgelegt. Es war vermutlich auch deswegen auf Deutsch und vom anwesenden deutschen Missionspersonal verfasst.

Die Protokolle können, wenn man sie mit dem und gegen den Strich liest, Auskünfte über verschiedene Fragen geben. Offensichtlich dokumentieren sie Vergehen verschiedener Gemeindemitglieder. Die in den Protokollen überlieferten Fälle von aus Sicht der Missionare deviantem Verhalten beziehen sich in der Mehrzahl auf Verstöße gegen die christliche Sexualmoral. Wie zahlreiche Studien zeigen konnten, war die Durchsetzung der monogamen patriarchisch organisierten Ehe eines der Kernanliegen der sogenannten Zivilisierungsmission.[37] Polygame Männer mussten – auch bei der Leipziger Mission – ihre

Aufsicht des Missionars und nicht der Gemeinde. Für als Kinder getaufte Christen war die Konfirmation entscheidend.

34 Neueste Nachrichten von der Station Mamba. Auszug aus dem Tagebuch des Bruders Althaus (Jan. 95), in: Evangelisch-lutherisches Missionsblatt (1895), S. 147–149, hier S. 148.

35 Protokollbuch, ELCT 18.

36 Hingegen scheint es wahrscheinlich, dass nur in wenigen Fällen auch die Gemeindeversammlungen in dem Buch protokolliert worden sind; hier fehlen einige Jahre.

37 Die Durchsetzung christlicher Moralvorstellungen wurde in der Forschung zur Mission v. a. als Variante des Kolonialismus gedeutet. Ohne dabei auf Kirchenzuchtfälle als Praxis zu verweisen, gibt es insb. zur Durchsetzung sexueller Normen zahlreiche Literatur. Siehe z. B. Comaroff/Comaroff, Of Revelation and Revolution, Bd. 1; Natasha Erlank, Missionary Views on Sexuality in Xhosaland in the Nineteenth Century, in: Le Fait Missionaire 11 (2001), S. 9–43; dies., Strange Bedfellows. The International Missionary Council, the International African Institute, and Research into African Marriage and Family, in: Patrick Harries/David Maxwell (Hg.), The Spiritual in the Secular. Missionaries and Knowledge about Africa, Grand Rapids 2012, S. 267–292; Peterson, Morality Plays, 1003, deutet die Durchsetzung der Sexualmoral durch die Kirchengerichtsbarkeit als Teil eines Prozesses der Umstrukturierung sozialer Beziehungen innerhalb der afrikanischen Gesellschaft. Insb. Initiationsriten wurden

anderen Ehefrauen verlassen,[38] auch wenn dies gegen lokale althergebrachte Formen des Zusammenlebens und Wirtschaftens verstieß.[39] Im Folgenden sollen diese Disziplinierungsversuche aber unter einer anderen Perspektive gelesen werden.

Forschungen zu Religion haben in den letzten Jahren massiven Aufschwung erfahren. Jüngere Arbeiten haben sich dabei von einer feststehenden Notifikation von Religion verabschiedet und Religion als Konstruktion verstanden, deren Bedeutungen und Zuschreibungen, diskursive Praxen und materielle Dimensionen immer wieder komplexen Aushandlungsprozessen unterliegen.[40] Abgrenzungen vom Säkularen spiel(t)en dabei ebenso eine Rolle wie unterschiedliche Ausprägungen von einzelnen Religionen in ihrer Fremd- und Eigenwahrnehmung. Die christliche Religion unterlag in der Mission, verstanden als Kontaktzone, komplexen Dynamiken und Aushandlungsprozessen, die zudem von dem verflochtenen Charakter des Unternehmens Mission geprägt waren. Diese Form des »Christianity making«[41], wie sie hier am Beispiel der Kirchenzucht aufgezeigt wird, beinhaltet dabei sowohl diskursive Zuschreibungen und Grenzziehungen des Religiösen als auch eine praxeologische Perspektive. Welche Form von Christentum wird hier wie und von wem ausgehandelt?

---

in den letzten Jahren von der Forschung besprochen. Die Obsession, mit der sexuellen Praktiken Aufmerksamkeit gezollt wurde, hing dabei auch mit der Konstituierung der bürgerlichen Gesellschaft in Europa zusammen. Ann Laura Stoler, Race and the Education of Desire. Foucault's History of Sexuality and the Colonial Order of Things, Durham/London 1995.

38 Die Frage, wie mit sogenannten »Polygamisten« umzugehen sei, wurde immer wieder diskutiert. Letztlich setzte sich aber in der Leipziger Mission wie auch in allen anderen Missionen die Vorstellung durch, dass Männer monogam zu leben hätten. Siehe z. B. die Diskussion Emil Müller, Die Vielweiberei. Vortrag auf der 11. Chaggakonferenz im September 1900, ALMW, II.32.93.

39 Siehe dazu Erlank, Missionary Views, S. 15.

40 Siehe dazu besonders wichtig für den vorliegenden Ansatz Arvind-Pal S. Mandair/Markus Dressler, Introduction: Modernity, Religion-Making, and the Postsecular, in: dies. (Hg.), Secularism & Religion-Making, Oxford 2011, S. 3–36. Für Aushandlungsprozesse von Religion in der Mission siehe auch Kirsten Rüther, The Power Beyond: Mission Strategies, African Conversion and the Development of a Christian Culture in the Transvaal, Münster 2001.

41 Siehe zu diesem Ansatz auch Karolin Wetjen, Religionspädagogische Resonanzen und die Mission. »Christianity Making« im missionarischen Bildungsraum am Ende des 19. Jahrhunderts, in: David Käbisch/Michael Wermke (Hg.), Transnationale Grenzgänge und Kulturkontakte. Historische Fallbeispiele in religionspädagogischer Perspektive, Leipzig 2017, S. 23–38, hier S. 24f.

In einer Perspektive, die nach Aushandlungen vom Christentum und Grenzziehungen des Religiösen fragt, sind die Protokolle des Gmeindevorstands eine wichtige Quelle, die nicht nur Sanktionen überliefert, sondern v. a. auf Spielräume und Grauzonen aufmerksam macht, die häufig in anderen Missionsquellen verborgen bleiben. Die Missionare versuchten zwar in vielen Fällen als Vorsitzende der Ältestenversammlung die Deutungshoheit über die Kirchenzucht und damit das Christentum zu behalten;[42] aber es zeigt sich, wie sehr sie dabei erstens auf die Mitwirkung der Ältesten angewiesen waren, die ihnen von Vergehen überhaupt erst berichteten, und zweitens, wie pragmatisch die Zugehörigkeit zum Christentum im Rahmen des lokalen Sozialgefüges von den Christinnen und Christen ausgelegt wurde. Die Protokolle geben damit Aufschluss über lokale Aushandlungsprozesse und die Agency der Christen vor Ort. Nicht selten wird in den Protokollen deutlich, wie sehr der Missionar irritiert war und wie Widerstände innerhalb der Missionsgemeinde artikuliert wurden.

Gelebte Ekklesiologie

Das Missionsziel der Leipziger Missionsgesellschaft bestand – in enger Anlehnung an ihren ersten Direktor Karl Graul und an das zeitgenössische missiologische Konzept Warnecks – darin, eine Volkskirche zu gründen. Der Bekehrung Einzelner sollten zumindest in der Theorie unmittelbar Vorbereitungen für die Etablierung einer gemeindlichen Ordnung und Selbstverwaltung folgen. Tatsächlich gab es bereits seit Beginn der Mission Bestrebungen, einheimische Lehrer als »Gehilfen« einzusetzen und die Missionare so in Schulunterricht und Katechese zu entlasten. Um es vorweg zu nehmen: Eine Ordination einheimischer Mitarbeiter und damit eine Gleichstellung des afrikanischen mit dem europäischen Personal erfolgte lange Zeit nicht und wurde vor dem Ersten Weltkrieg zu keinem Zeitpunkt ernsthaft in Erwägung gezogen, auch wenn sogar höhere Bildungseinrichtungen mit diesem Fernziel etabliert wurden.[43]

---

42 Thorsten Altena bezeichnet sie daher als Elite. Thorsten Altena, Von den »Stillen im Lande« zur Elite? – Überlegungen zu einer Standortbestimmung von protestantischen Missionaren in »Heimat« und »Missionsfeld«, in: Markus A. Denzel (Hg.), Deutsche Eliten in Übersee (16.–20. Jahrhundert). Büdinger Forschungen zur Sozialgeschichte 2004 und 2005, St. Katharinen 2006, S. 223–246, hier S. 241f.

43 Siehe dazu Johanna Eggert, Missionsschulen und sozialer Wandel in Ostafrika. Der Beitrag

Der erste Vorschlag zur Einführung einer Gemeindeordnung, die für die Leipziger Missionare mit einer Kirchenzuchtordnung gleichgesetzt wurde, ging auf den bereits seit Beginn der Mission anwesenden und zum Zeitpunkt des Vorschlags leitenden Missionar Robert Faßmann zurück. Faßmann schlug auf der Missionarskonferenz in Moshi 1905 einen Entwurf für eine Gemeindeordnung vor, in dem er bereits in der Vorbemerkung grundsätzliche Positionen des Christseins markierte. Gemeindemitglieder hätten sich demnach:

> [...] des Geisterdienstes mit allem was damit zusammenhängt – Opferfeste und dergl. zu enthalten, sie haben die Zauberei [...] zu meiden, möglichst keine Amulette zu tragen, die Beschneidung ihrer Kinder zu unterlassen, nicht in Vielweiberei zu leben – ein Polygamist darf kein Amt in der Gemeinde bekleiden – sich nicht an Wari oder ähnlichen Getränken zu berauschen; sie sollen erkennen, daß nackt oder unanständig gekleidet umherlaufen unschicklich ist, sollen ihren Kindern die nötige Kleidung nicht vorenthalten, auf saubere, menschliche Wohnungen nach Möglichkeit achten, sollen sich der Reinlichkeit und Sauberkeit befleißigen, den Pflichten der Obrigkeit gegenüber genügen und die häusliche Erbauung nicht ganz unterlassen.[44]

Diese Standards sollten von den Gemeindeältesten, die es unter Männern ab 25 Jahren zu wählen galt, besonders eingehalten werden. Als Männer »von gutem Ruf in der Gemeinde und einem gewissen Maß an Bildung und kirchlichem Verständnis«[45] sollten sie die Missionare bei allen Aufgaben, die mit der Gemeindeverwaltung zusammenhingen, unterstützen, wozu insbesondere die Mitwirkung an der Kirchenzucht und die Überwachung der Gottesdienstbesucher zählten. Ziel war dabei die Etablierung eines Kontroll- und Disziplinierungssystems, wie es Michel Foucault so glänzend für Produktionsprozesse beschreibt.[46] Das Verständnis von Kirchenzucht, das den Ausführungen Faßmanns zugrunde lag, war eindeutig von der kolonialen Situation geprägt. Der Entwurf schrieb die Autorität der weißen Missionsangehörigen fest, de-

---

der evangelischen Missionsgesellschaften zur Entwicklung des Schulwesens in Tanganyika 1891–1939, Bielefeld 1970, S. 185–194.

44 Robert Faßmann, Beilage Nr. 3 zum Protokoll der XX. Chagga-Konferenz im Februar 1905: Entwurf einer Gemeindeorganisation unserer Chaggamission, ALMW, II.32.96, S. 1f.

45 Ebd., § 5.

46 Michel Foucault, Überwachen und Strafen. Die Geburt des Gefängnisses, 16. Aufl., Frankfurt a. M. 2016, S. 226f.

ren »Recht als Europäer und Christen«[47] es sei, an Gemeindeversammlungen mit Stimmrecht teilzunehmen und wesentlich die Geschicke der Gemeinde zu bestimmen. Widersprach dies offenkundig der Theorie der Gründung einer Volkskirche zugunsten eines paternalistischen Verständnisses, das die sogenannten »Heidenchristen« *almost but not quite* als Christen akzeptierte, so wurden theologische Prinzipien bei der vorgeschlagenen Ordnung der Kirchenzucht noch deutlicher missachtet. Faßmann schlug in seinem Entwurf eine Art Strafenkatalog vor, der für jedes »Vergehen« eine bestimmte Strafe vorsah, die von dem Bezahlen eines Tieres über die Nichtzulassung zum Abendmahl bis hin zum Ausschluss aus der Gemeinde reichte.[48] Ein solches Verständnis der Kirchenzucht, das mehr von Disziplinierung (und Durchsetzung von Herrschaft) denn von Seelsorge zeugte, wurde deswegen von der Leipziger Leitung der Missionsgesellschaft vehement abgelehnt und stattdessen das seelsorgerische Element und die private Ermahnung in den Bestimmungen zur Durchführung der Kirchenzucht in den Vordergrund gerückt.

Die Episode verdeutlicht einmal mehr die komplexe und von Hierarchien geprägte Organisationsstruktur der Missionsgesellschaften und die Verflochtenheit der Mission; gleichzeitig macht sie aber auch darauf aufmerksam, dass Bestimmungen und Umsetzungen von Kirchenzucht nicht unbedingt dasselbe sein mussten. Der Spielraum der Missionare, der ohne Zweifel zu einer lokalen Ausprägung des Christentums beitrug und der erst aufgedeckt werden kann, wenn man die komplexen Verflechtungen und theologischen Implikationen im Blick behält, war immens, waren doch die Kirchenzuchtprotokolle bzw. die Protokolle der Gemeindeältestenversammlungen Dokumente, die nicht zur Kontrolle dem Missionskollegium vorgelegt werden mussten.

In der Umsetzung der Kirchenzucht der Gemeinde Mamba zeigt sich dies besonders deutlich. Entgegen der Ermahnung des Missionskollegiums entstanden in der Umsetzung in der Gemeinde bestimmte Strafen für ein »Vergehen«, auch wenn diese teilweise in der offiziellen Terminologie der Mission als »freiwillige Bußleistungen« geführt wurden.[49] Tatsächlich hatte sich für einfache

47 Protokoll der Chagga-Konferenz Februar 1905, Beratung über TOP 9: Entwurf einer Gemeindeordnung unserer Dschaggamission. Redebeitrag Bruno Gutmann, ALMW, II.32.96.

48 Robert Faßmann, Beilage Nr. 3 zum Protokoll der XX. Chagga-Konferenz im Februar 1905: Entwurf einer Gemeindeorganisation unserer Chaggamission, ALMW, II.32.96, Abschnitt C. Solche festgelegten Strafen gab es auch in anderen Missionen in Ostafrika, siehe z. B. Peterson, Morality Plays, 1002.

49 Siehe dazu die Beratungen auf der 28. Konferenz im Oktober 1912, ALMW II.32.100, zu »Bußleistungen unserer Christen«, wo über Geld und Vieh als Bußleistungen und deren Über-

Vergehen eine solche Bußleistung in Form von Geldzahlungen oder Vieh etabliert, nach der auch gefragt wurde. So wurde Alfonso Nkoń, der sich mit seiner Verlobten Nikali Masago vorehelich vergnügt hatte, nach seiner ja eigentlich freiwilligen Bußleistung gefragt, die von ihm vorgeschlagenen 5 Rupien wurden jedoch für ungenügend befunden und stattdessen eine Ziege und 3 Rupien verlangt.[50] In einem ähnlichen Fall hatte ein Bräutigam sich sofort bereit erklärt, eine Kuh an die Gemeinde zu zahlen, was als Bußleistung akzeptiert wurde.[51] Für beide Männer zusätzlich obligatorisch war das öffentliche Bekennen der Sünde vor der Gemeinde. Dieser öffentliche Teil der Buße hing einerseits mit der theologischen Tradition zusammen, griff aber andererseits auch die lokalen Umstände auf. Immer wieder wurde als Grund für die Kirchenzucht und die öffentliche Buße angeführt, dass Europäer und v.a. andere Chagga nicht denken dürften, dass die Christengemeinde ein solches, sichtbar gegen vermeintlich feststehende christliche Normen verstoßendes Verhalten dulden würde.[52] Die Zahlung von Bußgeldern oder gar von Vieh war bei Streitfällen unter den Bewohnern Mambas durchaus üblich und wurde außerhalb der Christengemeinden vom *chief* als lokale Rechtsinstanz verfügt. Das Aufgreifen dieser Rechtspraxis – die durchaus auch europäische Vorbilder hatte – diente dazu, die Zahlung als rechtmäßig zu markieren, kollidierte allerdings mit der theologischen Auslegung als »freiwillige Bußleistung« und eröffnete damit ein Spannungsfeld, das vermutlich nur in den seltensten Fällen durch »Aufklärung« aufgelöst werden konnte.[53] 1911 war sogar von einem »üblichen Bußgeld« die Rede.

Hier deutet sich bereits eine Entwicklung an, die sich auch auf anderen Gebieten in der Umsetzung von Kirchenzucht und der Praxis der Gemeinde-

einstimmung mit protestantischen Grundsätzen diskutiert wurde. Schließlich sprach man sich dafür aus, sich die Buße der Christen durch Arbeitsleistungen zeigen zu lassen, um so auch die »arbeitsscheuen Christen« zu erziehen. Siehe dazu auch Steinborn, Kirchenzucht, S. 204.

50 Protokollbuch, 6.10.1910, S. 28–29, ELCT 18.

51 Protokollbuch, 23.1.1908, S. 8, ELCT 18.

52 So wurden z.B. die Christen Davidi Ljmo und Maria Ngovi im öffentlichen Gottesdienst und nicht nur in der Christenversammlung aus der Gemeinde ausgeschlossen, »besonders aus dem Grunde, weil die Heiden, besonders auf Marias liederliches Leben, Spottlieder singen«. Protokollbuch, 13.5.1909, S. 18. Die Sünde des Kornelio Mašago, unehelicher Geschlechtsverkehr mit einer »Heidin aus Mwika«, musste z.B. »in der Gemeinde und vor den Heiden« öffentlich bekannt gegeben werden, um den Letzteren zu zeigen, dass ein solches Verhalten nicht geduldet würde. Protokollbuch, 12.8.1909, S. 23, ELCT 18.

53 Eine solche explizite Erklärung wird z.B. in Protokollbuch, 23.1.1908, S. 8, ELCT 18, erwähnt.

verwaltung zeigt: Trotz der hegemonialen Stellung der Missionare zeigt sich eine vermehrte Mitarbeit und ein sich vergrößernder Einflussbereich der Gemeindeältesten. Nicht nur traten sie in den meisten Fällen als Mittler zwischen Missionaren und Gemeinden auf, holten Erkundigungen ein oder führten die Verhandlungen,[54] sondern sie wurden auch immer häufiger nach ihrer Ansicht gefragt, nach der man dann auch zunehmend entschied. Die bereits in der Taufordnung vorgesehene Befragung der Ältesten über die Taufkandidaten nahm zunehmend einen größeren Raum ein, sodass immer wieder Taufkandidaten nach der Erkundigung bei den Ältesten von der Taufe ausgeschlossen wurden.[55] Zu der größeren Macht der Ältesten in den Kirchengemeinden führte auch, dass sich die Ältesten der verschiedenen Gemeinden im Leipziger Missionsgebiet zunehmend untereinander berieten. Im September 1912 kehrten die Ältesten von einer solchen Beratung aus Moshi zurück und informierten den Missionar in Mamba darüber, dass sie zwar über die Entscheidung, wie mit der Taufmeldung von Polygamisten bzw. deren Umgang mit ihren Frauen umzugehen sei, keine Entscheidung getroffen hätten. Aber sie hätten sich über die Beibehaltung von Tänzen ausgetauscht und die Ältesten »möchten das Tanzen in unserer Gemeinde verboten wissen. Sie fürchten, daß ein auch an und für sich unschuldiger Tanz die Leute veranlassen wird, auch heidnische Tänze aufzuführen.«[56] Die Initiative ging hier also deutlich auch von den Ältesten aus.

Kurzum: Die Ältesten erhielten innerhalb der Kirchengemeinden im Laufe der Zeit einen immer größeren Handlungs- und Machtspielraum, auch wenn die missionarischen Quellen häufig den Missionar in den Mittelpunkt stellen, der in seiner *splendid isolation* im Kampf gegen das »Heidentum« Opfer erbrachte. Vielmehr entwickelte sich auch schon in der Zeit vor dem Ersten Weltkrieg eine christliche Elite, die ihre Position in den Aushandlungsprozessen um Christentum, Religion und richtiges Verhalten einforderte.[57] Deren Spielraum zeigte sich v. a. in der Möglichkeit, Dinge zu verschweigen und zu ver-

---

54 So z. B. am 3. März 1909. Protokollbuch, 3.3.1909, S. 14, ELCT 18.

55 Protokollbuch, 10.11.1912, S. 41, ELCT 18. Zur Mitwirkung der Ältesten bei der Kirchwerdung am Beispiel Tangas siehe insbesondere Christian Pohl, Evangelische Mission in Tanga und im Diegoland. Der Beitrag einheimischer Mitarbeiter zur Kirchwerdung 1890–1925, Berlin 2016.

56 Protokollbuch, 19.9.1912, S. 41, ELCT 18. Auch in anderen Missionen fand eine solche Zusammenarbeit der Ältesten statt: Pohl, Evangelische Mission, S. 104–105.

57 Am 1. September 1913 bitten die Ältesten beispielsweise den Missionar, »der Gemeinde bekannt zu geben, daß die Abgefallenen und Ausgeschlossenen nicht mehr ihre christlichen Namen, sondern ihre früheren heidnischen führen sollen«. Protokollbuch, 1.9.1913, S. 53, ELCT 18. Die Ausbildung dieser christlichen Elite hatte auch Auswirkungen auf die soziale

bergen.[58] Häufig berichteten die Ältesten ihre Erkenntnisse oder den Verdacht eines Fehlverhaltens erst, wenn sie explizit danach gefragt wurden, oder sie bestimmten selbst, wann sie ein Verhalten ansprachen (oder eben auch nicht).

Konversion und die Zugehörigkeit zum Christentum als Aushandlungsprozess

Noch deutlicher wird dieser Spielraum bei den einfachen Gemeindegliedern, die sich aus verschiedensten Gründen der Kirchenzucht unterwarfen. Die Forschung zu Konversionen hat in den letzten Jahren eine Reihe von Motiven zu Religionswechseln insbesondere in der Mission herausgearbeitet, zu denen neben einer spirituellen Einstellung sicher auch ökonomische und soziale Faktoren gehörten.[59] Zu konvertieren und sich der Mission anzuschließen, konnte Vorteile bieten, die vermutlich mit der zunehmenden Kolonialisierung Ostafrikas größer wurden. Ab 1900 hatte Missionar Althaus einen engeren Anschluss an die Mission vonseiten der Chagga feststellen können.[60] In vielen Fällen hatte sich die Mission gegen übergriffige und landvereinnahmende Siedler am Kilimandscharo zur Wehr gesetzt; Althaus hatte eine Umsiedlung der Chagga in neu errichtete Dörfer lange Zeit verhindern können. Die Mission hatte sich – am Kilimandscharo wie auch anderswo – zu einem lokalen Machtfaktor entwickelt, der nicht selten in Konfrontation zur Kolonialregierung stand.

Dennoch blieb im Kontext der Mission die Zugehörigkeit zur christlichen Gemeinde auch nach der durch die Taufe markierten Konversion nur eine von mehreren Handlungsoptionen für lokale Akteurinnen und Akteure.[61]

Hierarchie der Chagga und die Autorität der *chiefs*, Päivi Hasu, Desire and Death. History through Ritual Practice in Kilimanjaro, Saarijärvi 1999, 143.

58 Siehe dazu Robert N. Proctor, Agnotology: A Missing Term to Describe the Cultural Production of Ignorance (and Its Study), in: ders./Londa Schiebinger (Hg.), Agnotology. The Making and Unmaking of Ignorance, Stanford 2008, S. 1–36.

59 Siehe dazu u. a. Dieter Becker, Bekehrung verstehen. Einseitige Anmerkungen in missionswissenschaftlicher Perspektive, in: Zeitschrift für Mission 30 (2004), S. 303–316, hier S. 306–307. Bauman macht darauf aufmerksam, dass die Motive, die zur Konversion führten, nicht immer rational erklärbar sind, sondern es sich häufig auch um »not-fully-articulated desires« handelte. Chad M. Bauman, Christian Identity and Dalit Religion in Hindu India, 1868–1947, Grand Rapids 2008, S. 74–75.

60 Gerhard Althaus, Nachrichten aus Mamba, in: Evangelisch-lutherisches Missionsblatt (1900), S. 123–126, hier S. 126.

61 In Rückgriff auf Konversionserzählungen war lange Zeit die auch zeitgenössische Perspektive eines kompletten Wandels und Religionswechsels vorherrschend. Konversion wurde dann als

Zwar war die Taufe theologisch gesehen unumkehrbar, aber ob jemand sich als Christ betrachtete und von anderen als Christ angesehen wurde,[62] konnte sich auch nach der Taufe noch ändern. Die Kirchenzuchtprotokolle ermöglichen im Gegensatz zu vielen anderen Missionsquellen vertiefende Einblicke in Aushandlungsprozesse um Gemeindezugehörigkeit; sie eröffnen damit einen anderen Blick auf Konversionsprozesse, indem sie eine längerfristige Perspektive einnehmen und v. a. darauf aufmerksam machen, dass diese nicht nur in eine Richtung verliefen und keinesfalls mit der Taufe abgeschlossen waren.[63]

Wie sich in den bereits besprochenen Fällen andeutete, war das Unterwerfen unter die Kirchenzucht von vielen Faktoren abhängig. Ob man eine Bußleistung bezahlen konnte oder wollte, war einer dieser Faktoren. Ein anderer war, welche anderen Optionen sich boten: Wollte man grundsätzlich in der Gemeinde bleiben und sich einer schweren Strafe entziehen, konnte man selbstständig den Gang zu einem Missionar oder einem Ältesten antreten, um über

---

ein individueller Akt oder ein innerlicher Prozess z. B. zur Krisenbewältigung gedeutet. So z. B. bei Monika Wohlrab-Sahr, Paradigmen soziologischer Konversionsforschung, in: Christian Henning/Erich Nestler (Hg.), Konversion. Zur Aktualität eines Jahrhundertthemas, Frankfurt a. M. et al. 2002, S. 75–93, hier S. 89–90. Neuere Studien zu Konversionen im Missionskontext lösen sich von dieser, einer christlichen Genealogie des Konversionsbegriffs geschuldeten Perspektive und machen auf Vermischungen, Verschiebungen und Kumulationen verschiedener Traditionen aufmerksam. Siehe dazu u. a. Kim Siebenhüner, Glaubenswechsel jenseits des Eurozentrismus. Überlegungen zum Konversionsbegriff und zur Differenzierung frühneuzeitlicher Konversionsphänomene, in: Christine Lienemann-Perrin/Wolfgang Lienemann (Hg.), Religiöse Grenzüberschreitungen. Studien zu Bekehrung, Konfessions- und Religionswechsel – Crossing Religious Borders. Studies on Conversion and Religious Belonging, Wiesbaden 2012, S. 251–269. Zu der Problematik auch Christine Lienemann-Perrin, Konversion im interreligiösen Kontext, in: Zeitschrift für Mission 30 (2004), S. 216–231; Rebekka Habermas, Mission und Individualisierung – Togo um 1900. Über ein überraschendes Verhältnis, das religion making der Missionare und die Ursprünge der microstoria, in: Martin Fuchs/Antje Linkenbach/Wolfgang Reinhard (Hg.), Individualisierung durch christliche Mission?, Wiesbaden 2015, S. 536–554; Kirsten Rüther/Angelika Schaser/Jacqueline Van Gent, Gender and Conversion Narratives in the Nineteenth Century. German Mission at Home and Abroad, Surrey 2015; und Rüther, The Power Beyond, S. 13–17.

62 John David Yeadon Peel, Religious Encounter and the Making of the Yoruba, Bloomington et al. 2003, S. 216. Peel arbeitet mit einer Definition, die auf soziale Zugehörigkeit abzielt: »Here the only workable definition of conversion is the process by which people come to regard themselves, and be regarded by others, as Christians.«

63 Judith Becker hat jüngst darauf hingewiesen, dass Missionen – je länger sie bestanden – immer stärker auf eine vollständige Konversion vor der Taufe verzichteten und diese eher als einen Punkt in einem lebenslangen Prozess verstanden. Becker, Conversio, S. 527. Peel behandelt dies als eine Form von *backsliding*, Peel, Religious Encounter, S. 276–277.

seine Sünde und seine Bußfertigkeit Zeugnis abzulegen. Diese Option wurde v. a. dann häufig gewählt, wenn aus einem Verstoß gegen sexuelle Normvorschriften eine Schwangerschaft entstanden war. Afrikanerinnen und Afrikaner wussten um die Verfahren der Kirche und konnten sie zu ihren Gunsten nutzen.[64] Einen Ausschluss aus der Gemeinde konnten sie in manchen Fällen sogar ganz abwenden.[65]

Der Beginn des Ersten Weltkriegs markierte in der Mission insofern eine Zäsur, als die Rückkehr in die Gemeinde nun häufig unattraktiver erschien. Offensichtlich spielte die Machtstellung der Mission innerhalb der kolonialen Gesellschaft und die mir ihr einhergehenden ökonomischen Optionen dafür eine wichtige Rolle, wie die Chagga ihre Zugehörigkeit zum Christentum bewerteten. Ab 1915 nahmen die Fälle zu, in denen ein Ausschluss aus der Gemeinde eher akzeptiert wurde. So erklären im März 1915 gleich mehrere Christen, sich der Kirchenzucht nicht fügen zu wollen:

> Petro Mboro und Ekana Tšavo haben sich gegen das 6. Gebot versündigt. Befragt, erklärten sie, sie würden vielleicht später in die Gemeinde zurückkommen. Damit sagen sie, daß sie in ihren Sündenwegen beharren wollen. Es wurde ihnen erwidert, sie hätten sich entweder alsbald der Zucht zu fügen oder sie würden, wenn sie das nicht wollten, ausgeschlossen werden. Darauf erklärten sie, sie blieben bei ihrem Entschluß. Ebenso sagten Petros Mutter Ndetalao Mbando u. Schwester Maria Mboro, Elkanas Braut, sie wollten nicht in der Gemeinde bleiben.[66]

Dies geschah vor dem Hintergrund, dass ein Ausschluss nicht endgültig war, sondern immer wieder – »bei guter Führung« – revidiert werden konnte – und sich ja auch die Ältesten und die Missionare ändern konnten und damit eine Neuaushandlung der Grenzziehung möglich wurde. War der Ausschluss aus der Gemeinde in Europa in der Frühen Neuzeit eine drastische Strafe gewesen, die den Bestraften als einen »gesellschaftsfeindlichen und Gott verhassten Menschen außerhalb jeder Gemeinschaft« stellte,[67] wurde dies in den afrikanischen Gemeinden keineswegs so empfunden. Aber auch vor dem Ersten Weltkrieg war die Gemeindezugehörigkeit nur eine von vielen Möglichkeiten, die

64 Siehe dazu auch Peterson, Morality Plays, 1004.

65 Protokollbuch, 12.8.1909, S. 23, ELCT 18.

66 Protokollbuch, 23.3.1915, S. 76, ELCT 18.

67 Siehe dazu Lucian Hölscher, Geschichte der protestantischen Frömmigkeit in Deutschland, München 2005, S. 80.

eigene Position in der lokalen Gesellschaft zu festigen. Der Sonderfall, dass die Christen in Mamba nicht, wie in anderen Missionsgebieten üblich, auf der Missionsstation wohnten, sondern in ihren Wohnstätten blieben,[68] führte dazu, dass sie auch immer Teil anderer Beziehungsnetze waren und (vielleicht stärker als in anderen Beispielen von Missionen) blieben. So war für christliche Frauen eine Ehe mit einem *chief* offenbar so attraktiv, dass sie ohne weitere Verhandlungen ihren Austritt aus der Gemeinde erklärten.[69]

Deutlich komplexer lag der Fall, wenn Ehepaare sich entfremdet hatten. Bei Eheproblemen wurde deswegen der Gemeindevorstand schnell aktiv; teilweise wurden die streitbaren Eheleute nicht zur Taufe oder zum Abendmahl zugelassen, sodass eine Trennung von privatem Streit und Öffentlichkeit zugunsten einer öffentlichen und damit erzieherisch wirkenden Strafe aufgegeben wurde.[70] Über viele Wochen beschäftigte den Gemeindevorstand der Fall eines Ehepaares, dessen Ehe kinderlos geblieben war: Der Ehemann, Elisieri, hatte sich deswegen eine andere Frau genommen und war im Mai 1909 aus der Gemeinde ausgeschlossen worden. Die Ehefrau, Ndelimiko, hätte als christliche Ehefrau eigentlich an der Ehe festhalten müssen, heiratete aber ihrerseits im Oktober einen anderen »heidnischen« Mann, der zudem noch mehrere andere Frauen hatte.[71] »Dadurch hat sie ihrerseits sich einer Sünde schuldig gemacht, die wesentlich gleich ist der ihres früheren Ehemannes«, so die im Protokollbuch festgehaltene Lesart des Gemeindevorstands. Sie wurde daraufhin auch aus der Gemeinde ausgeschlossen, v. a. »wegen des Ärgernisses und bösen Beispiels, das Ndelimiko den anderen Frauen der Gemeinde gegeben« habe.[72] Ein Einwirken

68 Auch davon gab es Ausnahmen, wie weniger die nach Europa eingesandten Unterlagen als vielmehr die Verhandlungen des Gemeindevorstands zeigen, der regelmäßig über die Frage debattierte, ob sich Einzelne auf der Missionsstation ansiedeln dürften. Z.B. Protokollbuch, 6.8.1909, S. 19, ELCT 18.

69 So erklärte Priscilla Makundi, ohne dass dem Gemeindevorstand etwas von der Brautwerbung bekannt war, ihren Austritt aus der Gemeinde. Protokollbuch, 12.10.1914, S. 67. Männer hingegen konnten von der Absicht, eine zweite Frau zu heiraten, häufig in Gesprächen abgebracht werden. Protokollbuch, 8.12.1913, S. 56–57, ELCT 18. Die Missionare hatten sogar mit *chiefs* die Absprache getroffen, dass diese keine christlichen Mädchen zur Braut begehren sollten, um solche Austritte von Frauen zu verhindern. Protokollbuch, 25.6.1915, S. 81, ELCT 18.

70 So z. B. bei der Katechumenin Kitere, Protokollbuch, 19.9.1912, S. 41, ELCT 18.

71 Protokollbuch, 26.10.1912, S. 24, ELCT 18.

72 Ebd., S. 25. Die Bedeutung, die diesem Beispiel zugemessen wurde, zeigt sich daran, dass die zweite Frau Elisieris vor dessen Wiederaufnahme in die Gemeinde mehrfach gefragt wurde, ob sie auch bei ihm bleiben würde, wenn sie keine Kinder bekäme. Protokollbuch, 1.3.1912, S. 36, ELCT 18.

des Missionars Raum, der 1909 die Station leitete, schlug fehl. Elisieri sprach bereits im Oktober 1910 den Wunsch aus, in die Gemeinde zurückzukommen. Am 5. Januar 1911 wurde der Fall ein weiteres Mal besprochen: Ndelimiko hatte mit ihrem neuen Mann ein Kind bekommen und wollte nun als dessen Ehefrau in die Gemeinde zurückkehren.[73] Ihr ehemaliger Mann Elisieri hatte sich in der Zwischenzeit noch eine weitere Frau genommen und damit seinen Abfall von der Gemeinde eigentlich ein weiteres Mal untermauert. Die Frage, ob Elisieri und auch Ndelimiko wieder aufgenommen werden konnten, entschied damit gleichzeitig über die Anerkennung von Ehescheidungen. Der Gemeindevorstand entschied sich, letztlich wohl v. a. wegen des neugeborenen Babys und weil sich eine der beiden Frauen Elisieris zum Unterricht gemeldet hatte, dafür, die faktische Ehescheidung und Wiederverheiratung zu dulden: »Ndelimiko begehrt nun ihrerseits als Frau des Mšapaa die Wiederaufnahme in die Gemeinde. Wir werden sie ihr, wenn sie öffentliches Bekenntnis ablegt, nicht entsagen können.«[74]

Deutlich wird an diesem Beispiel, dass die Gemeindezugehörigkeit als fluide angesehen wurde. Die häufigen Begehren, in die Gemeinde zurückzukehren, und das durchaus standardisierte Verfahren zeigen, dass die Gemeindezugehörigkeit durchaus attraktiv war.[75] In den allermeisten Fällen waren der Ausschluss aus der Gemeinde oder auch das Fallen unter die Kirchenzucht einem Verstoß gegen die mit dem Christentum einhergehenden sozialen Normen geschuldet. Diese Normen gehörten für das europäische Missionspersonal unumgänglich zum Christsein dazu – eine Auffassung, die auch der Gemeindevorstand vertrat. Für die einzelnen Christen hingegen musste ein Verstoß gegen diese Normen nicht unbedingt dazu führen, dass man sich nicht mehr als Christ verstand. Auch die Entscheidung, einen Ausschluss in Kauf zu nehmen und nicht mehr zur Gemeinde dazugehören zu wollen oder zu können, hatte nicht zwangsläufig etwas mit dem eigenen Verständnis, Christ oder Christin zu sein, zu tun. Bei jedem Wiedereintritt und jeder Bußleistung verschoben sich deshalb die sozialen Normen und das Gefüge innerhalb der christlichen Gemeinschaften. Hier wurde ausgehandelt, was Christen tun durften, um noch Teil der Gemeinde zu sein – und was eben gerade nicht.

---

73 Protokollbuch, 5.1.1911, S. 31, ELCT 18.

74 Ebd.

75 Dies kann auch mit einem grundsätzlichen Überzeugtsein vom Christentum zusammenhängen. Siehe dazu auch Rüther, The Power Beyond.

Will man den Fragen nach der Bedeutung von Konversion und dem Ritual der Taufe als Marker für eine erfolgte Bekehrung in diesem Zusammenhang näherkommen, muss man auch solche Fälle betrachten, in denen ein Ausschluss aufgrund von Verstößen gegen das Erste Gebot vorgenommen wurde. Zeitgenössisch wurde ein solcher »Rückfall ins Heidentum« von Fällen, die Polygamie oder andere Verstöße gegen die gemeindliche Ordnung betrafen, unterschieden. Auffällig ist, dass diese – insgesamt wenigen – Fälle mit der Zeit in der sich immer weiter vergrößernden Gemeinde zunahmen. Dies lässt sich auf mehrere einander komplimentierende Prozesse zurückführen: Erstens schwand die Bindungskraft der Mission aufgrund der sich verändernden politischen Lage am Berg, zu der zunächst die Siedlerplantagen und dann der Erste Weltkrieg beitrugen; zweitens gewannen die afrikanischen Gemeindeführer an Einfluss und meldeten Verstöße vermutlich eher, auch um ihre eigene Machtposition auszubauen; drittens führte die Entwicklung dahin, dass sich immer mehr Chagga taufen ließen und die Missionare pragmatischer wurden, was die Taufwürdigkeit der Einzelnen anging, weil ihnen einfach weniger Aufmerksamkeit geschenkt werden konnte.[76] Dem entgegenwirken sollte eine zunehmende Kontrolle der Heiratspraxis der Katechumenen und Christen. Der Gemeindevorstand entschied schließlich nicht nur über die Taufwürdigkeit der Katechumenen, sondern kontrollierte auch Eheschließungen und konnte das Bestellen eines Aufgebots durchaus verzögern oder verhindern.[77] »Mischehen« zwischen Christen und »Heiden« sollte so Vorschub geleistet werden.[78]

Problematisch für die Gemeinde blieben aber solche Fälle, in denen die in den Missionspublikationen unter »Aberglaube« und »Zauber« diffamierten Praktiken von Gemeindemitgliedern ausgeübt wurden. Wie bereits oben am Beispiel der Tänze gezeigt, galt es hier, eine eindeutigere Grenze zu ziehen.[79] Als im Oktober 1910 jedoch der erblindete Nderutonkiveú Nakule eine »Zauberin« – »wie es scheint allerdings mehr auf Betreiben seiner Frau« – rufen

76 Siehe dazu auch Becker, Conversio, S. 522–527.

77 Anders als es Torsten Altena schildert, wurde diese Macht nicht vom Missionar, sondern v. a. von den Ältesten genutzt. Vgl. Altena, Von den Stillen, S. 242.

78 »Die jüngeren Christen sollen darauf aufmerksam gemacht werden, daß Ehen zwischen Heiden und Christen nur in Ausnahmefällen gestattet werden (bei baldiger Taufe des einen, heid. Teils, z. B.), sonst aber schließt sich der christl. Teil durch Ehe mit einem heidnischen von der Gemeinde aus. Ferner sollen alle christlichen Burschen, wie das auch früher geschah, den Hirten der Gemeinde Mitteilung machen, wenn sie sich verloben wollen.« Protokollbuch, 28.2.1913, S. 48, ELCT 18.

79 Siehe zum Folgenden auch Hasu, Desire and Death, die dies vor allem vor dem Hintergrund des Sozialgefüges interpretiert.

ließ, um sich gemäß der medizinischen Vorstellung der Chagga von einem die Krankheit auslösenden Fluch zu befreien, wurde dies zwar als Verstoß gegen das Erste Gebot gedeutet, aber: »Nach Besprechungen mit Nd. seitens des Missionars und der Ältesten hat man den Eindruck, daß die Handlung mehr einem Mangel an Erkenntniß«[80] geschuldet war. »Sowohl Nd. als seine Frau waren sich der Tragweite nicht bewußt; sie wollen auch durchaus nicht aus der Gemeinde«, hält das Protokoll fest.[81] An dem Beispiel zeigt sich u. a., dass die Vorstellung eines »radikalen Wandels«[82] bei der Analyse von Konversionsprozessen nicht hilfreich ist. Vielmehr wird hier deutlich, wie pragmatisch die Religionszugehörigkeit vonseiten der Chagga gehandhabt wurde, sodass ein Rückgriff auf gelernte Verhaltensweisen und Erfahrungen durchaus im Bereich des Möglichen lag. »Zauberei«, wie sie die Missionare bezeichneten, war eine solche Option: Weil Krankheiten auf das Einwirken von Flüchen und auf böse Geister vergangener Familienmitglieder zurückgeführt wurden, konnten sie nur durch eine Zeremonie in Verbindung mit einem Opfer geheilt werden.[83] Deswegen wandten sich viele Chagga bei langdauernden oder chronischen Krankheiten auch nach ihrer Taufe an eine »Zaṷberin«, um eine Krankheit zu überwinden. So kehrte Ndetalo Mbando aus Mboń, nachdem sie sich in die Hände einer »Zauberin« begeben hatte, um ihr krankes Auge kurieren zu lassen, auch wieder in die Gemeinde zurück:

> Aber sie habe den Mißerfolg der heidn. Zeremonie gesehen und wolle sich von nun an nicht mehr an diese Sachen, sondern wieder an Gott halten. Da wir keinen Grund haben, an ihrem guten Willen zu zweifeln, andererseits aber wegen des Abfalls der Frau aus so wichtigem Grund nicht als bald ihre Aufnahme gutheißen können, so wird Ndetalo erst mal auf noch nicht bestimmte Zeit in Kirchenzucht genommen, um später aufgenommen zu werden.[84]

---

80 Protokollbuch, 6.10.1910, S. 29, ELCT 18.

81 Ebd.

82 Darauf bezieht sich die klassische Definition von Konversion, referiert z. B. bei Detlef Pollack, Was ist Konversion? in: Regina Laudage-Kleeberg/Hannes Sulzenbacher (Hg.), Treten Sie ein! Treten Sie aus! Warum Menschen ihre Religion wechseln, Berlin 2013, S. 38–46, hier S. 44.

83 Siehe dazu Wetjen, Der Körper des Täuflings, S. 80–81, mit weiteren Literaturangaben. Zur Religion der Chagga aus missionarischer Sicht Johannes Raum, Die Religion der Landschaft Moschi am Kilimandscharo. Originalaufzeichnungen von Eingeborenen, in: Archiv für Religionswissenschaft (1911), S. 159–211, hier S. 201–211; Bruno Gutmann, Ostafrikanischer Animismus und Totenkult, in: Evangelisch-lutherisches Missionsblatt 66 (1911), S. 546–550; 568–573.

84 Protokollbuch, 21.9.1915, S. 84, ELCT 18.

Die Missionare führten mithilfe von Informanten und Schülern, die sich später häufig zu den ersten einheimischen Lehrern und Predigern entwickelten, Studien zum »religiösen Leben der Chagga« durch.[85] Diese Studien dienten dazu, Anknüpfungspunkte für die Predigt zu finden. Sie wurden aber auch herangezogen, um über den Glauben der Gemeindeglieder zu urteilen. Besonders aufschlussreich ist hier der Fall der Sara Mende: Diese hatte sich bereits einige Monate zuvor von der Gemeinde entfernt, als sie sich wegen andauernder Krankheit, die sie auf das Einwirken ihrer Schwiegermutter zurückführte, in die Hände einer »abgefallenen Christin« und »Zauberin« begeben hatte. Sie war deswegen bereits ermahnt worden, zu ihrem Mann zurückzukehren und wieder mit ihrer Schwiegermutter zusammenzuwohnen, »da es sonst aussieht, als fürchte sie Zauberei«.[86] In der folgenden Sitzung des Gemeinderates am 20. Juli 1915 wurde der Fall erneut behandelt:

> Sara Mende, die gesagt hat, sie wolle in der Gemeinde bleiben, hat nachher noch einmal ihren Aberglauben kund getan. Sie soll wiederum, wie schon zuvor, diesmal zu ihrem Mann gesagt haben: ›Wenn ich sterbe, werde ich auch dich töten.‹ (d.h. als Abgeschiedene werde ich deinen Tod von der Geisteswelt aus verursachen.) Es scheint bei ihr infolge der Krankheitsnot ein trauriges Zweifeln und abergläubischer Rückfall in heidnischen Geistes- und Aberglauben vorzuliegen.[87]

Wie in den anderen Fällen von Verstößen gegen das Erste Gebot war auch bei Sara Mende eine allzu schnelle Rückkehr in die Gemeinde ausgeschlossen, »da ihre Versündigung gegen das erste Gebot und ihre heidnischen Redensarten eine recht hartnäckige Form an sich tragen.«[88]

---

85 Zu Missionaren als Religionswissenschaftler siehe Rebekka Habermas, Wissenstransfer und Mission. Sklavenhändler, Missionare und Religionswissenschaftler, in: Geschichte und Gesellschaft 36 (2010), S. 257–284; Johannes Triebel (Hg.), Der Missionar als Forscher: Beiträge christlicher Missionare zur Erforschung fremder Kulturen und Religionen, Gütersloh 1988. Für die Leipziger Mission sind v. a. die Arbeiten Bruno Gutmanns zu den Chagga prominent.

86 Protokollbuch, 20.7.1915, S. 82–83, ELCT 18.

87 Protokollbuch, 21.9.1915, S. 85–86, ELCT 18.

88 Protokollbuch, 22.8.1916, S. 97, ELCT 18.

Idealisierte Gemeinden im Missionsgebiet und in der Heimat – ein Fazit

Doch was sagt die Analyse der Gemeindevorstandsprotokolle über Aushandlungsprozesse des Christentums? Auf dem Prüfstand standen im Gemeindevorstand v. a. Verfehlungen gegen die normativen Seiten des Christentums. Kirchenzucht erfolgte auf der Grundlage eines Verstoßes gegen ein christliches Gebot. Was hier zählte, war die sichtbare Seite der Religionszugehörigkeit: Verfehlungen gegen die vermeintlich unumstößlichen christlichen Gebote wurden vor allem dann geahndet, wenn sie öffentlich bekannt wurden. Das Singen von Spottliedern über Christen, das Hinzuziehen von »Zauberinnen« zur Heilung von Krankheiten, Ehebruch oder Geschlechtsverkehr vor der Ehe, der zu einer Schwangerschaft geführt hatte, ebenso wie ein mangelnder Kirchenbesuch waren öffentlich bekanntgewordene Sünden, die eben deshalb auch geahndet und für andere sichtbar gebüßt werden mussten, um das Bild einer funktionierenden und frommen Gemeinde nicht zu trüben.

Dieses Bild war wichtig, um das Ansehen der Missionsgesellschaft nicht zu gefährden und die christliche Gemeinde vor den Chagga weiterhin attraktiv zu gestalten. Dies war nur möglich, wenn die Gemeinschaft funktionierte. Dafür war aber auch das Ansehen in der kolonialen Gesellschaft nötig. Ansiedler sollten ebenso von dem Funktionieren und der Frömmigkeit der Gemeinde überzeugt werden, auch um die Machtstellung der Missionare zu sichern.

Die durch die Kirchenzucht ausgeübte Kontrolle der Missionare ließ aber gleichzeitig viel Spielraum für eine individualisierte und private Form von Christentum und die Ausbildung einer lokalen Ausprägung von Spiritualität und (synkretistischem) Glauben.[89] Mit der Taufe und der Zulassung zum Abendmahl wurden die Gemeindemitglieder mehr und mehr sich selbst überlassen – dies auch, weil ein einzelner Missionar eine gründliche seelsorgerische Betreuung der Gemeindeglieder bei der Größe der Gemeinde nicht leisten konnte und sich immer mehr Gemeindeälteste und Lehrer in diesen Aufgaben engagierten. Diese Spielräume wurden dadurch noch größer, dass Gemeindeälteste vieles verschweigen konnten. Durch die Mitwirkung der Ältesten und Lehrer an der Kirchenzucht etablierte sich eine ekklesiologische Praxis, die die Mitwirkung und Mitbestimmung der einheimischen Kräfte maßgeblich förderte und damit eine lokale Ausprägung von Christentum ermöglichte. Was

89 Siehe dazu u. a. Catherine Cornille, Mehrere Meister? Multiple Religionszugehörigkeit in Praxis und Theorie, in: Reinhold Bernhardt/Perry Schmidt-Leukelm (Hg.), Multiple religiöse Identität. Aus verschiedenen religiösen Traditionen schöpfen, Zürich 2008, S. 15–32.

christlich war und was nicht, wurde immer weniger von Missionaren und immer mehr von den Ältesten und Lehrern bestimmt.[90]

Doch hier ist noch ein anderer Punkt entscheidend, der zurück zur Verflochtenheit der Mission führt und zu der Frage, inwiefern die Mission ein Laboratorium war. Zwar gab es in der Missionspublizistik seltene Hinweise auf einzelne Abfälle, es überwogen aber deutlich die Erfolgsgeschichten bekehrter »Heiden«: Berichte vollzogener Taufen, Bilder von nach europäischen Maßstäben vorbildlich gekleideten Christen und deren besonderer Frömmigkeit und Tiefgläubigkeit, die sich – so ein besonders häufiges Narrativ – im zahlreichen Kirchenbesuch niederschlug, der den Bau immer wieder neuer Kirchen nötig machte und der europäischen Christenheit immer wieder den Spiegel vorführte.[91]

Die Zeitdiagnose eines Verlusts von Ordnung, Sittenlosigkeit und die schwindende Relevanz der eigenen Position in den deutschen Gemeinden verleitete deswegen nicht nur die Missionswissenschaftler, über die Ausübung der Kirchenzucht nachzudenken. Gustav Warneck, der aufgrund seines Standardwerks zur Missionswissenschaft und seiner Rolle als Herausgeber der *Allgemeinen Missionszeitschrift* bis heute als Gründer der protestantischen Missionswissenschaft gilt, begründete ihre Einführung im Missionsgebiet folgendermaßen:

> In den Missionsgemeinden können wir Kirchenzucht üben, weil in ihnen die Zustände teils gar nicht, teils noch nicht in dem Maße wie daheim vorhanden sind, welche Ausübung einer Kirchenzucht jetzt fast unmöglich machen; und in den

---

90 Für die Zeit nach dem Ersten Weltkrieg untersucht dies Godson S. Maanga, Church Growth in Tanzania. The Role of Chagga Migrants within the Evangelical Lutheran Church in Tanzania, Erlangen 2012. Hinweise auf die Bedeutung der Lehrer für die Entstehung eines afrikanischen Christentums auch bei Keith Ferdinando, Christian Identity in the African Context: Reflections on Kwame Bediako's Theology and Identity, in: Journal of the Evangelical Theological Society 50 (2007), S. 121–143. Besonders wichtig auch Birgit Meyer, Beyond Syncretism: Translation and Diabolization in the Appropriation of Protestantism in Africa, in: Charles Stewart/Rosalind Shaw (Hg.), Syncretism/Anti-Syncretism, London/New York 1994, S. 45–68.

91 In den Missionsblättern wurde, wenn Kirchenzucht überhaupt thematisiert wurde, entweder die hilfreiche Position der Ältesten erwähnt und dadurch die beginnende Selbstständigkeit der Gemeinden unterstrichen, oder die Abfälle in einem Atemzug mit Fortschritten erwähnt. Die Niederschläge, die solche Abfälle darstellten, wurden zudem als von Gott gesandte Prüfung interpretiert und die Hoffnung auf Besserung mit Bibelzitaten oder Gesangbuchversen untermauert: »Wer sich von Dir verlaufen hat, das führe Du zurück in Gnad.« Z.B. Gerhard Althaus, Einige Mitteilungen aus der Station Mamba, in: Evangelisch-lutherisches Missionsblatt 1907, 476–478, hier S. 477.

Missionsgemeinden müssen wir Kirchenzucht üben, weil die Majorität derselben aus Kindern besteht, bei deren Erziehung die Rute oft unentbehrlich, der Rückfall in heidnische Sünden häufig und das sittliche Urteil erst in der Bildung begriffen ist. Auf Kirchenzucht verzichten, hieße die Gemeinden der Verwahrlosung überliefern.[92]

Trotz enger gesetzlicher Rahmenbestimmungen, die seit dem Kulturkampf bestanden,[93] und auf die Warneck hier anspielte, wurde die Möglichkeit, Kirchenzucht wieder in stärkerem Maße zu üben und so einer »Verwahrlosung« der deutschen Gemeinden entgegenzuwirken, auf zahlreichen Synoden und in theologischen Beiträgen in Europa und teilweise mit explizitem Rückgriff auf die Mission ausgelotet.

1901 konnte z. B. Friedrich Uhlhorn, lutherischer Pastor in Hameln und Sohn des bekannteren Theologen Gerhard Uhlhorn, in einer Besprechung der Kirchenzucht, die »jetzt auf zahlreichen Synoden der evangelischen Landeskirchen« behandelt werde, es als lutherische Ansicht bezeichnen, »daß Kirchenzucht nothwendig sei nicht bloß aus der allgemeinen Rücksicht der gesellschaftlichen Ordnung, sondern auch aus der Rücksicht auf die Ehre Christi und den besonderen Charakter der christlichen Gemeinschaft«.[94] Die hannoversche Landessynode behandelte 1904 einen Antrag der Bezirkssynode Burgwedel, der für eine Wiedereinführung der Kirchenzucht plädierte. Ähnliche Anträge waren auf der Landessynode der sächsischen Landeskirche vorgebracht worden, auf dem der Vorsitzende des Leipziger Missionskollegiums, Christoph Ernst Luthardt, für den Petitionsausschuss sprach.[95] Eine (Neu-)Regelung der Kirchenzucht entsprach dem Bedürfnis der Geistlichen nach Orientierung. Auch die Missionare selbst beteiligen sich an der Debatte und verwiesen auf

92 Gustav Warneck, Evangelische Missionslehre. Ein missionstheoretischer Versuch. Dritte Abteilung: Der Betrieb der Sendung. Bd. 3: Das Missionsziel, Gotha 1903, S. 250–251.

93 Kirchenzucht durfte sich gemäß dem Gesetz vom 13.5.1873, in dem die Grenzen des Rechts zum Gebrauch kirchlicher Straf- und Zuchtmittel geregelt wurden, nur noch auf das religiöse Gebiet beschränken. Strafen waren deshalb v. a. der Entzug kirchlicher Ehrenrechte. Siehe dazu Carl Baustaedt, Handbuch für die kirchliche Verwaltung in der hannoverschen Landeskirche, Hannover 1899, S. 37.

94 Friedrich Uhlhorn, Die Kirchenzucht nach den Grundsätzen der lutherischen Kirche, Hannover 1901, S. 1 und 3.

95 Anträge der Bezirkssynode Burgwedel vom 6. Juli 1904, in: Aktenstücke der 7. ordentlichen Landessynode der evangelisch-lutherischen Kirche Hannovers (1905–1906), Nr. 10, S. 14–15; zur Landessynode der evangelisch-lutherischen Landeskirche im Königreich Sachsen, Dresden 1886, S. 293–312.

die Erfahrungen und Ergebnisse aus dem afrikanischen »Labor«. So erschienen mehrere Publikationen des Leipziger Missionars Bruno Gutmann, der die Mitwirkung der Ältesten an der Gemeindepflege zum Ideal erklärte. Das von ihm entworfene theologische Konstrukt, das sich durchaus als *invention of tradition* bezeichnen lässt, vermischte praktisch-theologische Anliegen mit einer vermeintlich alten Chagga-Tradition. In seinem theologischen und weit rezipierten Werk »Gemeindeaufbau aus dem Evangelium«, dessen Vorarbeiten vor dem Ersten Weltkrieg weitestgehend abgeschlossen waren und das er 1925 schließlich veröffentlichte, entwarf er sowohl für das Missionsgebiet als auch für die Heimatkirche ein System, das maßgeblich auf der Etablierung von Nachbarschaften und Altersklassen basierte und die seelsorgerische Pflege an die Gemeindeglieder und insbesondere die Gemeindevorsteher transferierte.[96] Die Ausübung einer »gesunden« Kirchenzucht, die maßgeblich in der Hand der Gemeinde lag, war für Gutmann dabei unumgänglich und deswegen auch Teil seiner Empfehlungen zur »Erneuerung der Heimatgemeinde aus den schöpfungsmäßigen Erstverbindungen zum Gliederverbande Christi – die Vorbedingung für gesunden Gemeindeaufbau aus der Heidenwelt.«[97] Mission und Missionare setzten sich für eine Erneuerung christlichen Lebens auch in der Heimat ein. Dafür griffen sie auf die Konzepte von Gemeinde und Kirchenzucht zurück, die sie im Laboratorium des Missionsgebietes erprobt hatten.

96 Bruno Gutmann, Gemeindeaufbau aus dem Evangelium. Grundsätzliches für Mission und Heimatkirche, Leipzig 1925. In späteren Jahren entwarf er sogar eine explizite Gemeindeordnung, in der er diese Gedanken aufgriff: ders., Entwurf einer ev.-luth. Kirchengemeindeordnung, in: Die Dorfkirche. Monatsschrift für Kirche und Volkstum 27 (1934), S. 18–22.

97 Bruno Gutmann, Gemeindeaufbau aus dem Evangelium. Grundsätzliches für Mission und Heimatkirche, Leipzig 1925, S. 201–202. Das Zitat bezieht sich auf die Kapitelüberschrift.

Linda Ratschiller

Material Matters

The Basel Mission in West Africa and Commodity Culture around 1900

Tropical suits, cacao, handbooks, mosquito nets, drugs, fabrics, bicycles, medical chests, Bible translations, artefacts, condensed milk and many other commodities travelled back and forth through the Basel Mission's networks.[1] These commodities point to the colonial entanglements of mission history. The histories of colonialism, Christian missions and the commodity trade are intimately related. The desire for commodities drove colonial expansion, which in turn created new markets for goods, facilitated missionary activities, fuelled technological invention, stimulated scientific research, displaced populations and transformed local economies in dramatic and often violent ways. Yet, commodities not only served as a means of economic exploitation, colonial expansion and European hegemony, but also led to the formation of a commodity culture in the late 19th century.[2]

This article uses commodity culture as a method to examine what kind of symbolic meanings were attributed to commodities circulating in missionary networks. It shows how these commodities allowed people to shape and express their social, cultural and religious identities. The role of commodity culture has been largely overlooked in mission history. Similarly, studies analysing the nexus between colonialism and commodity culture have mostly left mission societies out of consideration, even though mission archives hold some of the most extensive non-written collections relating to the colonial period. This mutual ignorance might not only be due to the longstanding ideological and institutional distance between history and mission history, but also due to the

1 Unless otherwise indicated translations are my own. The abbreviation BMA refers to the Basel Mission Archives: Missionsstrasse 21, 4055 Basel, Switzerland.

2 Thomas Richards, The Commodity Culture of Victorian Britain: Advertising and Spectacle, 1851–1914, Stanford 1990; Anne McClintock, Imperial Leather. Race, Gender and Sexuality in the Colonial Contest, New York 1995; Joanna de Groot, Metropolitan Desires and Colonial Connections. Reflections on Consumption and Empire, in: Catherine Hall/Sonya O. Rose (eds.), At Home with the Empire. Metropolitan Culture and the Imperial World, Cambridge 2006, p. 166–190.

perception that religious actors prioritise cosmological over material things. Yet, as Birgit Meyer has shown for 19th century Ghana, worldly matters mattered much more to missions than their rhetoric was prepared to acknowledge.[3]

This is especially true for the Basel Mission, whose influential supporters had direct interest in West African trade. Some of Basel's most prominent merchants sat on the mission's board of directors and on the mission's trade commission. The latter gave rise to the Basel Mission Trading Company, founded in 1859. Powerful patrician families invested and held shares in this corporation, which remained under direct Basel Mission management until 1917. The trading company supplied mission stations in West Africa and southern India with European goods and traded palm oil, cacao and cotton on a global scale.[4] Sources in the Basel Mission archives are filled with material concerns over issues such as fundraising, construction and equipment. However, even though materiality formed a crucial dimension of the missionary enterprise, the importance of money, trade and commodities is often concealed in mission history.

This paper highlights three reasons why commodity culture provides a particularly productive entry point into mission history. Firstly, commodities are material evidence of how mission societies and missionaries shaped colonial trade, knowledge and science. The end of the 19th century saw the institutionalisation of tropical medicine as a medical specialty and the establishment of a commodity culture surrounding tropical hygiene. By promoting, advertising and selling tropical commodities, the Basel Mission participated in the commodification of the tropics around 1900. What kind of social, cultural and

---

3 Birgit Meyer, Christian Mind and Worldly Matters. Religion and Materiality in Nineteenth-Century Gold Coast, in: Journal of Material Culture 2 (1997) 3, p. 311–337. See further Dick Houtman/Birgit Meyer (eds.), Things: Religion and the Question of Materiality, New York 2012.

4 Gustav Wanner, Die Basler Handels-Gesellschaft A.G. 1859–1959, Basel 1959; Giorgio Miescher, Hermann Ludwig Rottmann. Zu den Anfängen der Basler Missions-Handels-Gesellschaft in Christiansborg (Ghana), in: Lilo Roost Vischer/Anne Mayor/Dag Henrichsen (eds.), Werkschau Afrikastudien, vol. 2: Brücken und Grenzen, Münster 1999, p. 345–362; Andrea Franc, Wie die Schweiz zur Schokolade kam. Der Kakaohandel der Basler Handelsgesellschaft mit der Kolonie Goldküste (1893–1960), Basel 2008; Heinrich Christ, Zwischen Religion und Geschäft. Die Basler Missions-Handels-Gesellschaft und ihre Unternehmungsethik, 1859–1917, Basel 2015; ibid., Mission und Geld. Die Missions-Handlungs-Gesellschaft, in: Christine Christ-von Wedel/Thomas K. Kuhn (eds.), Basler Mission. Menschen, Geschichte, Perspektiven 1815–2015, Basel 2015, p. 93–98.

religious messages did missionary commodities in the realm of tropical hygiene transport?

Secondly, commodity culture counterbalances the hegemonic narratives of missionary texts and exposes the interactive nature of the missionary encounter. A commodity at its most basic, according to Arjun Appadurai, is "any thing intended for exchange".[5] This means that things bartered for and things gifted both qualify as commodities, which proves particularly relevant to the history of the Basel Mission in West Africa. How did the meanings attributed to commodities change depending on the context in which they were exchanged, used and displayed?

Thirdly, integrating commodity culture into mission history is an effective method to visualise the agency of local actors in West Africa, from whom we mostly lack written sources. Commodities exchanged in the Basel Mission's networks testify to ideological and symbolic exchanges between people and places. By providing a material approach to cross-cultural encounters, commodities allow for alternative perspectives on the colonial period.[6] How did people in West Africa question, negotiate and reframe the meaning attached to things? A critical reading of commodity culture reveals the subversive potential of commodities.

Trading Tropical Hygiene: Imperial Commodities

The author of the first German monograph devoted to tropical diseases and their prevention was the mission doctor Rudolf Fisch, who worked for the Basel Mission on the Gold Coast for 26 years. His *Tropische Krankheiten* first appeared in 1891 and subsequently went through four editions, thereby remaining a bestseller in the field of tropical medicine for over 20 years.[7] A review, written by the physician Otto Schellong in the *Deutsche Kolonialzeitung,*

---

5 Arjun Appadurai, Introduction: Commodities and the Politics of Value, in: ibid. (ed.), The Social Life of Things: Commodities in Cultural Perspective, Cambridge/New York/Melbourne 1986, p. 3–63, here p. 9; ibid., Definitions: Commodity and Commodification, in: Martha Ertman/Joan C. Williams (eds.), Rethinking Commodification: Cases and Readings in Law and Culture, New York 2005, p. 34–43, here p. 35.

6 See for instance Mary Jo Arnoldi/Christraud M. Geary/Kris L. Hardin (eds.), African Material Culture, Bloomington/Indianapolis 1996.

7 Rudolf Fisch, Tropische Krankheiten. Anleitung zu ihrer Verhütung und Behandlung speziell für die Westküste von Afrika, für Missionare, Kaufleute, Pflanzer und Beamte, Basel 1891.

praised the "hitherto unequalled clear approach to the matter" and explained that the handbook reflected "Fisch's serenity gained from many years of experience as a physician in the tropics."[8] First-hand field experience of distant places was crucial to missionary acquisition of scientific credibility.[9]

The Basel Mission had been operating in West Africa for decades before tropical medicine established itself as a scientific discipline and tropical hygiene became a marketplace for commodities in the late 19th century. What David Arnold has called the "power of localism" was an important feature in the formation of tropical medicine and explains why missionaries were successful in establishing themselves as experts in the field of tropical hygiene.[10] Fisch's handbook dedicated to "missionaries, traders, planters and officials" provided practical assistance to the wide interests of Europeans in West Africa and was well received by German-speaking readers, as the sales figures indicate.[11]

The handbook included a list of suppliers for tropical travel pharmacies.[12] According to Fisch, most pharmacists were unfamiliar with overseas conditions, shipments and, most importantly, the climatic peculiarities of the tropics, especially in West Africa, which required many precautionary measures. Fisch thus compiled his own range of tablets together with the owner of the Berlin based *Oranienapotheke Dr. Kade,* Franz Lutze, who gradually developed his pharmacy into a pharmaceutical factory. The medical chests put together by Fisch and Lutze came in two metal boxes, each weighing 65 pounds – equal to the load of a porter according to Fisch – and could be purchased from Dr. Kade's pharmacy directly or, more conveniently, via the order form in Fisch's book.[13]

8 Otto Schellong, Besprechung der Bücher von R. Fisch und P. Kohlstock, in: Deutsche Kolonialzeitung 4 (1891), p. 183.

9 David N. Livingstone, Scientific Inquiry and the Missionary Enterprise, in: Ruth Finnegan (ed.), Participating in the Knowledge Society. Researchers Beyond the University Walls, Basingstoke 2005, p. 50–64; Patrick Harries, Butterflies and Barbarians. Swiss Missionaries and Systems of Knowledge in South-East Africa, Oxford 2007.

10 David Arnold, Introduction. Tropical Medicine before Manson, in: ibid. (ed.), Warm Climates and Western Medicine. The Emergence of Tropical Medicine 1500–1900, Amsterdam/Atlanta 1996, p. 1–19, here p. 6.

11 Friedrich Hermann Fischer, Der Missionsarzt Rudolf Fisch und die Anfänge medizinischer Arbeit der Basler Mission an der Goldküste (Ghana), Herzogenrath 1991, p. 215–216.

12 Fisch, Tropische Krankheiten, p. 219.

13 Dr. Kade's pharmacy frequently advertised in missionary and colonial publications proclaiming to be the "purveyor to the court of His majesty the Kaiser and König" as well as the supplier to the Imperial Colonial Office and to the high command of the so-called *Schutztruppe* for all their medical needs in the German colonies. Dr. Kade did not only supply pharmaceuticals, bandages and dressings, but also examination chests, water sterilisers and cooling devices.

The difficulty in finding definitive cures to major tropical diseases meant that the identification of the most effective preventive measures was key to tropical medicine. Medical recommendations discussed in the field of tropical hygiene advised people travelling or settling in the colonies to adhere to an intense regime of rules controlling diet, alcohol intake, clothing, sleep and what was called "the passions". Fisch highlighted the importance of these prophylactic measures by warning his readers of the adversarial tropical climate: "One must never forget that our body is in enemy territory in the tropics, and that every weakening of its strength is used by the enemy to conquer it."[14]

This kind of pathological representation of the tropical world had become common in travelogues and expedition reports from the mid-18th century onwards, especially in relation to West Africa. The tropics consequently did not only cover a specific geographical location but also a conceptual space, something culturally alien as well as environmentally distinctive from what was seen as the civilised world.[15] To stay healthy, safe and civilised in the tropics, Europeans had to consume commodities such as books, equipment and clothes. Ryan Johnson has noted that "there are few examples of advances in tropical medicine that do not come bound up with a great clutter of outfit". He argues that it is this "associated paraphernalia that reveals most about how the British saw tropical people, places, health and hygiene."[16]

There can be little doubt that tropical commodities shaped and fuelled the imaginary space of the tropics, as Johnson suggests. But they did more than this. They also allowed people to form and express identities along the lines of race, class, gender and religion. Most of the significant examinations of the nexus between commodity culture, imperialism and racism can be derived from Anne McClintock's *Imperial Leather,* in which she assesses "a supplementation of the 'elitist' scientific racism by a popular 'commodity racism'" in late Victorian Britain. She notes that the promotion of tropical products and their colonial contexts – like tea, biscuits, tobacco, Bovril, tins of cocoa and soap – stimulated the imagination of consumers to "beach themselves on far-flung

14 Fisch, Tropische Krankheiten, p. 29.

15 David Arnold, Inventing Tropicality, in: ibid. (ed.), The Problem of Nature. Environment, Culture, and European Expansion, London 1996, p. 141–168; Rob Shields, Places on the Margin. Alternative Geographies of Modernity, London 2013.

16 Ryan Johnson, Commodity Culture. Tropical Health and Hygiene in the British Empire, in: Endeavour 32 (2008) 2, p. 70–74, here p. 71.

shores, tramp through jungles, quell uprisings, restore order and write the inevitable legend of commercial progress across the colonial landscape."[17]

The imaginary world of the tropics created through advertising conveyed the idea that commodity culture was an indicator of civilisation, modernity and progress.[18] The obsession with tropical commodities reflected racist concepts of otherness and upheld a dichotomy between European consumers and non-European people, who apparently lacked capitalism, technological progress and consumerism. To avoid being exposed to harmful tropical conditions like the seemingly natural people living in the colonies, Europeans had developed medical expertise, technologies and equipment. Science, technology and commodities were crucial for the conception of race and racial difference.[19]

The materiality of the colonial discourse meant that outdated notions of tropical hygiene persisted, even when new scientific evidence about the causes of disease contradicted the prophylactic measures. Handbooks like Fisch's *Tropische Krankheiten* continued to fuel climatic fears by insisting on the need of specific commodities well into the 20th century. Bacteriological and parasitological theories emerging in the 1880s had gradually replaced climatic and topographical explanations for tropical diseases. However, experts in the field of tropical medicine maintained that the tropical climate had grievous effects on Europeans and predisposed them to diseases, even if it did not actually cause them.[20]

The Basel Mission doctors undoubtedly contributed to the image of the tropics as an alien space, within which strict attention to daily bodily conduct was essential to the maintenance of white racial health under the pressure of

---

17 McClintock, Imperial Leather, p. 219.

18 Malte Hinrichsen, Racist Trademarks: Slavery, Orient, Colonialism and Commodity Culture, Berlin et al. 2012; Wulf D. Hund/Michael Pickering/Anandi Ramamurthy (eds.), Colonial Advertising and Commodity Racism, Berlin et al. 2013.

19 Patricia Purtschert uses the word "techno-colonialism" to describe the importance of technology in forming colonial fantasies and shaping Swiss identity. See Patricia Purtschert, Aviation Skills, Manly Adventures and Imperial Tears. The Dhaulagiri Expedition and Switzerland's Techno-Colonialism, in: National Identities 18 (2016) 1, p. 53–69.

20 See Julyan G. Peard, Race, Place, and Medicine. The Idea of the Tropics in Nineteenth-Century Brazilian Medicine, Durham/London 1999; Michael Worboys, Colonial and Imperial Medicine, in: Deborah Brunton (ed.), Medicine Transformed. Health, Disease and Society in Europe 1880–1930, Manchester 2004, p. 211–238; Warwick Anderson, Colonial Pathologies. American Tropical Medicine, Race, and Hygiene in the Philippines, Durham/London 2006; Helen Tilley, Africa as a Living Laboratory. Empire, Development, and the Problem of Scientific Knowledge, 1870–1950, Chicago/London 2011.

the sun and humidity. And yet they also clearly differed from other actors in the medical and colonial field by integrating religious principles in their approach. Their credibility in the field of tropical hygiene allowed them to use their popular studies to convey their pious beliefs to the wider public. Fisch's foreword in *Tropische Krankheiten* clearly shows how they linked their scientific work with a religious message:

> The main purpose of the manual is to initiate a rational treatment of malaria and, besides the various recommendations on the prevention and treatment of diseases, to demonstrate that the surrender of many Europeans to debauchery poses a grave danger to their lives. [...] May the booklet fulfil its purpose and thus encourage the real civilisation, i.e. Christianisation of the Dark Continent.[21]

By cautioning his readers of the grave consequences of moral transgressions, Fisch turned the medical and colonial discourse on tropical hygiene into a religious responsibility. He warned how much a lack of self-discipline was a risk to the civilising project in Africa and left no doubt that progress could only be achieved by the spread of Christian values and behaviour. True civilisation meant Christian civilisation. By combining moral purity with physical discipline, his book not only offered practical advice for survival in the tropics but also depicted the traveller as an agent of imperial, rational and above all Christian Europe.

The contemporary image of the tropics offered an effective framework to preach the Basel Mission's Protestant code of conduct to a broader audience. The struggle against alcoholism and sexual immorality at home was bolstered by the tropical setting abroad, since it could rely on the widespread conception of the tropics as a deadly place for Europeans. Yet throughout colonial discourse, the tropics have also been a projection surface for utopian visions of unspoiled, pristine and luscious nature. Oscillating between the paradisiacal and the pathological, they have been the site of luxurious abundance alongside primitiveness and danger.[22]

Trading companies, colonial enterprises and mission societies used this ambiguous image of the tropical world to advertise and capitalise on tropical commodities. The back of Fisch's manual promoted the first colonial cookbook

21 Fisch, Tropische Krankheiten, p. viii.

22 Felix Driver/Luciana Martins (eds.), Tropical Visions in an Age of Empire, Chicago/London 2005.

written in the German language – a common advertisement in missionary and colonial media at this time. This *Kolonial-Kochbuch,* branded as "indispensable for the stay in the colonies", was published by the German colonial economic committee in 1906. The advertisement read: "Below you will find several highlighted recipes, which best indicate how the conditions in the tropics have been taken into account." The supposedly authentic recipes highlighted in the colonial cookbook included "antelope pie", "elephant heart", "hippopotamus bacon" and "parrot goulash".

However, the evidence about nutrition practices of both Africans and Europeans in West Africa suggests that these recipes did not originate from local cuisine in the colonies. Food in West Africa was scarce and the diet of the local population consisted mainly of beans or *fufu* – a staple food usually made from cassava – and chicken or fish, when means allowed. It is also highly doubtful that these recipes were even used by Europeans based in the tropics. Most missionary and colonial sources from this period describe a very basic diet. As the Basel Mission doctor Alfred Eckhardt wrote in referral to the Gold Coast in 1891, the non-existence of cattle, for instance, meant that the missionaries had "to order so-called condensed milk in cans from Europe, while the natives do not know dairy and butter at all."[23]

Similarly, Fisch noted: "Fresh milk can be obtained only in a few places, the strong coffee grown locally is usually drunk with Cham condensed milk."[24] Cham, a town in the canton of Zug, Switzerland, was home to Europe's first condensed milk factory. George and Charles Page, two brothers from the USA, founded the Anglo-Swiss Condensed Milk Company in 1866. Farmers from the surrounding villages supplied up to 100,000 litres of milk per day, which was transformed into milk powder. The final product was packed in cans and exported worldwide, mostly to companies in the British Empire. The fast-growing company subsequently established factories all over Europe and eventually merged with Nestlé in 1905.[25] This example shows how a reference to a commodity can be used to trace imperial entanglements.

Commodities in the realm of tropical hygiene, including canned food, handbooks and travel pharmacies, shaped how Europeans came to see the tropical

23 Alfred Eckhardt, Die Basler Mission auf der Goldküste, in: O. Frick (ed.), Geschichten und Bilder aus der Mission, vol. 10, Halle 1891, p. 3–19, here p. 9.

24 Fisch, Tropische Krankheiten, p. 27.

25 Michael van Orsouw/Judith Stadlin/Monika Imboden, George Page, der Milchpionier: die Anglo-Swiss Condensed Milk Company bis zur Fusion mit Nestlé, Zürich 2005.

world and themselves. So even though the colonial cookbook does not give any realistic insights into diet practices in West Africa around 1900, it is a useful source to analyse how a tropical diet, and the tropics more generally, were imagined. The *Kolonial-Kochbuch* was a commodity that captured the attention of the general public by representing the tropics not only as dangerous, but also as an exotic and exciting place. The audience for this kind of popular colonial fiction stretched far beyond people who intended to travel or settle in the colonies. Colonial fantasies allowed Europeans to reframe their own identities.[26]

The Basel Mission recognised the entertainment value and popular appeal of the tropical arena and used it to propagate its own agenda. Objects, artefacts and commodities from Africa, China and India became available to a large public through the Basel Mission's "Ethnographic Exhibitions", the first of which toured through Switzerland, Germany and France between 1908 and 1912 and attracted more than 250,000 visitors in 1910 alone.[27] The diverse and extensive networks of the Basel Mission meant that the missionary influence on commodity culture reached well beyond evangelical circles. Missionary commodities shed light on the imperial web, in which mission societies and missionaries operated, and provide a material basis to analyse how mission history has shaped colonial identities.

The tropical world was a cognitive space, evoking mental images and emotions, used to sell commodities, shape religious and cultural identities, and promote missionary and colonial agendas. Yet the places belonging to what was branded as the tropics were also real physical spaces. Missionary commodities were not only part of an imperial market for tropical goods, but also products of local entanglements in West Africa.[28] Historians dealing with mission archives

---

26 See for instance Catherine Hall/Sonya O. Rose (eds.), At Home with the Empire. Metropolitan Culture and the Imperial World, Cambridge 2006; David Ciarlo, Advertising Empire. Race and Visual Culture in Imperial Germany, London 2011; Patrick Minder, La Suisse coloniale. Les représentations de l'Afrique et des Africains en Suisse au temps des colonies (1880–1939), Berne 2011; John Philipp Short, Magic Lantern Empire. Colonialism and Society in Germany, Ithaca/London 2012.

27 Linda Ratschiller, „Die Zauberei spielt in Kamerun eine böse Rolle!" Die ethnografischen Ausstellungen der Basler Mission (1908–1912), in: Rebekka Habermas/Richard Hölzl (eds.), Mission Global. Eine Verflechtungsgeschichte seit dem 19. Jahrhundert, Köln/Weimar/Wien 2014, p. 241–264.

28 As recent studies have shown, commodities were not simply diffusing from the West to the rest of the world but were rather developed, tested and changed in countless sites of global and local entanglements. See Sandip Hazareesingh/Harro Maat (eds.), Local Subversions of Colonial Cultures. Commodities and Anti-Commodities in Global History, London 2016.

must counter hegemonic narratives by reconstructing the local production conditions of missionary sources. In order to understand the meaning attributed to missionary commodities, it is crucial therefore to recover the concrete sites in which they were exchanged. The subsequent empirical examples take us to two Kingdoms in the Cameroon Grasslands: Bali-Nyonga and Bamum.

Exchanging Gifts: Entangled Commodities

Integrating commodity culture into mission history highlights the interactive nature of the missionary encounter and leads to an effective critical reading of missionary rhetoric. Commodities, such as clothes, disclose intimate and revealing details. Clothes can be classified as commodities because they are "things with a particular social potential" following Appadurai's definition.[29] They are communicative symbols that bear multiple meanings and serve various functions: they are used to indicate social roles, express cultural identity, establish social worth, symbolise economic status and serve as an emblem for political power.

The photograph of the Basel missionary Eugen Schuler, gazing in the distance with a boy sitting at his feet, testifies to the prolonged and real exchanges between him and the people with whom he lived (fig. 1). The missionary is wearing what appears to be an African robe and holding a tusk and the pelt of a wildcat. This picture was taken by Wilhelm Basedow in 1902 in Buea, Cameroon, and reached Basel in late 1903. It is part of a series of twelve pictures that show Basel missionaries wearing clothes of the Bali people in Cameroon.[30]

To fully understand the value of these photographs, it is essential to keep in mind the importance attached to tropical clothing. From the 19th century onwards, medical textbooks and manuals carried chapters on tropical clothing that focused on the best type of material to maintain equilibrium of physiological functions. Proper functioning of the skin was one of the grand and fundamental topics in tropical prophylactics.[31] In line with this concern, Fisch explained, in *Tropische Krankheiten,* why white-skinned Europeans were much

29 Appadurai, Introduction, p. 17.

30 Paul Jenkins, Warum tragen die Missionare Kostüme? Forschungsmöglichkeiten im Bildarchiv der Basler Mission, in: Historische Anthropologie 4 (1996) 2, p. 292–302.

31 Ryan Johnson, European Cloth and "Tropical" Skin: Clothing Material and British Ideas of Health and Hygiene in Tropical Climates, in: Bulletin of the History of Medicine 83 (2009), p. 530–560.

Fig. 1: Wilhelm Basedow, Rev. E. Schuler in royal robes from Bali (Cameroon) with the presents he received: an ivory tusk, a bag made with the skin of a wild cat, and an 8-year-old king's son, 1902/1903, BMA, E-30.35.018.

more prone to heat accumulation and insolation than Africans with their black skin. He concluded: "It is clear that clothing for Europeans in hot zones is not only a matter of civility but also a concern for health in general."[32] This quote exemplifies that tropical hygiene did not only convey climatic but also cultural fears about the decay of Europeans in the colonies, thereby perpetuating racist assumptions.

The type of tropical gear advised and advertised by the Basel Mission is illustrated by an image printed in *Der Tropenarzt,* a manual on tropical hygiene published by the Basel Mission doctor Friedrich Hey in 1906 (fig. 2).[33]

Historians have generally assumed clothing worn in the tropics served the purpose of maintaining strict separations between colonisers and colonised –

32 Fisch, Tropische Krankheiten, p. 20.

33 Friedrich Hey, Der Tropenarzt. Ausführlicher Ratgeber für Europäer in den Tropen, Offenbach 1906, p. 144.

identifying and legitimising the rule of a few over many.[34] Elizabeth Collingham, for example, has argued that in India, the adoption of "signifiers of Britishness and the medical occidentalization of the Anglo-Indian body" meant that "a web of Britishness" became "woven around the body".[35] Ryan Johnson, in turn, has suggested that tropical attire did not only set the British apart from the locals, but also separated them from their own locality.[36]

The pictures of the Basel missionaries wearing Bali clothes indicate that they identified themselves with their physical surroundings. By doing so, they not only breached medical recommendations but also transgressed cultural and racial norms. After all, the fundamental idea of missionary efforts was that non-Christian people needed guidance to achieve religious, economic, social and cultural progress. This included adopting missionary values and practices such as monogamy, clothing, farming and medicine. The missionary project was not conceived as a mutual exchange of knowledge between Christian and non-Christian people. However, a critical examination of missionary sources reveals that missionary ideas and customs were entangled, contested and reshaped in many ways.

The clothes and presents visible in the image of Eugen Schuler were given to him by Fonyonga II, one of the *fons* – rulers – in the Bali region of Cameroon. Schuler and two of his fellow Basel missionaries arrived in Bali-Nyonga in November 1902 as part of an exploration trip to the Cameroon Grasslands. According to Schuler's travel report addressed to the mission board in Basel, the *fon* had received them very warmly: "I already know you, I have heard of you, you are the ones who are teaching the bush people down there and so forth. I love you."[37] Likewise, Schuler noted that he had "truly learned to love him [Fonyonga II] this day".[38] This mutual affection, which was displayed by the exchange of gifts, indicates that both parties had an interest in cementing ties.

Fonyonga II was looking for a way to increase his political power in the Bali region and recognised that the Basel Mission, especially its mission schools,

---

34 Jean Comaroff, The Empire's Old Clothes: Fashioning the Colonial Subject, in: David Howes (ed.), Cross-Cultural Consumption: Global Markets, Local Realities, New York 1996, p. 19–38; John Comaroff/Jean Comaroff, Of Revelation and Revolution, vol. 2: The Dialectics of Modernity on a South African Frontier, Chicago 1997, ch. 5.

35 Elizabeth M. Collingham, Imperial Bodies. The Physical Experience of the Raj, c. 1800–1947, Cambridge 2001, p. 92.

36 Johnson, Commodity Culture, p. 73.

37 Eugen Schuler, Reisebericht von der ersten Reise nach Bali im November 1902, Kamerun 1903, BMA, E-2.16, Nr. 205.

38 Ibid.

Fig. 2: Friedrich Hey, Der Tropenarzt. Ausführlicher Ratgeber für Europäer in den Tropen, Offenbach 1906, p. 144.

could be an important asset in achieving this. The political elites of Bali-Nyonga had openly tried to attract the Germans' attention to their area since Cameroon had officially become a colony in 1884–1885. Their idea was to perpetuate the existing system of government and cooperate with the German colonial government wherever it seemed of advantage to them. They had also repeatedly invited the Basel Mission to open a mission station in their territory, which reflects the importance they attached to literacy, a skill that the colonial government did not provide.[39] Many Cameroonians thus associated converting to Christianity with the prospect of a European school education, which is illustrated by the moniker they gave to the Basel missionaries: "Europeans of the Books".[40]

39 95 percent of all schools in the German colony of Cameroon were run by mission societies. See Sebastian Conrad, Deutsche Kolonialgeschichte, München 2008, p. 73.

40 Jakob Keller, Im Hinterland von Kamerun, in: Evangelisches Missionsmagazin 49 (1905), p. 27–36, here p. 32.

The Basel Mission in turn was in search of local allies in its quest to spread the Gospel beyond its area of influence on the coast. Ever since it started operating in Cameroon in 1886, upon request by the German government, it had tried to expand its missionary work to the Cameroon Grasslands.[41] The warm welcome by Fonyonga II in late 1902 finally provided an opportunity for the Basel Mission to take root in Bali-Nyonga. Eugen Schuler wrote a detailed report about his expedition to the area, which was published in the *Evangelisches Missionsmagazin* – a quarterly missiology journal published in Basel – in 1903. He reported that towards the end of the exploration trip, the *fon* sent him a local dress with the royal badge via his spokesperson and requested him to appear wearing it on the same day. Schuler wore the dress over his clothes and appeared on the market square with his fellow missionaries. According to Schuler's depictions, Fonyonga II seemed "very pleased" to see the missionaries in Bali clothes: "With the royal garment he wanted to honour me and was proud that he could present me to all the people present in this attire."[42]

A change of perspective, which takes into account the political, social and cultural conditions of the Cameroon Grasslands at the time, allows for a critical reading of the missionary report about this anecdote. The garments given to the missionaries by the *fon* were not ordinary clothes, but rather regalia of high office and status that could only be awarded by people of the same or higher status.[43] To be walking through the market square in this attire was considered an adequate inauguration into political office in Bali-Nyonga. The Basel missionaries thus unintentionally announced very publicly that they were allies of Fonyonga II. The *fon* integrated the missionaries in his system of rule by dressing them in political clothes, accommodating them in his palace and presenting them to his people and foreign visitors.[44]

The Basel Mission board subsequently decided to open a station in Bali, which was inaugurated in May 1903. In the years that followed, the Basel mis-

41 Jean-Paul Messina/Jaap van Slageren, Histoire du christianisme au Cameroun. Des origines à nos jours, Paris/Yaoundé 2005, p. 36–46.

42 Eugen Schuler, Im Lande der Bali. Eine Kundschaftsreise Basler Missionare ins Hinterland von Nordkamerun, in: Evangelisches Missionsmagazin 47 (1903), p. 191–214, here p. 212.

43 Jean-Pierre Warnier, Échanges, développement et hiérarchies dans le Bamenda pré-colonial (Cameroun), Stuttgart 1985; Paul Nchoji Nkwi, Traditional Diplomacy: A Study of Inter-Chiefdom Relations in the Western Grassfields, North West Province of Cameroon, Yaounde 1987.

44 See Jonas N. Dah, Missionary Motivations and Methods. A Critical Examination of the Basel Mission in Cameroon 1886–1914, Basel 1983.

sionaries, particularly Ferdinand Ernst, and the *fon* developed closer ties, referring to each other as "close friends".[45] Ernst campaigned on behalf of Fonyonga II and helped him to gain political authority in the eyes of the German colonial authorities. His negotiations with the German military assured that the Bali region was spared from raids by the *Schutztruppe*. The Basel Mission's support of Fonyonga II eventually led to his official approval as "Oberhäuptling" – big chief – of the whole Bali region by the German colonial government in 1905.[46] In exchange, the *fon* supported the Basel missionaries in Bali by providing them with food, helping them with infrastructure and construction, and commandeering porters for their expeditions as well as children for the mission schools. In Fonyonga II, the Basel Mission had an influential ally, who was now officially in charge of considerable territory.[47]

As for the boy pictured in the photograph, Eugen Schuler explained in his expedition report of 1902 that, on his departure day, Fonyonga II had not only given him an elephant tusk, but also his eight-year old son.[48] Giving children and women as gifts formed part of the *fon's* diplomatic attempts to build alliances, which the Basel missionaries evidently welcomed. Ferdinand Ernst took Fonyonga II's son under his charge after Schuler's death in 1906. He also lived under the same roof with a woman that Fonyonga II had given to him as "servant resp. housekeeper". This created considerable tension among the Basel missionaries but was kept secret from the mission board in Basel. It was only after Ernst's death in 1909 that the head of the Cameroon mission travelled to Bali and reported the incident back to Basel.[49]

Fonyonga II's political influence significantly decreased after Ernst's death in 1909. Initially, the Germans considered Bali-Nyonga, under Galega I (ruled c. 1858–1902) and his successor Fonyonga II (ruled c. 1902–1940), as a staunch ally. This favoured status allowed Fonyonga II to steadily increase his realm of influence. However, over the years, the Germans begun to question Bali's grow-

45 K. Hauss, Der Pionier der Balimission. Aus dem Leben von Ferdinand Ernst, Basel 1910, p. 25, BMA, Kt. VI, 3.

46 Ferdinand Ernst, Die öffentliche Anerkennung Fonyongas als Oberhäuptling, Kamerun 1905, E-10.3, Nr. 11.

47 Andreas Merz/Thomas Meyer, "You be good so, you be king." Allianzbildung zwischen Bali-Nyonga (Kamerun) und der Basler Mission, in: Beat Sottas/Thomas Hammer/Lilo Roost Vischer/Anne Mayor (eds.), Werkschau Afrikastudien – Le forum suisse des africanistes, vol. 1, Hamburg 1997, p. 110–127.

48 Eugen Schuler, Reisebericht von der ersten Reise nach Bali im November 1902, Kamerun 1903, BMA, E-2.16, Nr. 205.

49 Friedrich Lutz, Bericht aus Bali, Kamerun 1910, BMA, E-2.31, Nr. 36.

ing sub-imperialism. The ruler of Bali-Nyonga appeared to abuse his privileges, and it became obvious to the Germans that he was following his own agenda. Ultimately, the German administration adjusted its policies and began to curtail Fonyonga II's power.[50]

Disappointed by this development, the *fon* eventually ended his cooperation with the Basel Mission. Fonyonga II's diplomatic agency and considered political strategy, which is often concealed in colonial and missionary accounts, is embodied in the gifts and clothes he gave to the Basel missionaries. When historians bear in mind that Africans were crucially involved in shaping both political, social and cultural conditions as well as missionary sources, they cannot then write Africans out of the history of these entanglements or simply reduce them to being objects of missionary discourse.

Dress to Impress: Subversive Commodities

The West African proverb, "A person without clothes is a person without language" signifies the symbolic importance attached to clothing as a form of communication.[51] King Ibrahim Njoya of the Bamum Kingdom in the Cameroon Grasslands (ruled c. 1886–1933), who appears on nearly fifty photographs in the Basel Mission archives, represents a particularly interesting example of how clothes were used as symbols of communication. The image of King Njoya and two of his soldiers gives an idea of how they were dressed when the Basel missionaries first arrived in Fumban, the capital of Bamum, in 1905 (fig. 3).[52]

The picture, which was taken by the Basel missionary Martin Göhring in 1905, depicts King Njoya wearing a German-style military uniform and two of his guards clad in white Hausa-style garments. Another photograph produced three years later in 1908 shows King Njoya sitting next to Martin Göhring and other members of the Basel Mission (fig. 4). This time, the King is dressed in richly embroidered Hausa-style clothes. There seems to have been no end to the variety of outfits worn by King Njoya. The Bamum used their garb as a political tool to form and maintain alliances, and first implemented this strategy

50 Elisabeth M. Chilver, Paramountcy and Protection in the Cameroons: The Bali and the Germans, 1889–1913, in: Prosser Gifford/William Roger Louis (eds.), Britain and Germany in Africa: Imperial Rivalry and Colonial Rule, New Haven/London 1967, p. 479–511, here p. 498.

51 See for instance Colleen E. Kriger, Cloth in West African History, Lanham 2006.

52 Reiseberichte aus Bali, Kamerun 1905, BMA, E-2.20, Nr. 385.

Fig. 3: Martin Göhring, The Bamum King Njoya with two of his big men, 1905/1912, BMA, E-30.29.044.

with the Fulbe of Banyo. To express their commitment to their new allies, the King, his courtiers, and most of the royal wives converted to Islam and adopted Hausa-style clothing in 1897.[53]

The picture highlights the Basel Mission's ambiguous attitude towards German colonialism.[54] The clothes, helmet and firearm displayed by Martin Göhring and his son sitting on his lap indicate that they are agents of German imperialism. Simultaneously, the confident pose of Njoya and the proximity between him and the missionaries testify to the bond that had developed between them. King Njoya, who took great interest in literacy, had created a script for the Bamum language, which Martin Göhring had translated into

53 Claude Tardits, Pursue to Attain. A Royal Religion, in: Ian Fowler/David Zeitly (eds.), African Crossroads. Intersections between History and Anthropology in Cameroon, Oxford 1996, p. 141–163.

54 Christraud M. Geary, Images of Bamum: German Colonial Photography at the Court of King Njoya, Cameroun, West Africa 1902–1915, Washington 1988.

Fig. 4: Martin Göhring, Missionaries with the Chief, 1908/1911, BMA, E-30.29.032.

German. Göhring explained that while Njoya's "political acumen" had made him a friend of the German colonial government, it was "his quest for knowledge of the highest things" and "his sincere search for truth" that had fostered his friendship with the Basel Mission.[55]

The arrival of the Germans in Bamum in 1902 opened up new economic and political opportunities for Njoya, who consequently ceased wearing Hausa garments, at least temporarily.[56] The Bamum King, much like Fonyonga II, sought to form an alliance with the German colonial government. The gradual deterioration of the partnership between the *fon* of Bali-Nyonga and the Germans meant that they increasingly relied on Njoya's cooperation. He supplied labour for the coastal plantations and porters for the frequent transport of rubber and other commodities to the coast.[57]

55 Martin Göhring, Die Bamum-Schrift, in: Der evangelische Heidenbote 80 (1907) 11, p. 83–86, here p. 86.

56 On the relationship between Njoya and the German government see Stefanie Michels, Die deutsche Uniform König Njoyas. Koloniale Ordnungsbehauptungen im Perspektivwechsel (1884–1914), in: Themenportal Europäische Geschichte (2013), www.europa.clio-online.de/essay/id/artikel-3737 (last access: 30.4.17).

57 Emmanuel Matateyou, King Njoya and the Kingdom of Bamum in German-African Rela-

In an attempt to secure Bamum's leadership in the region, Njoya deployed auxiliary troops for a German military campaign in 1906, which served both his own interests and the German's strategies for expansion. He expressed his affiliation with his new German allies by initiating a gift exchange with ivory and artworks. The Germans reciprocated with portraits of the Kaiser, flags, firearms, music boxes and mugs. Gifting valuable and often flamboyant presents was an established form of diplomacy between neighbouring chiefs in the Cameroon Grasslands. These gifts materially represented the political alliance between equal partners, in this case the Kaiser and King Njoya.[58]

This shift in political alliance manifested itself in the establishment of weaving and tailoring workshops at the palace, allowing the people of Bamum not only to gain independence from the Hausa traders but also create their own style of clothing. The Basel missionary Eugen Schwarz reported in 1910:

> Another craft is tailoring. In this, too, the Bamum accomplish great things. Previously the King and his people purchased their garments entirely from the Hausa at great expense. […] Recently, however, a superior agency has been urging the King to invent his own outfit and he has now invented it and had it made in his own tailor workshops, which inconvenience the Hausa. […] The latest Bamum clothing is much more beautifully made than what they used to get from the Hausa, particularly the embroidery, which is not only beautifully but precisely executed. When you consider that, in earlier times, the Bamum dressed in bark cloth, you cannot help calling attention to this progress.[59]

Njoya's tailor workshops were the perfect illustration of how the Basel Mission conceived progress: they curbed the Muslim traders' sphere of influence, they promoted local handicraft and they allowed for what the mission considered decent clothing. The Basel Mission thus naturally supported the project by instructing missionary wives to teach the princesses, royal wives and female pupils the art of spinning and sewing.[60] What's more, the Basel Mission also

---

tions 1902–1905, in: David McBride/Leroy Hopkins/C. Aisha Blackshire-Belay (eds.), Crosscurrents: African Americans, Africa, and Germany in the Modern World, Columbia 1998, p. 152–158.

58 Christraud M. Geary, Political Dress. German-Style Military Attire and Colonial Politics in Bamum, in: Ian Fowler/David Zeitly (eds), African Crossroads. Intersections between History and Anthropology in Cameroon, Oxford 1996, p. 164–192.

59 Eugen Schwarz, Bericht aus Bamum, Kamerun 1910, BMA, E-2.32, Nr. 63.

60 Briefe und Berichte aus Bamum, Kamerun 1906, BMA, E-2.22, Nr. 273–282.

benefited financially from the establishment of the workshops. The King ordered cloths and fabrics from the Basel Mission's store in Victoria, worth 3,000 Marks in 1906 alone; the cash that used to end up in Hausa pockets was now going to the mission.[61]

Bamum tailors started producing German-style military uniforms in these workshops in 1905.[62] They took inspiration from the uniforms of the *Schutztruppe,* as well as photographs and official imagery. The most famous Bamum uniforms – reminiscent of those of the Black Hussars – were designed by King Njoya himself based on photographs he had seen in the German magazine *Die Woche.*[63] These uniforms were not exact copies, but rather innovative interpretations of German-style clothing. Creative adaptions, including beaded epaulets and belts, showcased the inventiveness of the Bamum tailors and embroiderers whom King Njoya had brought together at his palace.

By blurring the differences between African and European clothing styles, Njoya questioned the disparity between colonisers and colonised. Anne McClintock has argued that clothes are "the visible signs of social identity" but also "permanently subject to disarrangement and symbolic theft."[64] By transforming and appropriating German military uniforms, Njoya unlocked the subversive potential of clothes. The German colonial officials perceived Njoya's uniforms as a degrading imitation or inappropriate mimicry of European dress. In fact, it was the German administration that had originally given military regalia to Njoya but the ambiguity of the uniforms produced at the palace in Fumban posed a threat to the colonial project, which relied on a dichotomous worldview and promised clear distinctions. In August 1908, the German colonial government, represented by Lieutenant Menzel, travelled to Fumban and ordered Njoya to abolish his uniformed guards.[65]

Unlike the colonial administration, the Basel missionaries who lived in Fumban welcomed German-style clothes, not only because they were produced in local workshops, but also because they looked proper and orderly, and because they admired Njoya's inventiveness and creativity.[66] They feared that the

61 Eugen Schwarz, Bericht aus Bamum, Kamerun 1910, BMA, E-2.32, Nr. 63.

62 Victoria L. Rovine, African Fashion, Global Style: Histories, Innovations, and Ideas You Can Wear, Bloomington 2015, p. 9–11.

63 Geary, Political Dress, p. 180.

64 McClintock, Imperial Leather, p. 67.

65 Geary, Political Dress, p. 187.

66 For further evidence see Paul Jenkins, Bamum 1906–1915: A Royal Architect, His Missionary Builder and a Historical Relationship in Need of a Substantial Present-Day Re-Assessment, in:

prohibition of Bamum uniforms would put the mission's progress at risk, as Göhring expressed it:

> Njoya got rid of his soldiers, bought nothing but Hausa garments and put away anything European. We feared for our entire work here since, in addition, our female pupils declared that they no longer wanted to learn how to sew. We therefore wrote a petition to the Governor to rescind First Lieutenant Menzel's order because its consequences would threaten our entire work and open the door for the intrusion of Islam.[67]

As a result of the Basel missionaries' intervention, Menzel rescinded his order and permitted the King continued use of his guards on condition that they did not imitate military honours, engage in military drills or carry arms. The soldiers were ordered to be Njoya's messengers and could not be deployed outside the Kingdom. However, with these restrictions, the raison d'être for the guards had, from the Bamum point of view, been abolished. Njoya and his court subsequently turned away from the colonial government and abandoned German-style uniform regalia. From late 1908, they turned to the Fulbe – their former allies – and wore Hausa-style dress and adornment again.[68] King Njoya and the Bamum elites had carefully constructed their identity in the German colony by adopting and transforming German-style uniforms. In dress, Bamum actors found one mode of expressing their agenda. Commodities such as clothes may therefore facilitate a better understanding of African experience and actions during the colonial period.

Conclusion

This article has shown how mission history benefits from integrating commodity culture in its methods of analysis by deploying three empirical examples. Firstly, commodities provide material evidence of how mission societies and missionaries participated in colonial trade, science and culture. Tropical hy-

---

Geert Castryck/Silke Strickrodt/Katja Werthmann (eds.), Sources and Methods for African History and Culture. Essays in Honour of Adam Jones, Leipzig 2016, p. 239–253.

67 Martin Göhring, Reise nach Duala mit König Njoya, Kamerun 1908, BMA, E-2.28, Nr. 64.

68 For a detailed account see Adamou Ndam Njoya, Njoya: réformateur du royaume Bamoun, Paris 1977.

giene became a busy marketplace around 1900 with handbooks, advertisements and exhibitions promoting and competing in selling commodities for the tropics. The Basel Mission doctors used their reputation as experts in the field of tropical hygiene to disseminate missionary ideas through their popular medical handbooks. The peculiar image of the tropics served as a potent framework in which to promote a Protestant code of conduct that linked physical behaviour and moral values. The study of commodity culture thus exposes the religious fabric of both scientific and colonial knowledge on tropical hygiene.

Secondly, missionary commodities testify to processes of transfer, entanglement and exchange between West Africa and Europe around 1900. The photographs of Basel missionaries wearing African clothes and adornment originated in cross-cultural encounters and were highly polyvalent. Yet mission propaganda generally obscured the interactive, often ambiguous, nature of the missionary encounter, revealing very different purposes of knowledge-making abroad and at home. Texts, photographs and commodities were edited, annotated and framed for European consumers. Historians dealing with mission sources must therefore uncover the various meanings attributed to commodities by tracking the physical spaces in which they were exchanged.[69]

Thirdly, the example of King Njoya shows that a critical reading of commodity culture successfully counters the power disparities in the making of missionary knowledge. Commodities offer a way to recover the agency of African actors in cross-cultural encounters around 1900. The mimicry of European clothing was one way for colonial subjects to create ambiguity, object to colonial attributions and appropriate new cultural spaces. King Njoya's adaptation of German-style uniforms throws a different light on German colonialism by exposing its vulnerability and fragility. Mission archives thus constitute a valuable resource for historians interested in the material, social and cultural dimensions of colonialism. Their rich non-written collections facilitate a more differentiated approach to colonial history than most manuscripts and publications.

Mission history and commodity culture break through national and colonial borders and thus facilitate a comparative perspective on the colonial period. The Basel missionaries in West Africa, who came from Switzerland and

69 On the changing meanings of objects see Thomas Nicholas, Entangled Objects. Exchange, Material Culture and Colonialism in the Pacific, Cambridge et al. 1991; Laurel Thatcher Ulrich/Ivan Gaskell/Sara J. Schechner/Sarah Anne Carter/Samantha S. B. van Gerbig (eds.), Tangible Things. Making History Through Objects, New York 2015.

Germany, worked on the Gold Coast, a British colony, and in Cameroon, a German colony. Although they accommodated certain German and British interests in their mission fields, the networks in which they operated were transnational. That is not to say that national affiliations and colonial sympathies were irrelevant, especially in view of the First World War, but the Basel Mission considered and promoted itself as a supranational organisation.[70]

Acknowledging the role of mission societies and missionaries in the formation of commodity culture bridges the historiographical divide between the disciplines of history and mission history, which is no longer the exclusive research subject of missiology or church history. The history of the Basel Mission shows that material matters were not simply outward things subordinate to inward faith. Despite Protestantism's emphasis on the Word, it is clear that 19th century Protestant mission activities also focused on more mundane, material matters.[71] While focus on the sober and ascetic lifestyle – described by Max Weber as the key feature of Protestantism – has obscured the many entanglements of mission history, the study of commodity culture demonstrates that the missionary encounter had consequences that were both cosmological and material.

70 See Matthäus Feigk's article in this volume.

71 See for instance Comaroff/Comaroff, Of Revelation and Revolution, vol. 2, ch. 4; Kirsten Rüther, The Power Beyond. Mission Strategies, African Conversion and the Development of a Christian Culture in the Transvaal, Hamburg 2001, ch. 8; Tony Ballantyne, Entanglements of Empire. Missionaries, Māori and the Question of the Body, Durham/London 2014, ch. 3.

Annika Dörner

»Von einer seltsamen Missionsreise«

Die *poetics* und *politics* einer Ausstellung

> Von einer seltsamen Missionsreise. Nach den Sommer-Ferien haben wir sie gemacht, diese seltsame Reise. Nicht in Gedanken, aber auch nicht ganz in der Wirklichkeit, nur beinahe. Das Reisegeld war billig. Große Leute brauchten nur 50 Pfg. dazu, kleine Leute die Hälfte. Und wer mit einer Schule reiste, konnte sich die Fahrkarte für 10 oder 20 Pfg. kaufen. Alles reiste in derselben Klasse und alle bekamen auch dasselbe zu sehen. Freilich, manchmal war es, wie in einem vollgestopften Eisenbahnwagen; man hatte ordentlich Mühe, einen Ausguck zu tun. Doch das klingt ja alles wie ein Rätsel, ist aber keines. Ich sage im Ernst: Wer mit auf die Reise ging, ist in Sumatra gewesen und in Borneo, hat in ein bienenkorbartiges Herero-Haus hineinkriechen können. Ja, am Schluss ist er gar durch eine ganze Chinesen-Stadt gewandert.[1]

So beginnt Gottlob Mundle, Herausgeber und Hauptautor des *Kleinen Missionsfreundes,* der Kinderzeitschrift der Rheinischen Missionsgesellschaft, seine Beschreibung der *Völkerkundlichen Ausstellung der Rheinischen Missionsgesellschaft,* die als Wanderausstellung zwischen 1913 und 1914 in Barmen, Düsseldorf und Mönchengladbach zu sehen war. Die Zurschaustellung des Außereuropäischen – oder vielmehr einer bestimmten Version davon – war ein ebenso bekanntes wie beliebtes Phänomen der Zeit.[2] Mit dem Topos, den Ausstellungsbesuch als eine weltumfassende, erschwingliche Reise zu beschreiben, lag die Rheinische Mission ganz auf der Höhe der Zeit. So bewarb etwa Carl Hagenbeck seine Völkerschauen mit Slogans wie »Für 50 Pfennig um die

1 Gottlob Mundle, Von einer seltsamen Missionsreise, in: Der Kleine Missionsfreund 58 (1913), S. 162–176, hier S. 162. Für Anregungen, Rückmeldung und ausgesprochen hilfreiche Kritik und Vorschläge möchte ich mich an dieser Stelle bei Karolin Wetjen und Linda Ratschiller bedanken.

2 Vgl. Hilke Thode-Arora, Exotic Humans on Display. Representations of Cultural Differences in German Ethnic Shows, in: Sebastian Jobs/Gesa Mackenthun (Hg.), Embodiments of Cultural Encounters, Münster 2011, S. 141–160, hier S. 146.

Welt«.[3] Die Mission bot für dasselbe günstige Eintrittsgeld eine Reise an, deren Ziel die Missionsgebiete waren. Sie präsentierte die Welt im Gegensatz zu Hagenbecks Veranstaltungen nicht durch die dortigen Bewohner und Bewohnerinnen hinter Absperrzäunen, sondern durch Objekte aus diesen Gebieten.

Objekte aus der außereuropäischen Welt waren zeitgenössisch aus den Völkerkundemuseen bekannt.[4] Die Mission bezog sich auf diese als modern und wissenschaftlich geltenden Institutionen mit dem Namen ihrer Ausstellung, die sie als »völkerkundliche Ausstellung« vermarktete. Sie popularisierte ethnologisches Wissen, bot kommerzielle Unterhaltung und produzierte so Bilder des Fremden. Die Missionsausstellung reihte sich in zeitgenössische Ausstellungsmuster ein, warb aber gleichzeitig für religiöse Inhalte. Wie im Vorwort des Führers zur Ausstellung dargelegt, bestand das Ziel der Ausstellung darin, das Verständnis für die Mission und ihre Arbeit zu heben.[5] Das Eingangszitat von der »seltsamen Missionsreise« verweist darüber hinaus auf die Heterogenität des Publikums: Angesprochen wurden nicht nur der Mission mehr oder weniger zugetane Erwachsene, sondern auch bewusst Kinder.

Ob nun für die unterhaltsame »Missionsreise« oder für die »völkerkundliche Ausstellung«, grundlegend waren die Objekte der Ausstellung. Während Forschungen zu globalen Objekten, ihrer Zirkulation und ihrer Präsentation in Europa Konjunktur haben,[6] wurde das Potenzial, Objekte und Mission zusammenzudenken, noch kaum ausgeschöpft. Die Mission ist in ihrer Bedeutung für eine globale Zirkulation von Dingen und das damit verbundene Aushandeln von neuen Räumen und Vorstellungen viel beachtet worden, etwa in ihrer Rolle als Brokerin für ethnologische Objekte.[7] In Europa waren diese Objekte

3 Hilke Thode-Arora, Für fünfzig Pfennig um die Welt. Die Hagenbeckschen Völkerschauen, Frankfurt a. M./New York 1989.

4 Vgl. beispielsweise Anja Laukötter, Das Völkerkundemuseum, in: Alexa Geisthövel/Habbo Knoch (Hg.), Orte der Moderne. Erfahrungswelten des 19. und 20. Jahrhunderts, Frankfurt a. M./New York 2005, S. 218–227.

5 Gottlob Mundle, Völkerkundliche Ausstellung der Rheinischen Mission, Barmen ca. 1913, S. 3.

6 Siehe z. B. Anne Gerritsen/Giorgio Riello (Hg.), The Global Lives of Things. The Material Culture of Connections in the Early Modern World, London/New York 2016; John McAleer/John M. MacKenzie (Hg.), Exhibiting the Empire. Cultures of Display and the British Empire, Manchester 2015.

7 Vgl. Harriet Völker, Missionare als Ethnologen. Moritz Freiherr von Leonhardi, australische Mission und europäische Wissenschaft, in: Reinhard Wendt (Hg.), Sammeln, Vernetzen, Auswerten. Missionare und ihr Beitrag zum Wandel europäischer Weltsicht, Tübingen 2001, S. 172–218.

und ihre Präsentation zentral für die Konstruktion von Vorstellungen und Bildern vom Außereuropäischen und den Menschen, die dort lebten. Dass dem Sammeln bestimmte Vorannahmen und Absichten zugrunde lagen, die diesen Prozess und damit die Auswahl oder eben Nichtauswahl der in Museen oder Missionskoffern zu bestaunenden Dinge strukturierten, ist bekannt.[8] Dass aber mit der Ankunft in Europa das *social life*[9] der Dinge keineswegs aufhörte und dass die Bedeutungen, die sie dort annahmen, die ihnen zugeschrieben oder abgesprochen wurden, bedeutsam und wirkmächtig waren,[10] damit steht die Missionsgeschichte noch am Anfang. Eine Beschäftigung mit den Dingen der Mission und ihrer Präsentation muss weit hinausgehen über die wenigen Arbeiten in diesem Feld, die oft institutionsgeschichtlich oder katalogisch über die Sammlungen der verschiedenen Missionen und ihre zahlreichen Missionsmuseen berichten.[11]

Auch die Rheinische Missionsgesellschaft führte ein solches Missionsmuseum,[12] in dem ganz unterschiedliche Dinge – ein ausgestopftes Krokodil etwa oder Ethnografica und Schmuck aus den Missionsgebieten, aber auch in den Missionsschulen produzierte Pfeifen – zu besichtigen waren.[13] Die Sammlung war wie die meisten Bestände von Missions- und Völkerkundemuseen über die Zeit nach und nach gewachsen, sodass sich verschiedene Schichten von Bedeutungszuweisungen überlagerten und analytisch nur mit viel Mühe zu trennen sind.[14] Gerade die »völkerkundliche Ausstellung«, wie sie zwischen 1913 und

8 Vgl. Rosemary Seton, Reconstructing the Museum of the London Missionary Society, in: Material Religion 8 (2015) 1, S. 98–102.

9 Zu diesem Konzept vgl. Arjun Appadurai (Hg.), The Social Life of Things. Commodities in Cultural Perspective, Cambrige/New York/Melbourne 1986.

10 Vgl. zu sich wandelnden Bedeutungen von Objekten und dem dahinterliegenden Paradigmenwechsel in der Völkerkunde Anja Laukötter, Von der »Kultur« zur »Rasse« – vom Objekt zum Körper? Völkerkundemuseen und ihre Wissenschaften zu Beginn des 20. Jahrhunderts, Bielefeld 2007.

11 Vgl. beispielsweise Museum der Kulturen Basel (Hg.), Mission Possible? Die Sammlung der Basler Mission – Spiegel kolonialer Begegnungen, Basel 2015; Alexandra Wessel, Museale Ethnologie und die Südseesammlung im Missionsmuseum Liefering, Saarbrücken 2008.

12 Vgl. Ed. Kriele, Geschichte der Rheinischen Mission. Die Rheinische Mission in der Heimat. Zugleich ein Stück westdeutscher Kirchengeschichte, Barmen 1928, S. 136.

13 Vgl. Anonym, Ein Museumsbesuch, in: Barmer Missionsblatt 26 (1860), S. 21.

14 Vgl. zu diesem Problem etwa Sharon Macdonald, Expanding Museum Studies. An Introduction, in: dies. (Hg.), A Companion to Museum Studies, Malden 2006, S. 1–12, bes. 2f.; Clara Schlichtenberger, Die Ordnung der Welt. Die Sammlungs-Grammatik Victor Goldschmidts, des Gründers der völkerkundlichen Sammlung der Von-Portheim-Stiftung in Heidelberg, und die seiner Kuratoren, Pfaffenweiler 1998.

1914 stattfand, ist als relativ punktuelles Ereignis jedoch geeignet, neue Einblicke und Erkenntnisse zu erlangen, die über eine bloße Auflistung gesammelter Gegenstände hinausreichen. Zentral für eine Ausstellung ist dabei, wie welche Objekte ausgestellt und präsentiert werden und mit welchen Bedeutungen sie versehen werden. Kurzum, wie inszenierte die Mission die Welt und ihre eigene Bedeutung?

Jeder Inszenierung liegen dabei neben einer bewussten Objektauswahl Deutungen und Absichten zugrunde. Und – worauf etwa Gottfried Korff mit Nachdruck hingewiesen hat – in jeder Inszenierung entstehen bei dem zueinander Inbeziehungsetzen von Objekten Bedeutungen, die sich nicht in Gänze kontrollieren lassen, da Objekte selbst auch wirken und in verschiedene Netzwerke, Geschichten und Bedeutungszusammenhänge eingebunden sind.[15] So darf in der Analyse die Macht der Dinge, deren Potenzial sich nie vollkommen einhegen lässt, nicht außer Acht gelassen werden.[16] Darüber hinaus stellen Inszenierungen nicht nur eine intellektuelle Leistung dar, sondern wirken ebenso ästhetisch. Anke te Heesen beispielsweise betont zurecht, dass sowohl ästhetische als auch theoretische Positionen Konsequenzen für die Präsentation von Objekten haben.[17] Die sogenannten *poetics* und *politics* sind daher zentral für die Analyse von Inszenierungen und Ausstellungen.[18]

Die Missionsausstellung rief einen medialen Widerhall nicht nur in der missionseigenen, sondern vor allem auch in der Lokalpresse hervor, der es ermöglicht, sich den direkten und indirekten Effekten dieser Präsentation zu nähern. Welches Bild entstand auf der Ausstellung von der Mission? Entsprachen die Reaktionen der Besucherinnen und Besucher den Intentionen der Ausstellungsgestalter? Wie können Missionsquellen, wie der einleitend zitierte

---

15 Vgl. Gottfried Korff, 13 Dinge. Form, Funktion, Bedeutung, in: ders./Martina Eberspächer/Bodo-Michael Baumuk (Hg.), Museumsdinge. Deponieren – exponieren, Köln 2002, S. 283–297; ders., Dimensionen der Dingbetrachtung. Versuch einer museumskundlichen Sichtung, in: Andreas Hartmann et al. (Hg.), Die Macht der Dinge. Symbolische Kommunikation und kulturelles Handeln, Münster 2011, S. 11–26.

16 Vgl. etwa Karl-Heinz Kohl, Die Macht der Dinge. Geschichte und Theorie sakraler Objekte, München 2003; Andreas Hartmann et al. (Hg.), Die Macht der Dinge. Symbolische Kommunikation und kulturelles Handeln, Münster 2011.

17 Vgl. Anke te Heesen/Petra Lutz, Einleitung, in: dies. (Hg.), Dingwelten. Das Museum als Erkenntnisort, Köln 2005, S. 11–24.

18 Martina Eberspächer, Korffs Museumsdinge. Zur Einführung, in: Gottfried Korff/Martina Eberspächer/Bodo-Michael Baumunk (Hg.), Museumsdinge. Deponieren – exponieren, Köln 2002, S. ix–xiv; Ivan Karp/Steven D. Lavine (Hg.), Exhibiting Cultures. The Poetics and Politics of Museum Display, Washington 2006.

Kleine Missionsfreund oder der offizielle Führer durch die Ausstellung ebenso wie Berichte aus Lokal- und Regionalzeitungen, so gelesen werden, dass sich Schlüsse über die wahren Absichten und tatsächlichen Rezeptionen der Ausstellung ziehen lassen?

Die *museum studies* halten für diese Fragen ein theoretisches Instrumentarium bereit,[19] das es ermöglicht, die intellektuelle epistemische Anordnung von Objekten – die *politics* – mit ihrer ästhetischen und emotionalen Wirkung – den *poetics* – analytisch zu verbinden. Solche Analysen von Ausstellungen schaffen die Voraussetzung, wie etwa Barbara Kirshenblatt-Gimblett[20] oder Martin Hall[21] gezeigt haben, sowohl die Erlebnisangebote an die Besucher als auch die zugrundeliegenden Absichten der Ausstellungsmacher zu untersuchen. Dadurch geraten nicht nur die Objekte in ihrer Materialität, ästhetischen Wirkung und Inszenierung in den Fokus, sondern auch spezifische Präsentationsweisen und ihre Wechselbeziehungen zu Diskursen und Narrativen der Ausstellung ebenso wie die Menschen, die die Ausstellung besuchten. Denn, und auch das haben die *museum studies* gezeigt: Das Publikum und seine *agency* dürfen nicht vergessen oder unterschätzt werden.[22] Die Analyse einer Inszenierung sollte sich, wenn auch unter Vorbehalt, den Besucherinnen und Besuchern und ihrer Rezeption annähern und überprüfen, inwiefern diese mit der intendierten Wirkung übereinstimmt, über sie hinausgeht oder ihr widerspricht.[23]

---

19 Die *museum studies* sind ein interessantes, vielfältiges und interdisziplinäres Forschungsfeld, vgl. Sharon Macdonald (Hg.), The Politics of Display. Museums, Science, Culture. London 2001; dies. (Hg.), A Companion to Museum Studies, Malden 2011; Karp/Lavine (Hg.), Exhibiting Cultures.

20 Vgl. Barbara Kirshenblatt-Gimblett, Destination Culture. Tourism, Museums, and Heritage, Berkeley 2005.

21 Vgl. Martin Hall, The Reappearance of the Authentic, in: Iven Karp/Corinne Ann Kratz/Lynn Szwaja/Tomás Ybarra-Frausto (Hg.), Museum Frictions. Public Cultures, Global Transformations, Durham 2006, S. 70–101.

22 Vgl. Robert W. Rydell, World Fairs and Museums, in: Sharon Macdonald (Hg.), A Companion to Museum Studies, Malden 2011, S. 135–151.

23 Vgl. etwa Peter H. Hoffenberg, An Empire on Display. English, Indian, and Australian Exhibitions from the Crystal Palace to the Great War, Berkeley 2001, der feststellt: »Although their official authors intended only one reading, my study suggests that there were many, some of which competed with one another.« (S. xviii); Aber auch Schlichtenberger, Ordnung der Welt, S. 16; Wintle zeigt für die Besucher in Brighton, wie sie ihre fantasievollen Vorerfahrungen aus der Welt des Bazars ins Museum trugen: Claire Wintle, Colonial Collecting and Display. Encounters with Material Culture from the Andaman and Nicobar Islands, New York 2013, bes. S. 183–191.

Die Ästhetik der Objekte und ihre Inszenierung

> Auf dem Platze an der Ostseite der Stadthalle ist seit einigen Tagen eine eigenartige große Hütte errichtet, die das Interesse der zahlreichen Spaziergänger in den Anlagen in Anspruch nimmt; es ist ein Original-Papua-Haus, ein sog. Männer- und Dorf-Versammlungshaus eines Papua-Dorfes in Deutsch-Neu-Guinea (Kaiser-Wilhelms-Land).[24]

Dieses Zitat aus dem *Barmer Anzeiger* illustriert die Fähigkeit des Papuahauses, das als erstes Objekt der Ausstellung wegen seiner Größe sogar vor der Stadthalle Barmens aufgebaut werden musste, die Aufmerksamkeit der Spaziergänger ebenso wie zahlreicher Besucherinnen und Besucher der Ausstellung auf sich zu ziehen (Abb. 1). Das Papuahaus verdeutlicht die Macht der Dinge und hebt die Bedeutung der Materialität hervor, etwa in ihrer Fremdartigkeit und Größe. Objekte verfügen über eine sinnliche Appellwirkung und betören durch diese in ihrer stimmungsvollen Inszenierung im Raum.[25] Diese ästhetische und emotionale Wirkung der Objekte – die *poetics* einer Ausstellung – sind daher ein wesentlicher Teil der Besuchererfahrung.

Das Papuahaus übte eine starke sinnliche Wirkung aus, von der Art wie Stephen Greenblatt sie als »wonder« charakterisiert, die »power of the displayed object to stop the viewer in his or her tracks«.[26] Auch im Sinne von dem, was Gottfried Korff unter »Beeindruckungsding«[27] versteht, lassen sich das Papuahaus und die anderen authentischen Gegenstände der Missionsausstellung beschreiben. Diese Beeindruckungsdinge verfügten über die Macht, ihre Betrachter zu verwundern und zu faszinieren. Diese Faszination wiederum generierte Aufmerksamkeit, nicht nur für die Objekte selbst, sondern auch für die Ausstellung und damit letztlich für die Mission. Hier verknüpfte sich die Wirkung der Objekte mit den Absichten der Rheinischen Missionsgesellschaft,

---

24 Anonym, Völkerkundliche Ausstellung der Rheinischen Mission, in: Barmer Anzeiger, 20. 9.1913.

25 Vgl. Gottfried Korff, Betörung durch Reflexion. Sechs um Exkurse ergänzte Bemerkungen zur epistemischen Anordnung von Dingen, in: Anke te Heesen/Petra Lutz (Hg.), Dingwelten. Das Museum als Erkenntnisort, Köln 2005, S. 89–107, hier bes. S. 104–107.

26 Stephen Greenblatt, Resonance and Wonder, in: Ivan Karp/Steven D. Lavine (Hg.), Exhibiting Cultures. The Poetics and Politics of Museum Display, Washington 2006, S. 42–56, hier S. 42.

27 Gottfried Korff, Objekt und Information im Widerstreit. Die neue Debatte über das Geschichtsmuseum, in: ders./Martina Eberspächer/Bodo-Michael Baumunk (Hg.), Museumsdinge. Deponieren – exponieren, Köln 2002, S. 113–125, hier S. 119.

Abb. 1: Gottlob Mundle, Von einer seltsamen Missionsreise, in: Der Kleine Missionsfreund 11 (1913), S. 164.

die mit der Ausstellung die Hoffnung verband, »neue Kräfte zur Mitarbeit zu gewinnen zur Förderung und Ausbreitung eines von Gott so sichtbar gesegneten Werkes.«[28]

Die Rheinische Missionsgesellschaft nutzte die Ausstellung als Mittel, um für materielle und politische Unterstützung zu werben – eine Unterstützung, auf die sie genauso wie andere Missionsgesellschaften dringend angewiesen war, nicht nur um Nachwuchs für die eigenen Reihen zu finden, sondern auch um sich zu finanzieren. In diesen Zusammenhängen hatte sich die »ethnologische Ausstellung« der Basler Missionsgesellschaft, von der sich die Rheinische Mission hatte inspirieren lassen, als sehr erfolgreich erwiesen.[29] Das Medium der Ausstellung diente zeitgenössisch vielen Akteuren und Organisationen als Werbebühne, um ihre Ziele mithilfe dieses Massenmediums zu popularisieren und dabei erfolgreich auf das Faszinationspotenzial exotischer Objekte zurückzugreifen, wie etwa an den zahlreichen Kolonial- und Weltausstellungen deutlich wird. Dass sich ein solches Unternehmen zudem auch finanziell lohnen konnte,

28 Mundle, Völkerkundliche Ausstellung der Rheinischen Mission, S. 4.

29 Vgl. Kriele, Geschichte der Rheinischen Mission, S. 328: »Da tauchte der Gedanke auf, es der Basler Missionsgesellschaft nachzutun und aus den reichen Schätzen des Museums eine Auswahl zu treffen und diese dann an verschiedenen Orten zur Anschauung zu bringen.«

verdeutlicht der Erfolg der – allerdings anders ausgerichteten – Völkerschauen Carl Hagenbecks.[30]

Die überlieferten Beschreibungen eines Silums, eines hölzernen Ahnenbildes aus Papua, verdeutlichen, wie sehr die ausgestellten Dinge auf die Besucherinnen und Besucher der Missionsausstellung faszinierend wirkten:

> Neben ihm das groteske Ahnenbild, der übermannshohe Silum, ein wahres Prachtstück primitiver Kunst des Volkes von der Astrolabebai in Deutsch-Neuguinea. Wir schreiten dann hinüber zu dem dazugehörigen Raum, aus dem uns noch zwei solcher Ahnenfiguren von der Insel Dampier anstarren, alt und häßlich, aber um so interessanter.[31]

Genauer auf das Aussehen geht *Der Kleine Missionsfreund* ein: »Da was ist denn das? Vor uns erhebt sich eine mächtige Holzfigur, fast schrecklich anzusehen, rot, weiß und schwarz bemalt.«[32] Die Farbgebung, die bis heute zur eindrucksvollen Erscheinung der Figur im Museum auf der Hardt beiträgt,[33] wird auch in der *Gladbacher Zeitung* betont, die zudem sowohl auf das Material als auch die Seltenheit des Silums näher eingeht:

> Aber was neben ihm steht, wird ein weißer Mann draußen selten oder nie zu Gesicht bekommen: die höchst originelle Ahnenfigur, der Silum, weiß und rot bemalt, aus schwerem Eisenholz gearbeitet. Man muß gestehen, die Figur hat Charakter; die beiden anderen von der Insel Dampier freilich nicht minder.[34]

Diese Figuren wirkten ästhetisch – ob sie nun als »hässlich« oder als »Charakter« bewertet wurden – und ihre Wirkung auf die Besucherinnen und Besucher wurde durch ihre Inszenierung noch intensiviert. Die Dinge, die hier so eindrucksvoll faszinierten, wirkten, weil sie fremdartig und selten waren und

30 Vgl. Hilde Thode-Arora, Exotic Humans on Display. Representations of Cultural Differences in German Ethnic Shows, in: Sebastian Jobs/Gesa Mackenthun (Hg.), Embodiments of Cultural Encounters, Münster et al. 2011, S. 141–160, hier bes. S. 144.

31 Anonym, Ein Rundgang durch die völkerkundliche Ausstellung, in: Gladbacher Zeitung, 20.6.1914.

32 Gottlob Mundle, Wie es in Düsseldorf auf der Missionsausstellung war, in: Der Kleine Missionsfreund 59 (1914), S. 95–112, hier S. 104.

33 Das Museum auf der Hardt ist das Museum der Vereinten Evangelischen Mission, in die die Rheinische Missionsgesellschaft 1971 aufging.

34 Anonym, Völkerkundliche Ausstellung, in: Gladbacher Zeitung, 23.6.1914.

oftmals in eine Geschichte eingebettet wurden. Diese drei Eigenschaften – die Fremdartigkeit, die Seltenheit und die Inszenierung – sind wichtige Aspekte dessen, was Walter Benjamin mit seinem Aura-Begriff fasst,[35] und konstituieren damit wesentlich das Faszinationspotenzial der Dinge und ihre Macht, die eigene Inszenierung mitzubestimmen.

Darüber hinaus weist das obige Zitat darauf hin, dass es keineswegs selbstverständlich war, diese Dinge in Barmen, Gladbach oder Düsseldorf zu Gesicht zu bekommen. Vielmehr war ihre Anwesenheit erklärungsbedürftig und etwas Besonderes. Die Anwesenheit dieser Objekte verwies auf die globalen Netzwerke der Rheinischen Mission, die es ihr ermöglichten, diese seltenen Stücke zu erwerben und ins Kaiserreich zu transportieren. Dieser Aspekt wurde etwa in Bezug auf das Papuahaus explizit gemacht, über das der Führer zur Ausstellung berichtete, man habe es zwar sehr günstig für fünf Mark erworben, der Transport jedoch kostete »mehrere hundertmal soviel«.[36] Im Vorfeld der Ausstellung hatte Mundle sich dieser Netzwerke auch bedient, um ganz gezielt bestimmte Objekte aus den Missionsgebieten für die Ausstellung anzufordern.[37]

Dass es der Rheinischen Missionsgesellschaft gelang, eine Ausstellung völkerkundlicher Objekte zusammenzustellen und zu präsentieren, überrascht nicht. Missionare lebten lange Zeit in ihren jeweiligen Missionsgebieten und machten sich zu Bekehrungszwecken eng mit den jeweiligen Gesellschaften vertraut.[38] Durch ihren langen und intensiven Aufenthalt im Außereuropäischen waren Missionare eine der wichtigsten Akteursgruppen, die ethnologisches Wissen generierten.[39] Auf der Ausstellung wurde deswegen deutlich, dass die Mission diese Objekte nicht nur besaß, sondern dass sie auch über detailliertes Wissen über sie verfügte. Sie inszenierte ihr Fachwissen über die Objekte oftmals in längeren Beschreibungen und Geschichten über die einzelnen Ausstellungsstücke, wobei stets die entsprechenden lokalen Bezeichnungen und Fachtermini verwendet wurden. Zudem handelte es sich bei den

35 Vgl. Walter Benjamin, Das Kunstwerk in Zeiten seiner technischen Reproduzierbarkeit, in: ders. (Hg.), Illuminationen. Ausgewählte Schriften, Frankfurt a. M. 1961, S. 148–184.

36 Anonym, Allerlei vom großen Missionsfelde, in: Barmer Missionsblatt 88 (1913), S. 87.

37 Rundschreiben vom 31.7.1912 von Missionar Hanke, Bongu (Neuguinea), Archiv der Rheinischen Missionsgesellschaft, 1.212 (Umbau des Museums), Bl. 1r.

38 Vgl. Reinhard Wendt, Einleitung, in: ders. (Hg.), Sammeln, Vernetzen, Auswerten. Missionare und ihr Beitrag zum Wandel europäischer Weltsicht, Tübingen 2001, S. 7–22.

39 Vgl. dazu Patrick Harries, Butterflies & Barbarians. Swiss Missionaries and Systems of Knowledge in South-East Africa, Oxford 2007; Rebekka Habermas, Wissenstransfer und Mission. Sklavenhändler, Missionare und Religionswissenschaftler, in: Geschichte und Gesellschaft 36 (2010), S. 257–284, hier S. 278–280, um nur einige Beispiele zu nennen.

Beschreibungen zum Teil um vermeintliches Geheimwissen, über das nur die Mission verfügte, beispielweise über sakrosankte Heiligtümer der Herero, die »zuvor nie von eines Weißen Auge erblickt worden« seien.[40]

Der Figur eines sogenannten indonesischen Zauberers, des Datu, wurden in der Ausstellung viele angeblich geheime, von der Mission entdeckte Informationen und Erklärungen beigefügt. So wurde etwa über den Stab des Datu in einer ausführlichen Geschichte beschrieben, dass dessen Macht von der grausamen Tötung eines unschuldigen Kindes mit glühendem Blei herrühre; eine gruselige Geschichte, bei der deutlich wird, dass sowohl die Auswahl der Objekte als auch die Entscheidung, welches Wissen in welcher Weise präsentiert und vermittelt wurde – oder eben auch nicht – bei der Mission lag. Solche schaurigen Geschichten, wie die über den Stab des Datu, aber auch zahlreiche andere, etwa über die ausgestellten Götzen, sagen mehr über die Intentionen und Kommunikationsstrategien der Mission als über tatsächliche rituelle Praktiken in den Missionsgebieten aus.

Nicht nur die Materialität, wie dies im Falle des Papuahauses schon aufgrund seiner Größe deutlich wird, oder die ästhetische Qualität, wie die der eindrucksvollen Gestalt des Silums, bestimmten die Inszenierung, sondern auch die *politics* – die Intentionen – der Ausstellungsmacher. Die Präsentation und das Arrangement dieser dreidimensionalen Objekte im Raum waren neben einem aufmerksamkeitserhaschenden Effekt mit einer Absicht und Aussage verknüpft. Gottfried Korff betont in seinen Arbeiten mit Nachdruck, dass Inszenierungen bedeuten, dass die Dinge nach Maßgabe einer Deutung absichtsvoll arrangiert und präsentiert werden, wodurch Ausstellungen Erkenntnis qua Anschauung vermitteln und dadurch Deutungsangebote und Erfahrungsorte schaffen.[41]

Die *poetics* und *politics* müssen also stets aufeinander bezogen werden. Am Beispiel des Silums lässt sich dies anschaulich nachvollziehen. So wirkte die schwarz-rot-weiße Figur zweifelsfrei ästhetisch und löste deswegen Reaktionen aus; in ihrer Inbeziehungsetzung zur Figur des Papuamanns entwickelte sich darüber hinaus auch eine intellektuelle Aussage über die religiösen Vorstellungen auf Papua, wie es *Der Kleine Missionsfreund* erläutert:

---

40 Mundle, Völkerkundliche Ausstellung der Rheinischen Mission, S. 38.

41 Vgl. Gottfried Korff, Zur Eigenart der Museumsdinge, in: ders./Martina Eberspächer/Bodo-Michael Baumunk (Hg.), Museumsdinge. Deponieren – exponieren, Köln 2002, S. 140–145, hier S. 144.

> […] und kommen zu dem Papuamann, der da neben seinem mächtig hohen Ahnengötzen steht. Der Mann ist zum Tanz geschmückt, als wolle er zu einem Feste gehen. Das Ahnenbild neben ihm scheint ihn wenig zu kümmern. So ist es bei den Papua.[42]

Das Zitat zeigt, dass sich die Missionsausstellung nicht in der Präsentation ästhetisch interessanter Kuriositäten erschöpfte. Sowohl die Inszenierung einzelner oder mehrerer zu einer Gruppe verbundener Objekte als auch die Ausstellung als Ganzes basierten auf den Deutungen der Mission. Die Zeigeabsicht und die durch Inszenierungen getroffenen Aussagen der Missionsausstellung – ihre *politics* – eröffnen also Einsichten in die Intentionen der Rheinischen Mission.

Der Gang durch die Ausstellung führte vorbei am Papuamann, der sich nicht um sein Ahnenbild kümmerte, zum Modell einer Chinesischen Stadt, wo unter anderem gezeigt wurde, wie Bettler und andere Bedürftige herzlos ignoriert wurden.[43] Anschließend wurden die Wohn- und Speisegewohnheiten der sogenannten »Heiden« als dunkel und unhygienisch dargestellt,[44] die Götzen im Papuahaus erschienen unheimlich,[45] zugleich wusste die Mission auch zu berichten, wie die Menschen diese für sie heiligen Dinge respektlos der Lächerlichkeit preisgaben.[46] Und schließlich repräsentierte der Stab des Datu das Töten unschuldiger Kinder im Namen der Zauberei. Die Aussagen, die sich aus diesen Inszenierungen herauslesen lassen können, variieren dabei vor allem ein Thema, dass auch der Führer explizit benennt: Sie verdeutlichen die Schrecken des »Heidentums« und erzählen davon, dass die »Heiden« ein pietätloses Leben führen würden und sogar durch »Aberglaube, Zauberei, Geisterfurcht, Hexenangst […] manches Menschenleben dem unglückseligen Wahn zum Opfer« falle.[47]

Doch die Ausstellung hörte hier nicht auf, es gab noch mehr zu sehen. Die *politics* der Mission erschöpften sich nicht darin, die Übel des »Heidentums« auf düstere, teils drastische Weise zu präsentieren. Anders als Völkerkundemuseen stellte die Mission nicht nur Dinge aus dem Außereuropäischen aus, sondern machte auch sich selbst und ihre Arbeit zum Gegenstand der Ausstellung.

---

42 Mundle, Von einer seltsamen Missionsreise, S. 169.

43 Vgl. Mundle, Wie es in Düsseldorf auf der Missionsausstellung war, S. 101.

44 Vgl. Mundle, Völkerkundliche Ausstellung der Rheinischen Mission, S. 7 und ders., Von einer seltsamen Missionsreise, S. 172.

45 Vgl. Mundle, Von einer seltsamen Missionsreise, S. 167.

46 Vgl. Mundle, Völkerkundliche Ausstellung der Rheinischen Mission, S. 26.

47 Ebd., S. 28.

Sie brach damit auf bedeutsame Weise mit Konventionen der Objektauswahl. So war die Mission selbst vertreten durch Modelle und Bilder von erfolgreichen Missionseinrichtungen im Außereuropäischen – Schulen,[48] Krankenhäusern,[49] Missionsstationen.[50] In Anbetracht der widrigen Lebensumstände auf den Missionsfeldern, die eindrucksvoll in Szene gesetzt wurden, musste schon das bloße Bestehen solcher Einrichtungen als Erfolg gelten. Die Mission lieferte mit Produkten aus ihren Handwerksschulen und Arbeitsproben aus den Missionsschulen darüber hinaus den unmittelbaren Beweis für die Früchte ihrer Arbeit.

Die Arbeitsproben von Missionsschülern waren so eindrucksvoll gelungen, dass sie den Vergleich mit deutschen Schularbeiten offenbar nicht scheuen mussten:

> Was man da draußen in den Tagesschulen und Handarbeitsstunden alles zustande bringt, ist auf langen Tischen ausgebreitet, und die Schreibhefte und Zeichenbücher, die Fibeln und Lesebücher, die Prüfungsarbeiten und Handfertigkeitserzeugnisse wandern von Hand zu Hand. Manches deutsche Kind im gleichen Alter macht es nicht besser als die schwarzen Kinder in Okahandja oder die braunen in Nias.[51]

So illustrierten kunstvolle Modelle und Proben aus den Missionsschulen den Erfolg der Missionare in ihren Missionsfeldern und verdeutlichten, dass die Menschen im Außereuropäischen in der Lage waren, durch die Mission angeleitet zu werden und so neben »christlicher Charakterbildung«[52] auch deutsche Tugenden wie »Zucht, Ordnung, Unterordnung, Pünktlichkeit, Gehorsam«[53] zu erlernen. Wichtig für das Menschenbild, das auf diese Weise präsentiert wurde, war, wie Linda Ratschiller feststellt, dass die Missionsschulen »den ultimativen Beweis« boten, »dass sogenannte Eingeborene fähig waren, ihrer heidnischen Umgebung zu entkommen und sich dem christlichen Leben zuzuwenden.«[54] Eine solche Zuwendung zum christlichen Leben war im missionarischen Narrativ nur durch die Anleitung kundiger Missionare möglich.

48 Vgl. ebd., S. 18.
49 Vgl. ebd., S. 48.
50 Vgl. ebd., S. 10.
51 Mundle, Von einer seltsamen Missionsreise, S. 170.
52 Mundle, Völkerkundliche Ausstellung der Rheinischen Mission, S. 18.
53 Ebd.
54 Linda Ratschiller, »Die Zauberei spielt in Kamerun eine böse Rolle!« Die ethnografischen Ausstellungen der Basler Mission (1908–1912), in: Rebekka Habermas/Richard Hölzl (Hg.),

Hier zeigt sich der paternalistische Fortschrittsgedanke der Mission, der die Menschen im Außereuropäischen wie »Kinder«, die von den Repräsentanten des »Heidentums« fehlgeleitet worden waren,[55] betrachtete; die aber dank der Unterweisung durch die Mission in der Lage waren, das Christentum und europäische Werte anzunehmen und so eine höhere Zivilisationsstufe zu erlangen. Dass die zu Missionierenden über die dafür nötigen Voraussetzungen verfügten, zeigte die Mission in der Ausstellung durch zahlreiche Handwerksprodukte.[56] Dazu gehörten neben kunstvoll gewebten Tüchern[57] und den 32 Häusern der Chinesenstadt[58] auch Alltagsgegenstände: »Und die Hüte, Körbe, Matten, Dosen, Kleider, Schwerter, Lanzen sagen uns etwas von der bewundernswerten Geschicklichkeit der braunen Leute in allerlei Handwerk und Kunst.«[59]

So wurde durch die Objektauswahl und ihre Inszenierung eine gewichtige Aussage getroffen: Nicht nur waren die Menschen außerhalb Europas in der Lage, sich und ihre Lebensweise zu verändern – zeitgenössisch durchaus keine Selbstverständlichkeit – es war der Mission sogar schon mit Erfolg gelungen, genau dies zu erreichen. Hier wird ein entschieden religiös geprägtes Menschen- und Weltbild deutlich, in dem durch die Macht des Christentums die Veränderung der als düster dargestellten Lebenssituation der Menschen in den Missionsgebieten möglich wurde, wenn sie sich ins Licht des Christentums begaben.

Auch in der ästhetischen Inszenierung, den *poetics,* wirkte diese Zeigeabsicht auf deutliche Weise. Viele der besonders seltenen, für lokale Glaubensvorstellungen ehemals bedeutsame Objekte, wie etwa das Herero-Grabmal, dessen Alter und Seltenheit betont wurde,[60] oder die Herero-Heiligtümer, die ein alter Mann einem Missionar überlassen hatte, wurden in ihrer Präsentation als singuläre, visuelle Höhepunkte, als Trophäen einer erfolgreichen Missionierung lesbar.[61] Die seltenen Ethnologica ebenso wie die Schularbeiten kün-

Mission Global. Eine Verflechtungsgeschichte seit dem 19. Jahrhundert, Köln/Weimar/Wien 2014, S. 241–264, hier S. 257.

55 Vgl. Annie E. Coombes, Reinventing Africa. Museums, Material Culture and Popular Imagination in Late Victorian and Edwardian England, New Haven 1994, S. 177.

56 Seton, Reconstructing the Museum of the LMS, S. 99.

57 Vgl. Mundle, Völkerkundliche Ausstellung der Rheinischen Mission, S. 14.

58 Vgl. Mundle, Von einer seltsamen Missionsreise, S. 172.

59 Ebd., S. 167.

60 Vgl. ebd.

61 Zur Bedeutung von Ethnologica als Trophäen der Mission vgl. auch Karen Jacobs/Chantal Knowles/Chris Wingfield (Hg.), Trophies, Relics and Curios? Missionary Heritage from Africa and the Pacific, Leiden 2015.

deten vom bisherigen und zukünftigen Erfolg der Mission trotz schwieriger Bedingungen. Diese zentrale Botschaft kam in den Berichten der Lokalpresse an und wurde von den Besuchern und Besucherinnen offensichtlich verstanden.[62]

Die Rheinische Missionsgesellschaft nutzte das populäre Interesse an der jungen, als modern geltenden Disziplin der Völkerkunde und die Faszination für exotische Dinge, um ihre Botschaften an ein möglichst großes Publikum zu bringen und neue Unterstützung zu gewinnen. Sie betonte den populär-ethnografischen Aspekt ihrer Ausstellung: Die *Völkerkundliche Ausstellung* sollte so beworben werden, dass ein breites, nicht nur an Missionsarbeit interessiertes Publikum erreicht werden konnte. Diesem Zweck dienten zum Beispiel die Ausstellungsflugblätter, die eine afrikanische Maske zierte.

Die Ausstellung stieß auch dank der allgemeinen kolonialen Begeisterung auf Interesse.[63] Dieser Aspekt trat vor allem in Werbeanzeigen und Zeitungsberichten stärker hervor. So berichtete etwa der *Barmer Anzeiger* über die Ausstellung voll mitschwingender Hoffnung: »Sie lässt aber auch die Wichtigkeit und die Schwierigkeit der Missionsarbeit erkennen und wird dem Verständnis für die Bedeutung dieser Arbeit auch im Interesse der Entwicklung unseres Kolonialbesitzes in weiteren Kreisen die Wege ebnen.«[64] Ob beabsichtigt oder nicht, verband sich die Missionsausstellung also auch mit einer kolonialpolitischen Botschaft. Hier zeigt sich, dass auch nicht direkt intendierte *politics,* sofern sie Anknüpfungspunkte zu den *poetics* der Ausstellung fanden, eine Wirkmächtigkeit entfalten konnten.

---

62 So stellte beispielsweise der Barmer Anzeiger fest, wer die Ausstellung besuche, werde »die Wichtigkeit und die Schwierigkeit der Missionsarbeit erkennen und wird Verständnis für die Bedeutung dieser Arbeit« gewinnen. Anonym, Völkerkundliche Ausstellung der Rheinischen Mission, in: Barmer Anzeiger, 20.9.1913.

63 Eine solche Begeisterung war der Rheinischen Mission selbst nicht fremd, war doch Friedrich Fabri lange Zeit Generaldirektor gewesen, der sich schon früh für ein deutsches Kolonialreich eingesetzt hatte, vgl. Klaus J. Bade, Zwischen Mission und Kolonialbewegung, Kolonialwirtschaft und Kolonialpolitik in der Bismarckzeit. Der Fall Friedrich Fabri, in: ders. (Hg.), Imperialismus und Kolonialmission. Kaiserliches Deutschland und koloniales Imperium, Wiesbaden 1982, S. 103–141, hier S. 103–110.

64 Anonym, Völkerkundliche Ausstellung der Rheinischen Mission, in: Barmer Anzeiger, 20.9.1913.

Anschauliche Wissensvermittlung und fantastische Erfahrung: Die Modelle

Grundsätzlich sollte die zentrale Botschaft von der Notwendigkeit und Machbarkeit der Missionsarbeit durch die Ausstellung popularisiert werden. Zu diesem Zweck bediente sich die Mission der Faszination exotischer Objekte und präsentierte ihre Deutung der Welt als völkerkundliches Fachwissen. Dieses Wissen vermittelte die Rheinische Missionsgesellschaft zum einen durch Objekte. Diese wirkten nicht nur durch ihre Aura, sondern wurden zudem sowohl durch bedeutungsgenerierende Inszenierungen als auch ihre Einbettung in Narrative als Vermittler von Wissen wirksam.[65]

Zum anderen setzte die Mission weitere Mittel ein, um ein den *politics* der Ausstellung entsprechendes Wissen zu vermitteln: Neben originalen Objekten fand sich auch eine Vielzahl an Modellen auf der Ausstellung, etwa von indonesischen Dörfern[66] oder einer chinesischen Stadt mit 32 Häusern und vielen in unterschiedliche Handlungen verstrickten Miniaturbewohnern.[67] Diese Dorfszenen vermittelten den Besucherinnen und Besuchern anschaulich, wie etwa Häuser auf der indonesischen Insel Nias aussahen, wie die Boote dort gestaltet waren und mit welchen Schnitzereien die Häuser verziert waren.[68] Solche Szenen schufen durch ihre Unmittelbarkeit und Anschaulichkeit neue Perspektiven und hatten, wie Carsten Kretschmann in seiner Untersuchung des Bremer Völkerkundemuseums feststellt, sowohl einen hohen Schau- als auch Vermittlungs- und Popularisierungswert.[69] Ihre Rolle als didaktisches Instrument der Wissensvermittlung betont beispielsweise auch Umberto Eco.[70] In dieser Funktion sind Modelle etwa von der Nordwestdeutschen Industrie- und Gewerbeausstellung 1890 in Bremen bekannt.[71] Und auch die Tageszeitungen lobten die Modelle der Missionsausstellung als »sehr lehrreich«.[72]

Doch die Modelle waren weit mehr als lehrreiche Mittel einer reinen Wissensvermittlung. Sie wirkten aufgrund ihrer liebevollen und oft gelobten Ge-

---

65 Für solche Objekte, die Deutungen und Bedeutungen transportieren, hat Pomian den Begriff der Semiophoren geprägt, vgl. Krzysztof Pomian, Der Ursprung des Museums. Vom Sammeln, Berlin 2013, bes. S. 80–92.

66 Vgl. Mundle, Völkerkundliche Ausstellung der Rheinischen Mission, S. 19f.

67 Vgl. Mundle, Wie es in Düsseldorf auf der Missionsausstellung war, S. 101f.

68 Vgl. Mundle, Völkerkundliche Ausstellung der Rheinischen Mission, S. 19f.

69 Vgl. Carsten Kretschmann, Räume öffnen sich. Naturhistorische Museen im Deutschland des 19. Jahrhunderts, Berlin 2009, S. 212.

70 Vgl. Umberto Eco, Travels in Hyperreality. Essays, London 1987, S. 8.

71 Vgl. Kretschmann, Räume öffnen sich, S. 211.

72 Anonym, Völkerkundliche Ausstellung, in: Düsseldorfer General-Anzeiger, 18.4.1914.

staltung ästhetisch, ja durch ihre Narrativität sogar poetisch.[73] Neben ihrem Vermittlungs- und Popularisierungswert lag eine Eigenschaft der Modelle auch darin, das Publikum in das Außereuropäische hineinzuversetzen. So hieß es beispielsweise in der *Gladbacher Zeitung:* »Dem dajakschen Dorf an seinem Urwaldfluß entspricht das bataksche vom Tobasee auf Sumatra. Es sind ansprechende, charakteristische Bilder, die uns leicht hineinversetzen in Leben und Treiben dieser Völker.«[74] Wie aus dem offiziellen Führer hervorgeht, war diese Wirkung auch durchaus beabsichtigt: »Was das Auge hier sieht, soll unmittelbar hineinversetzen in Leben und Treiben, Sitten und Gebräuche der Völker, unter denen die Mission zu arbeiten hat. Kenntnis schafft Verständnis und Teilnahme.«[75]

Die Modelle verweisen durch ihr Angebot, sich in die Szenen hineinzuträumen und so etwa in ein Dajakdorf hineinversetzt zu werden, auf die Fantasie des Publikums. Denn wie kunstvoll gestaltet auch immer, ein Diorama und besonders ein verkleinertes Modell können nie hundertprozentig überzeugend sein. Die Täuschung durch solche Medien kann, wie Heinz Buddemeier zurecht feststellt, nur eine freiwillige sein.[76] Große Bedeutung kommt dabei Barbara Kirshenblatt-Gimbletts Überlegungen zum Diorama und seiner Wirkungsweise zu: »Like fiction in other media, they depend on what designers call the sixth sense, the imagination or suspension of disbelief, which allows the visitor to fill in the gaps.«[77] Für die freiwillige Illusion der Modelle wird also stets Fantasie benötigt. Dass die Besucherinnen und Besucher gerne bereit waren, sich der Fantasie dieser freiwilligen Illusion hinzugeben, davon zeugen die Zeitungsberichte, die nur zu oft davon sprechen, »leicht hineinversetzt in Leben und Treiben dieser Völker«[78] zu sein, oder davon berichten, die Besuche-

73 Vgl. Susan Stewart, On Longing. Narratives of the Miniature, the Gigantic, the Souvenir, the Collection, Durham 2007.

74 Anonym, Die völkerkundliche Ausstellung in der Zentralhalle, in: Gladbacher Zeitung, 27.6.1914.

75 Mundle, Völkerkundliche Ausstellung der Rheinischen Mission, S. 3.

76 Vgl. Heinz Buddemeier, Panorama, Diorama, Photographie. Entstehung und Wirkung neuer Medien im 19. Jahrhundert, München 1970, S. 27.

77 Barbara Kirshenblatt-Gimblett, Exhibitionary Complexes, in: Ivan Karp/Corinne Ann Kratz/Lynn Szwaja/Tomás Ybarra-Frausto (Hg.), Museum Frictions. Public Cultures, Global Transformations, Durham 2006, S. 35–45, hier S. 38.

78 Anonym, Die völkerkundliche Ausstellung in der Zentralhalle, in: Gladbacher Zeitung, 21.6.1914.

rinnen und Besucher seien »unmittelbar hineinversetzt in Leben und Treiben, Sitten und Gebräuche, unter denen die Rheinische Mission arbeitet«.[79]

Die Ausstellung selbst unterstützte das Publikum darin, sich dieser fantastischen Selbsttäuschung hinzugeben, indem sie die Erfahrung der Ausstellung multisensorisch gestaltete. Anders als in Museen gemeinhin üblich wurde beispielsweise der Tastsinn angesprochen. Durch Befühlen des harten Papuabettes[80] etwa wurde die Möglichkeit zum Berühren und Begreifen der Objekte geboten und so deren Potenzial als *tangible things*[81] genutzt. Objekte bieten Erkenntniszugänge an, die über ein Betrachten oder eine intellektuelle Beschäftigung mit ihnen hinausgehen. Die Mission nutzte dieses Erkenntnispotenzial; Besucherinnen und Besucher durften viele Objekte befühlen oder auch Gebrauchsgegenstände ausprobieren, wie es der Kleine Missionsfreund beschreibt:

> ›Was so ein richtiger Junge ist‹, kriegt ordentlich Lust, da hineinzukriechen [ins Herero Pontok, A. D.] und sich behaglich auf dem weichen Ziegenfell auszustrecken! Und die Mädchen würden sich ganz gewiß ebenso gern in den Dornkral setzen und auf der steinernen Handmühle einige Hände voll Korn mahlen.[82]

Hier wird der erweiterte Zugang zu Erkenntnis über die Funktionsweise dieser Objekte deutlich. Darüber hinaus schaffte etwa das Befühlen von Schularbeiten vermittelt über die Berührung eine Verbindung zu den »schwarzen und braunen« Schulkindern der Mission.

Die Fantasie der Besucherinnen und Besucher wurde nicht nur über den Tastsinn unterstützt, sondern auch durch fremdartige Geräusche. Es gab auf der Ausstellung Verschiedenes zu hören. Die Rheinische Missionsgesellschaft stellte unterschiedliche Musikinstrumente aus; einige von ihnen, wie die indonesische Aramba, ein entfernt dem Tamburin ähnliches Instrument, wurden zumindest hin und wieder auch tatsächlich bespielt: »Von Zeit zu Zeit ertönt die Aramba, die da unten aufgehängt ist; manchmal zwei und drei zusammen, wie fernes Läuten, wunderschön!«[83] Doch es gab auch Vertrautes zu Hören:

---

79 Anonym, Die völkerkundliche Ausstellung in der Stadthalle, in: Barmer Anzeiger, 28.9.1913.
80 Vgl. Mundle, Von einer seltsamen Missionsreise, S. 163.
81 Laurel Thatcher Ulrich/Ivan Gaskell/Sara J. Schechner/Sarah Anne Carter/Samantha S. B. van Gerbig (Hg.), Tangible Things. Making History Through Objects, New York 2015.
82 Mundle, Wie es in Düsseldorf auf der Missionsausstellung war, S. 111.
83 Mundle, Von einer seltsamen Missionsreise, S. 107.

> Weiter geht unsere Reise. Am Hansemannkirchlein läuten wir geschwind mit den Glöckchen und können uns dann vorstellen, wie die schokofarbenen Papua herzukommen und sich drinnen auf die Bänke setzen, manche auch davor, die das noch nicht gewohnt sind, und dann hören sie die Gottesrede, die doch auch für sie eine frohe Botschaft ist.[84]

An dieser Passage wird explizit, dass die Modelle nicht nur informierend wirkten, sondern dass durch sie die Vorstellungskraft der Besucherinnen und Besucher konkret angeregt werden sollte. Indem sie die Glocke läuteten, griffen die Besucherinnen und Besucher ganz aktiv in diese fantastische Welt der Modelle und der Ausstellung ein und gestalteten diese insofern mit, als dass das Ertönen der Glocke Auslöser der Fantasie war und eine fantastische – von Mission und Christentum geprägte – Narration in Gang setzte. Durch die Modelle konnten sich Kinder zu den Menschen in den Missionsgebieten und in ihren Gottesdienst hineinträumen. Der Rahmen der Mission und der Verweis auf die Gemeinsamkeit der »frohen Botschaft« unterstrichen darüber hinaus die globale Wirkung und Gültigkeit des erlebten Wissens und Glaubens.

Auch fremde Gerüche wurden eingesetzt, um den Besuchern und Besucherinnen das Hineinversetzen in die Ausstellung zu erleichtern. So schrieb Gottlieb Mundle von einem »eigentümlichen Duft, der einem entgegenkommt. Wie soll man ihn beschreiben? Er ist eben, mit einem Wort gesagt, chinesisch!«[85] Durch diesen Duft wurde eine besondere Atmosphäre geschaffen. Gerüche markierten zusätzlich zur räumlichen Dimension den Eintritt zur Ausstellung. Auch die Völkerkundemuseen der Zeit bemühten sich, ihre Eingänge so zu gestalten, dass diese eine »Absonderung zum Bewußtsein«[86] hervorriefen und die Besucher von der europäischen Außenwelt in die Ausstellungswelten überführten.[87] Anja Laukötter setzt diesen räumlich verorteten Übergang mit dem Kino-Moment gleich, »dem Zeitpunkt der Verdunkelung des Raums und des Filmbeginns, des Übergangs von der ›realen‹ zur ›fiktionalen‹ Welt.«[88] Wenn dieser Übergang überschritten wurde, befanden sich die Besucherinnen und Besucher in der »fiktionalen« Welt der Ausstellung.

84 Ebd., S. 106.

85 Mundle, Wie es in Düsseldorf auf der Missionsausstellung war, S. 101.

86 Laukötter, Das Völkerkundemuseum, S. 223.

87 Vgl. ebd., S. 223f.

88 Ebd., S. 223.

Nicht nur die Modelle, sondern auch die Gestaltung der Ausstellung als Ganzes versetzten die Besucherinnen und Besucher also in eine fiktive Welt hinein – wenn sie sich denn darauf einließen. Den Rundgang durch diese fiktive Welt erzählte die Mission wie im Eingangszitat als Reise. Diese Reisemetapher choreografierte die schnellen Wechsel des Angebots. Die Ausstellung der Rheinischen Missionsgesellschaft erzeugte nicht den Eindruck eines gemächlichen Schlenderns, vielmehr den einer spannenden Reise voller Abwechslung: »Weiter geht die Reise! Da sind wir mit einem Schlage nach Indien versetzt. Wir stehen vor einem richtigen kleinen Batakdorf.[89] [...] Plötzlich sind wir auf der Insel Nias, die durch viele schöne Geschichten aus der Mission den Großen und Kleinen wohl bekannt ist.«[90] Weit voneinander entfernte Missionsgebiete fielen so räumlich und konzeptionell zusammen. Die architektonische Metapher der Welt unter einem Dach, wie sie Linda Ratschiller für die Ausstellung der Basler Missionsgesellschaft feststellen kann,[91] wurde auch in der Ausstellung der Rheinischen Missionsgesellschaft wirksam.

Nicht nur dieser durch die Mission und die Botschaft des Christentums generierte globale Raum der Mission unterstreicht dabei das Religiöse der Ausstellung. Die Fantasie der Besucherinnen und Besucher anzusprechen, war insofern bedeutsam, als dass die in den Inszenierungen getroffenen Aussagen dann leichter nachempfunden werden konnten. Wenn also in den Inszenierungen die Schrecken des »Heidentums« deutlich wurden, so gewann diese intellektuelle Erkenntnis eine zusätzliche Qualität, wenn sie im dunklen Papuahaus bei den Götzen nachgefühlt werden konnte. Das Läuten der Glocke oder das Berühren der Schularbeiten unterstrich indessen durch positive Handlungen das Versprechen der Mission, das so miterlebt, unterstützt und imaginär mitgestaltet werden konnte. Als bedeutsam erwies sich also nicht nur, was ausgestellt wurde, sondern auch wie und vor allem mit welchen Effekten. Um sich der vollen Bedeutung und Wirkmächtigkeit dieser Effekte anzunähern, kann wiederum auf Erkenntnisse der *museum studies* zurückgegriffen werden, und zwar auf den Teilbereich, der sich stärker mit Ausstellungen und Themenparks beschäftigt.[92]

89 Mundle, Von einer seltsamen Missionsreise, S. 165.
90 Ebd., S. 167.
91 Vgl. Ratschiller, Die ethnografischen Ausstellungen der Basler Mission, S. 264.
92 Vgl. Rydell, World Fairs and Museums; Martin Hall, The Reappearance of the Authentic.

Die »seltsame Missionsreise« als ganzheitliches Erlebnis

Die »seltsame Missionsreise« verband Bildung und Unterhaltung miteinander zu einem Erlebnis, das ganzheitlich erfahren werden sollte. Der Begriff des Erlebnisses wird hier bei der Missionsausstellung – vergleichbar mit den Weltausstellungen, mit denen sie ja durchaus Ähnlichkeiten aufwies – ganz bewusst im Sinne der *experience economy* verwendet.[93] Bei diesem Konzept werden einem Erlebnis vier Bereiche zugewiesen: Unterhaltung, Bildung, (Alltags-)Flucht und Ästhetik.[94] Es fällt auf, dass die Missionsausstellung ihren Besuchern etwas aus jedem dieser Bereiche bot. Ein solches Erlebnis hat im Vergleich zu greifbaren Gütern und immateriellen Dienstleistungen die Besonderheit, unvergesslich zu sein.[95] Und mehr noch, Erlebnisse sind grundsätzlich etwas Persönliches, sodass »Companies that create such happiness-generating experiences [...] earn a place in the hearts of consumers«.[96] Durch solche Erlebnisse, durch die *poetics* und *politics* der Ausstellung und ihr Zusammenspiel, konnte die Mission hoffen, ihre Besucherinnen und Besucher auf einer persönlichen Ebene nachhaltig zu berühren – mehr konnte dem Dienst der Mission gar nicht zuträglicher sein.

Der Erlebnischarakter der Ausstellung wurde auch dadurch unterstrichen, dass die Ausstellung durch gastronomische Angebote ergänzt wurde: Die Besucher konnten ihren Rundgang mit dem Genuss von Kaffee aus Sumatra oder chinesischem Tee abrunden.[97] Die Bedeutung, die die Mission diesem kulinarischen Erlebnis beimaß, lässt sich auch daran ablesen, dass dieser Teil der Ausstellung, der dem *Kleinen Missionsfreund* zufolge vielen Besuchern »am allerbesten gefallen hat«[98], in gleicher Weise wie die anderen Attraktionen, etwa die Chinesenstadt, ausgeschildert war.[99]

Die Ausstellung bot aber nicht nur ein ganzheitliches, alle Sinne ansprechendes Erlebnis, sie sorgte auch dafür, dass es ihren Besucherinnen und Besuchern möglich war, über ihre Erinnerungen hinaus etwas von der Ausstellung mit nach Hause zu nehmen. Mundle hatte sich zu diesem Zweck aus den Missionsgebieten schon vor Beginn der Ausstellung neben Exponaten auch gezielt

93 B. Joseph Pine/James H. Gilmore, The Experience Economy, Boston 2011.
94 Vgl. ebd., S. 11.
95 Vgl. ebd., S. 3.
96 Ebd., S. 19.
97 Mundle, Wie es in Düsseldorf auf der Missionsausstellung war, S. 111.
98 Ebd.
99 Vgl. ebd.

Souvenirs wie Kanariennüsse zum Verkauf nach Barmen schicken lassen.[100] So hatten die Besucherinnen und Besucher auch nach Ende ihrer »seltsamen Missionsreise« materielle Erinnerungsreize.[101]

Fazit

Die *Völkerkundliche Ausstellung der Rheinischen Mission* hatte viele Facetten. Nicht nur dem Namen, auch ihrem Selbstanspruch nach war die Ausstellung eine völkerkundliche. Im Titel verschwieg die Mission ganz bewusst ihre religiöse Agenda, um so weitere Kreise zu erschließen. Die große Popularität der Völkerkunde, die die Mission sich hier zunutze machte, verweist dabei sowohl auf das komplizierte Verhältnis dieser Disziplin zur populären Unterhaltung[102] als auch auf das Faszinations- und Unterhaltungspotenzial exotischer Dinge. Auch in Bezug auf die Aushandlungen des Religiösen und Säkularen erweist sich die Ausstellung als aufschlussreich, schließlich warb die Mission durch die Präsentation »heidnischer« Gegenstände als Objekte der säkularen Völkerkunde für ihr religiöses Menschen- und Weltbild.

Theoretische und methodische Ansätze aus den *museum studies* haben es ermöglicht, neue Fragen an die Quellen zur Missionsausstellung zu stellen und so Intentionen und Rezeptionen aufzudecken. Indem die *poetics* und *politics* in den Blick genommen werden, erlauben die *museum studies,* das Medium Ausstellung und seine Implikationen ernst zu nehmen. Somit werden nicht nur die Narrative von Ausstellungen, sondern auch die Objekte in ihrer Materialität, ästhetischen Wirkung und Inszenierung in den Fokus gerückt. Der Beitrag hat deutlich gemacht, wie sowohl die *politics* als auch die *poetics* die Ausstellung der Rheinischen Mission bestimmten und in ihren Synergieeffekten den Besucherinnen und Besuchern ein Rezeptionsangebot mit besonderer Wirkung

---

100 Rundschreiben vom 31.7.1912 von Missionar Hanke, Bongu (Neuguinea), Archiv der Rheinischen Missionsgesellschaft, 1.212 (Umbau des Museums), Bl. 1r.

101 Wie beliebt exotische Objekte bei den Freunden der Mission waren, lässt sich etwa am großen Erfolg eines Preisausschreibens der Kinderzeitschrift ablesen, bei dem chinesische Objekte verlost wurden. Vgl. Gottlob Mundle, Eine Preisfrage, in: Der Kleine Missionsfreund 59 (1913), S. 5–6; Gottlob Mundle, Von der Preisfrage und von den Preisen, in: Der Kleine Missionsfreund 59 (1913), S. 44–45.

102 Vgl. Andrew Zimmerman, Science and Schaulust in the Berlin Museum of Ethnology, in: Constantin Goschler (Hg.), Wissenschaft und Öffentlichkeit in Berlin, 1870–1930, Stuttgart 2000, S. 65–88.

offerierten. Für die neuere Missionsgeschichte ergibt sich aus einer museumskundlichen Analyse der *Völkerkundlichen Ausstellung der Rheinischen Missionsgesellschaft* demnach ein aus Fachwissen, Faszination und Fantasie entstehendes facettenreiches Bild der Mission und nicht zuletzt eine säkular gewandete »seltsame Missionsreise«, die ein entschieden religiöses Ziel hatte:

> Zum Schluß wurde gefragt: Was wohl das Schönste gewesen sei da drin, in den schönen Ausstellungsräumen? Etwa die Chinesenstadt? Oder das Sumatradorf? Oder das Niashaus? Oder der Papuamann? Oder das Mattenhaus? Oder die Teestube? Nichts von allem dem. Das Schönste von allem war, der Geist der Liebe und des opferfreudigen Sinnes, der in diesen Räumen gewaltet hat und der sich Tag für Tag für eine große, heilige Sache in den Dienst gestellt hat: für das Werk der Mission![103]

103 Mundle, Wie es in Düsseldorf auf der Missionsausstellung war, S. 112.

Barbara Miller

Authentisches Afrika?

Mission, Film und die Beziehung zwischen der Schweiz und (Süd-)Rhodesien 1956–1969

> Die Gläubigen in der Heimat haben ein Recht, die wahren Sachverhalte und die Wirklichkeit der Missionsarbeit zu kennen. Sie möchten auch informiert sein über die Geschichte, das gesellschaftliche Gefüge und das Brauchtum der Völker. Nachrichten aus den Missionen und der Einsatz moderner publizistischer Mittel sollen ihnen dieses Wissen vermitteln, dass sie die missionarische Aufgabe vermehrt als ihre eigene erkennen.[1]

Mit diesen Worten wandte sich die »Propagandakommission« der katholischen Missionsgesellschaft Bethlehem Immensee (SMB) an ihre Mitbrüder und rief sie damit zu einer verstärkten Aktivierung der Heimatkirche auf. Das Zitat spiegelt zwei allgemeine Entwicklungen der SMB in den 1950er und 1960er Jahren wider: Zum einen sollte eine Ausweitung und Intensivierung der »Propaganda« innerhalb der Schweiz erreicht werden. Die Aufgaben der Mission würden täglich wachsen und bedürften einer breiteren Basis. Aber nur durch immer tiefere Kenntnisse der Situation der Kirche und der Menschen sowie der Aufgabe der Mission in aller Welt, könne das »Volk Gottes« seine Grundpflichten begreifen und »zu wirklich missionarischer Gesinnung« gelangen.[2]

Zum anderen sollte sich die missionarische Öffentlichkeitsarbeit als Informationsplattform und als Katalysator für missionarisches Engagement vermehrt den modernen Mitteln sozialer Massenkommunikation bedienen, da ältere Formen, wie etwa Vorträge von Urlaubsmissionaren, immer deutlicher infrage gestellt wurden. Leider würde nicht jeder Redner nach langjährigem Missionsaufenthalt den Zugang zum europäischen Publikum finden, sodass er mit seiner »schlechten Propaganda der Sache mehr schaden als nützen« würde.[3]

---

1 Arbeitsunterlage 49 der Propaganda SMB, Aktivierung der Heimatkirche, 9/1969, Archiv der SMB, Luzern, unsortiert.

2 Ebd.

3 Bericht über die Propaganda der SMB 1957–1967, 5/1967, Archiv der SMB, Luzern, unsortiert.

Inbegriff dieser »schlechten Propaganda« war das Erzählen von »Geschichtchen« aus der Mission, was über die Jahre ein »primitives« und »eingefahren langweiliges Missionsimage« generiert habe.[4] Statt dieser überholten Werbeform sollte stärker mit »qualitativ hochwertigem Anschauungsmaterial« gearbeitet werden, das nicht nur besser über die Missionssituation informieren, sondern immer auch ein Stück Unterhaltung bieten könne, und damit auch Kreise außerhalb der Kirche erreiche.[5]

Ausdruck dieser neuen Werbeanstrengungen war unter anderem der vermehrte Einsatz von Missionsfilmen. Dieses Medium wies aufgrund seines modernen Charakters eine große Popularität auf und erlaubte es durch audiovisuelle Darstellungen ein an sich abwesendes Phänomen zu vergegenwärtigen. Der Missionsfilm bediente wie kein anderes Medium den Anspruch der authentischen Wiedergabe der Realität.[6]

Ausgehend von dieser intendiert authentisierenden Funktion werden im Folgenden zwei missionarische Filme zum einen als Ausdruck der zeitgenössischen Realitätswahrnehmungen und -vorstellungen innerhalb des katholischen Milieus der Schweiz[7] gelesen und damit als Quelle der durch die Mission etablierten und medial repräsentierten Beziehung zwischen der Schweiz und (Süd)Rhodesien. Zum anderen werden sie aber auch hinsichtlich ihrer aktiven Rolle in der Konstruktion von Realität als wichtiger Bestandteil in der Entstehung des gesellschaftlichen Selbstverständnisses der Schweiz verstanden. Dadurch sollen nicht nur die missionarischen Darstellungen von »Eigenem« und »Fremdem«, sondern ebenso die Rück- und Auswirkungen dieses narrativen Verhältnisses auf die Konstituierung einer schweizerischen Identität untersucht werden.Die Analyse und Gegenüberstellung von zwei Filmen der SMB, *Mission in Südrhodesien* von 1956 und *Mufaro* von 1969, eröffnet dabei einen Untersuchungszeitraum, der in geopolitischer wie auch in katholischer und

4 Missionswochen. Rückblick und Ausblick, 4/1970, Archiv der SMB, Luzern, unsortiert.

5 Bericht der Subkommission Propaganda Außendienst, 8/1967, Archiv der SMB, Luzern, unsortiert.

6 Vgl. zum Realitätsbezug in Dokumentarfilmen Manfred Hattendorf, Dokumentarfilm und Authentizität. Ästhetik und Pragmatik einer Gattung, Konstanz 1994.

7 Als Antwort der Katholiken und der Kirche auf die gesellschaftlichen Modernisierungsprozesse und vor dem Hintergrund ihrer sozioökonomischen und politischen Minderheitensituation, bildeten sich auch in der Schweiz subgesellschaftliche Strukturen als katholische Sozialmilieus heraus. Vgl. Urs Altermatt/Franziska Metzger, Milieu, Teilmilieus und Netzwerke. Das Beispiel des Schweizer Katholizismus, in: Urs Altermatt (Hg.), Katholische Denk- und Lebenswelten. Beiträge zur Kultur- und Sozialgeschichte des Schweizer Katholizismus im 20. Jahrhundert, Freiburg 2003, S. 15–38.

gesellschaftlicher Hinsicht durch große Veränderungen geprägt war und somit von der SMB Anpassungen und Umdeutungen in ihrer Darstellung und diskursiven Konstruktion von Realität erforderte.

Missionsfilme: Mediale Beziehung über große Distanz

Missionsgesellschaften betrieben eine breite Publikations- und Öffentlichkeitsarbeit zur Spendengenerierung in ihren Heimatländern und vermittelten dabei Bilder, Vorstellungen und Wissensbestände über andere Teile der Welt. Gleichzeitig verbreiteten sie damit bestimmte Narrationen über das europäische Wirken in der Welt und konstituierten das Verhältnis Europas zum »Fremden« mit.[8]

Für die Etablierung und Aufrechterhaltung dieser Beziehung über große Distanz nutzten die Missionsgesellschaften ganz unterschiedliche mediale Repräsentationsformen, wobei sie die jeweils modernsten Mittel für ihre Zwecke einsetzten. So waren auch Filme bereits ab den 1920er Jahren Teil der missionarischen Öffentlichkeitsarbeit.[9] Die »dokumentarischen Gebrauchsfilme« wurden als zweckbestimmte audiovisuelle Lenkungsmittel verwendet, um sich mit einer bestimmten Botschaft an ein ausgewähltes Publikum zu richten.[10]

Filme stellen eine Kombination aus visuellen und auditiven Zeichen dar. Neben Geräuschen und Musik ist es für den klassischen »Erklärdokumentarismus« vor allem die Kommentarstimme, welche die auditiven Bedeutungseinheiten des Films strukturiert.[11] Die gezeigten Bilder werden um die Autorität einer Stimme aufgebaut, die die Bilder zur Beweisführung ihrer argumentativen Strategie nutzt.[12] Als erklärende Instanz spricht der Kommentar nicht wie die Charaktere aus dem Bild, sondern er vermittelt zwischen den Zuschauern

8 Gerald Faschingeder, Missionsgeschichte als Beziehungsgeschichte, in: Historische Anthropologie 10 (2002) 1, S. 1–30.

9 Eine Zusammenstellung der deutschen Missionsfilme findet sich bei Ludger Kaczmarek in: http://filmlexikon.uni-kiel.de/index.php?action=lexikon&tag=det&id=6640 (letzter Zugriff: 19.3.2017).

10 Vgl. zum Begriff des dokumentarischen Gebrauchsfilms Yvonne Zimmermann, Dokumentarischer Film. Auftrags- und Gebrauchsfilm, in: dies. (Hg), Schaufenster Schweiz. Dokumentarische Gebrauchsfilme 1896–1964, Zürich 2011, S. 34–83.

11 Eva Hohenberger, Die Wirklichkeit des Films. Dokumentarfilm, Ethnographischer Film, Jean Rouch, Hildesheim 1988, S. 130.

12 Ebd., S. 122.

und dem Bild und wird damit zu einem autoritären Erklärer der Realität, der das Wissen über den Gegenstand und die Macht der Bilder beansprucht.[13]

Diese Kombination aus Bildern der Missionsländer und der erklärenden Kommentarstimme strukturierte die Wahrnehmung der vermittelten Inhalte stark vor. Indem über die intendiert reale Darstellung hinaus der Kommentar bereits die Deutung der Bilder vorwegnahm, transportierten die missionarischen Filme Inhalte, die sich gegenüber anderen medialen Vermittlungen durch ihre starke Deutungsgeschlossenheit auszeichneten. Dadurch eröffnete das Medium Film die Möglichkeit, als selbsterklärendes Werbemittel für die Mission eingesetzt zu werden und missionarische Botschaften an ein breites Publikum zu vermitteln.

Ein wichtiges Spezifikum filmischer Diskurse liegt in der Bewegung der Bilder: Als ikonische Zeichen oder als visuelle Codes setzen sie sich in ihrer Wirkungsweise vom Wortsprachlichen ab. Bilder sind direkte Stellvertreter und bei ihrer Betrachtung laufen analoge Prozesse wie beim Erkennen von realen Wahrnehmungen ab.[14] Sie bleiben konkret im Gegensatz zu der sprachlichen Vermittlung, in der ein sinnliches Phänomen erst in ein abstraktes Medium überführt, kodiert und dekodiert werden muss.[15] Diese authentische Wirkung auf den Zuschauer gilt insbesondere für Dokumentarfilme. Nur indem sie ein direktes Referenzverhältnis zur vormedialen Wirklichkeit behaupten und diese in der diskursiven Praxis von den Rezipienten akzeptiert wird, können Dokumentarfilme ihrem Postulat der Nichtfiktionalität des Vorfilmischen gerecht werden.[16]

Diese vermeintliche Authentizität der Bilder darf allerdings nicht dazu verleiten, die in den Filmen vollzogene Rekonstruktion der Wirklichkeit mit ihrem getreuen Abbild zu verwechseln. Sie stehen nicht für sich, sondern beeinflussen durch den sinnstrukturierenden Ablauf und Aufbau die Wahrnehmung und werden in den Köpfen der Zuschauer zu Erzählungen montiert.[17]

---

13 William Howard Guynn, Toward a Reexamination of the Documentary Film. Theory and Text, Berkeley 1980, S. 205.

14 Anke-Marie Lohmeiner, Hermeneutische Theorie des Films, Tübingen 1996, S. 23.

15 Wilma Kiener, Die Kunst des Erzählens. Narrativität in dokumentarischen und ethnografischen Filmen, Konstanz 1999, S. 67.

16 Ursula von Keitz, Dokumentarfilm, in: http://filmlexikon.uni-kiel.de/index.php?action=lexikon&tag=det&id=127 (letzter Zugriff: 2.2.2017).

17 Günter Riederer, Film und Geschichtswissenschaft. Zum Aktuellen Verhältnis einer schwierigen Beziehung, in: Gerhard Paul (Hg.), Visual History. Ein Studienbuch, Göttingen 2006, S. 96–113, hier S. 97.

Damit geben Filme Auskunft über das Selbstverständnis einer Gesellschaft und rücken die gesellschaftlich gültigen Normen und Wertvorstellungen der Zeit in den Fokus. Sie verweisen im Sinne einer Geschichte der Mentalitäten auf psychologische Dispositionen von Kollektivmentalitäten.[18] Doch sie sind nicht nur Ausdruck der vorherrschenden Vorstellungen dessen, was als Realität Geltung beanspruchen kann, sondern sie spielen auch eine aktive Rolle in der Konstruktion von Realität. Damit ermöglichen Missionsfilme eine Perspektivierung der Rolle der Mission in der Formierung europäischer Resonanzräume.[19] Durch ihre intendiert realitätsabbildenden Botschaften über das Verhältnis zwischen Europa und außereuropäischen Gebieten vermittelten die Filme ein bestimmtes Narrativ dieser Beziehung über große Distanz und konstituierten damit diskursiv das gesellschaftliche Selbstverständnis Europas mit.

Neue Formen der Öffentlichkeitsarbeit der SMB

Die katholische Missionsgesellschaft Bethlehem Immensee wurde 1921 als Kongregation mit expliziter Ausrichtung auf die ausländische Mission hin gegründet und übernahm in der Folge ab 1938 auch ein Missionsgebiet in (Süd-) Rhodesien, dem heutigen Simbabwe.[20]

Als Teil der missionarischen Öffentlichkeitsarbeit der SMB wurden Filme einerseits an eigenen Anlässen verwendet und andererseits an Vereine, Verbände und Schulen verliehen. Gesellschaftsintern fielen sie in den Zuständigkeitsbereich des »Propaganda Außendienstes«, der als wichtige Zweigstelle dem

18 Nach wie vor grundlegend für die Betrachtung von Filmen als eine Geschichte von Mentalitäten Siegfried Kracauer, Von Caligari zu Hitler. Eine psychologische Geschichte des deutschen Films, Frankfurt a. M. 1979.

19 Vgl. Rebekka Habermas/Richard Hölzl (Hg.), Mission global. Eine Verflechtungsgeschichte seit dem 19. Jahrhundert, Köln 2014. Die Frage nach der Resonanz missionarischer Botschaften und der Rolle der Medien im diskursiven Prozess der Etablierung von Beziehungen über große Distanz wurde in diesem Sammelband mittels dieser aus der Akustik stammenden Metapher der Verstärkung von Schallwellen im Zusammenspiel von Medien und Räumen beleuchtet. Vgl. insbesondere Kirsten Rüther, Der Streit um Englisch als Unterrichtsfach in lutherischen Missionsschulen Südafrikas (1895–1910). Impulse für eine Geschichte der Resonanzen, in: Habermas/Hölzl (Hg.), Mission global, S. 91–110.

20 Während des rund fünfzigjährigen Einsatzes der SMB im südlichen Afrika wechselte das Gebiet dreimal seinen Namen. Bis 1965 war es offiziell Südrhodesien, anschließend Rhodesien, bis es dann 1980 als Simbabwe unabhängig wurde. Im Artikel wird der unterschiedlichen Namensgebung Rechnung getragen.

»Kommunikationsressort« und der »Propaganda« unterstand.[21] Entsprechend den drei großen Sprachregionen der Schweiz unterteilte sich der »Propaganda Außendienst« in eine deutsche, eine französische und eine italienische Abteilung. Ihm oblag gemäß seinem Arbeitsprogramm die »Erfassung aller Schichten durch Missionssonntage, Vorträge in verschiedenen Gremien und Verleihdienst von Tonbild-Reihen und Filmen«.[22]

Konkrete Verwendung erfuhren die Filme vor allem im Rahmen von sogenannten »Missionssonntagen« oder – immer seltener – an Vorträgen von Urlaubsmissionaren. An Missionssonntagen wurden an wechselnden Standorten im Anschluss an die Sonntagspredigt missionarische Filme vorgeführt. Diese Praxis war während der gesamten hier betrachteten Zeitspanne verbreitet, erfuhr aber infolge des schweizerischen Missionsjahres von 1960/61 noch einmal eine Intensivierung.[23] Erst ab den 1970er Jahren wurde sie dann zunehmend von thematisch zugespitzten Missionswochen verdrängt.

Ab 1966 wurde über diese missionsinterne Verwendung hinaus der Verleih der Filme gestattet. Diese Möglichkeit richtete sich vor allem an Verbände und Vereine, vereinzelt auch an Schulen. Die Entscheidung, einen Verleihdienst einzurichten, wurde mit der Hoffnung begründet, möglichst breite Schichten zu erreichen und vor allem auch diejenigen, die »man nicht in einen traditionellen Missionsvortrag bekommt«.[24] Die Ausweitung der Filmverwendung zahlte sich aus, denn bereits im ersten Jahr wurde der Verleihdienst insgesamt 121-mal in Anspruch genommen.[25]

Bei den gesellschaftsinternen Verwendungen der Filme waren meist ein »Propagandist« oder ein Urlaubsmissionar anwesend. Die Vertreter der SMB sollten

21 Gliederung des Kommunikationsressorts, 3/1963, Archiv der SMB, Luzern, unsortiert.

22 Arbeitsunterlage 44 der Propaganda SMB, 5/1967, Archiv der SMB, Luzern, unsortiert.

23 Das schweizerische Missionsjahr war eine von Missionsinstituten, päpstlichen Missionswerken und katholischen Jugendverbänden gemeinsam getragene Großaktion, die während eines Jahres intensiv über die Weltmission informierte und Spenden sammelte. Es stellt den Höhepunkt des missionarischen Aufbruchs in der katholischen Kirche der Schweiz dar, da es gelang, breite Bevölkerungsschichten zu erfassen und rund 17.5 Millionen Franken für die Mission zu sammeln. Vgl. Altermatt Urs/Widmer Josef, Das Schweizerische Missionswesen im Wandel. Strukturelle und mentalitätsmässige Veränderungen im schweizerischen Missionswesen 1955–1962, in: Neue Zeitschrift für Missionswissenschaft 43 (1987), S. 169–187.

24 Bericht über die Propaganda der SMB 1957–1967, 5/1967, Archiv der SMB, Luzern, unsortiert.

25 Bericht der Subkommission Propaganda Aussendienst, 8/1967, Archiv der SMB, Luzern, unsortiert.

dabei vor allem den persönlichen Kontakt zu den Gläubigen aufrechterhalten.[26] Sowohl im Verleih als auch in den Selbstaufführungen wurden die Filme als selbsterklärende Werbemittel verstanden, die nicht durch weiterführende Informationen ergänzt wurden. Davon zeugt unter anderem die Materialmappe, welche für die Durchführung von Missionssonntagen zusammengestellt wurde. Diese enthielt zwar ein »Opfersäckli« für Spendengelder, einen Einzahlungsschein und ein »Bildchen mit Missionsgebet«, aber kein Informationsmaterial.[27]

Wie eine Zusammenstellung der »Propagandaaktivität« für die Jahre 1957 bis 1967 zeigt, wurden in der Deutschschweiz mehr als 800 Vorträge und Missionssonntage von der SMB durchgeführt. Für die italienische Schweiz lag der Wert in derselben Zeit bei etwa 140 Anlässen und in der französischen Schweiz bei 80. Der Ertrag dieser Aufführungen und Anlässe wurde im Durchschnitt mit 200 Franken pro Anlass angegeben, wobei der Wert in der italienischen Schweiz aufgrund der Monopolstellung der SMB als noch höher beziffert wurde.[28] Diese Zahlen ergeben selbst bei einer vorsichtigen Hochrechnung einen Ertrag von rund 200.000 Franken für die SMB zwischen 1957 und 1967, der allein mit Vorträgen und Missionssonntagen erreicht werden konnte. Die diversen Aufrufe der Propagandakommission nach neuem Bildmaterial und insbesondere nach neuen Filmen weisen darauf hin, dass dieses Kommunikationsmittel bis Ende der 1960er Jahre stark nachgefragt war und eine große Attraktivität besaß. So wurden in dieser Zeitspanne insgesamt sechs Filme im südlichen Afrika gedreht und anschließend in der Schweiz aufgeführt.

Der erste dieser Filme, *Mission in Südrhodesien,* entstand 1956 durch zwei englische Fachleute unter der Produktion des Sozialamts der rhodesischen Regierung und der Missionsgesellschaft Bethlehem.[29] Wie aus der Rechnungsstellung hervorgeht, wurden Produktion, Erwerb und Weiterverarbeitung des Films mit rund 30.000 Franken budgetiert.[30] Der Film verwendet keine Ori-

26 Bericht über die Propaganda der SMB 1957–1967, 5/1967, Archiv der SMB, Luzern, unsortiert.

27 Die Ausweitung der Materialmappe wurde zwar diskutiert aber aufgrund von finanziellen Überlegungen verworfen. Sitzungsprotokoll des Kommunikationsressort, 2/1965, Archiv der SMB, Luzern, unsortiert.

28 P. Bernasconi konnte für den Propaganda Aussendienst der italienischen Schweiz zwischen 1957 und 1967 einen Ertrag von 100.890 Franken allein durch Missionssonntage erzielen. Bericht über die Propaganda der SMB 1957–1967, 5/1967, Archiv der SMB, Luzern, unsortiert.

29 Zusammenstellung der Filme zu Rhodesien/Simbabwe im Archiv der SMB, 2/2016, Archiv der SMB, Luzern.

30 Bericht der Subkommission Propaganda Aussendienst, 8/1967, Archiv der SMB, Luzern, unsortiert.

ginaltonaufnahmen; der Soundtrack wurde auf der Missionsstation Silveira aufgenommen und ebenso wie der Kommentar nachträglich hinzugeschnitten.[31] Bereits ab Ende des Jahres 1956 wurde der Film in der Schweiz eingesetzt.

Der Film *Mufaro* (deutsch: Lebensfreude) wurde im Jahr 1968 produziert und ab 1969 eingesetzt. Bereits drei Jahre zuvor war durch die »Propaganda« ein neuer Film über Afrika gefordert worden, der den »veränderten Bedingungen« Rechnung tragen und sich gegenüber den alten »klerikalen Streifen« absetzen sollte.[32] Der Film wurde in Eigenregie der SMB produziert. Ausschlaggebende Argumente dafür waren die geringeren Produktionskosten, die für einen Film in eigener Produktion nur mit ungefähr 10.000 Franken veranschlagt wurden. Zudem konnte in dieser Form sichergestellt werden, dass die Mission »an die richtige Stelle gerückt« und somit ein »echt missionarisches Resultat« erreicht werde, das für die Ziele der Missionsgesellschaft verwendet werden konnte.[33] Die Dreharbeiten dauerten von Mai bis August 1968 in Zusammenarbeit mit der englischen Firma *Eagle Film* aus Salisbury. Im Anschluss wurde das Bildmaterial auch in Salisbury geschnitten und montiert, da die Arbeit dort kostengünstiger ausgeführt werden konnte.[34] Der Ton hingegen wurde erst in Immensee hinzugefügt, und zwar in deutscher, französischer und italienischer Ausführung. Darüber hinaus wurden vier englische Kopien erstellt, die in Rhodesien selbst wie auch in England und Nordamerika zum Einsatz kommen sollten.[35] Für die Produktion des Films und die Erstellung der Kopien wurden schließlich ebenfalls rund 30.000 Franken eingesetzt.[36]

31 J. Rohrer, Silveira Mission, in: Guti 34 (1956), S. 114, Archiv der SMB, Luzern.

32 Arbeitsunterlage 42 der Propaganda SMB, 11/1966, Archiv der SMB, Luzern, unsortiert.

33 Arbeitsunterlage 44 der Propaganda SMB, 5/1967, Archiv der SMB, Luzern, unsortiert.

34 Brief von O. Rüegg an J. Kaufmann, 10/1968, Archiv der SMB, Luzern, unsortiert.

35 Brief von P. Haag an J. Kaufmann, 9/1970, Archiv der SMB, Luzern, unsortiert.

36 Der Film wurde u. a. durch den Einsatz von Lichtton statt Magnetton teurer, was zu einer regen Debatte über die Kosten des Films führte. Schlussendlich lag der Entscheid für das teurere Verfahren in der geplanten Verwendung des Films in der Diözese Gwelo in Rhodesien begründet, wo nur Lichtton abgespielt werden konnte. Brief von P. Haag an J. Kaufmann, 9/1970, Archiv der SMB, Luzern, unsortiert.

Rückständigkeit und Moderne: Diskursive Konstruktion europäischer Überlegenheit

Die missionarischen Filme sollten, gemäß den Anforderungen des Generalkapitels, in der Heimat deutlich machen, wie sich der Plan Gottes in der Welt und in der Geschichte vollziehe.[37] Zusätzlich sollten die Filme aber auch zur »Verbreitung und Vertiefung des Verantwortungsbewusstseins für die Missionen« eingesetzt werden.[38] Ausgehend vom theologischen Motiv, dass sich in der Mission das Reich und der Plan Gottes in der Welt verwirkliche, resultierte daraus für die schweizerischen Katholiken eine moralische Verantwortung, an der Verwirklichung dieses Planes mitzuarbeiten.[39] Die Gläubigen trugen durch ihr religiöses Wirklichkeitsverständnis die Verantwortung für die Verbreitung des Glaubens.[40] Die Unterstützung der Mission war damit nicht eine rein individuelle Entscheidung der Gläubigen, sondern eine katholische Pflicht, deren Einhaltung gegenüber Gott zu rechtfertigen war.

Diese Verantwortung beinhaltete auch die allumfassende »hilfreiche Nächstenliebe«, damit »alle Menschen und alle Völker am Fortschritt teilhaben« konnten.[41] Das zu missionierende Andere und die Schweizer Katholiken standen in einer hierarchischen Entwicklungsbeziehung zueinander und es oblag den heimischen Gläubigen, durch ihre Hilfe am »Fortschritt« Afrikas mitzuarbeiten. Denn jeder Christ müsse sich fragen, so stand es auf einem Werbebrief der SMB, wie er den »geistig und körperlich darbenden Menschen« helfen könne.[42] Die Repräsentation eines zu entwickelnden Anderen war damit vordringliche Aufgabe der missionarischen Filme.

---

37 Arbeitsunterlage 43 der Propaganda SMB, 2/1967, Archiv der SMB, Luzern, unsortiert.

38 Arbeitsunterlage 49 der Propaganda SMB, Aktivierung der Heimatkirche, 9/1969, Archiv der SMB, Luzern, unsortiert.

39 Arbeitsunterlage 43 der Propaganda SMB, 2/1967, Archiv der SMB, Luzern, unsortiert.

40 Verantwortung als moralisch-ethische Kategorie meint dabei, dass eine Person oder eine Personengruppe gegenüber einer anderen Person oder Personengruppe Pflichten übernimmt, und zwar aufgrund eines normativen Anspruchs, der durch eine Instanz eingefordert werden kann. Eva Buddeberg, Verantwortung im Diskurs. Grundlinien einer rekonstruktiv-hermeneutischen Konzeption moralischer Verantwortung im Anschluss an Hans Jonas, Karl-Otto Apel und Emmanuel Lévinas, Berlin 2011, S. 11–46.

41 Spendenbrief der SMB, Mission ist mehr als blosse Entwicklungshilfe, 2/1970, Archiv der SMB, Luzern, unsortiert.

42 Werbebrief der SMB, Fortschritt für alle Menschen, 09/1967, Archiv der SMB, Luzern, unsortiert.

Beide Filme, *Mission in Südrhodesien* und *Mufaro,* begannen mit dem Logo der Missionsgesellschaft vor einer afrikanisch anmutenden Flusslandschaft und wurden von afrikanischen Gesängen bzw. Trommelmusik begleitet. Damit versprachen die Filme den Zuschauern gleich zu Beginn einen Einblick in eine fremde, ihnen unbekannte Welt. Entsprechend zeigten die Anfangsszenen dann auch Bilder aus einem südrhodesischen Dorf. Frauen wurden beim Mahlen von Mais mittels einfacher Holzwerkzeuge dargestellt, Kinder trugen Brennholz auf dem Kopf herbei. In diesen Dorfplatzszenen wurde den Zuschauern in der Schweiz die Andersartigkeit der afrikanischen Lebensgewohnheiten vor Augen geführt. Die Wohnverhältnisse, die Nahrungszubereitung, das dörfliche Leben verwiesen auf den grundsätzlichen Unterschied zwischen dem Alltag in Südrhodesien und demjenigen in der Schweiz. Dieses Motiv wurde durch die unterlegte afrikanische Musik zusätzlich gestützt. Die Eingangsszenen eröffneten bei den Rezipienten das Wissensschema einer Differenz zwischen Afrika und der Schweiz, wodurch die nachfolgenden Informationen vor dem Hintergrund dieser Fremdartigkeit verarbeitet wurden.[43]

Die Repräsentation erhielt aber erst durch die erklärende Kommentarstimme eine Konnotation des Mangels bzw. der Rückständigkeit: Die Erzählstimme führte in *Mission in Südrhodesien* 1956 aus, dass das »alte Afrika« im Schwinden sei und dass sich die Afrikaner nicht schnell genug lösen könnten von »Tradition und angestammter Lebensweise«, weshalb »ihr Ruf nach Fortschritt, Wohlstand, Industrie und Technik« gehe.[44] Auch 1969 legte der Kommentar eine ähnliche Wahrnehmung zugrunde, indem er erklärte, dass sich die »althergebrachte dörfliche Lebensweise« trotz der Eroberung des Landes durch die Europäer kaum verändert habe.[45] Allerdings zeigen sich in der Gegenüberstellung der beiden Filme Unterschiede in der Deutung der vermeintlichen Rückständigkeit Afrikas: Während im ersten Filmbeispiel den Zuschauern die Wahrnehmung vermittelt wurde, dass die rückständige Entwicklungsstufe von

43 Der Begriff des Schemas als generische Wissensstruktur wurde von Frederic Bartlett in die psychologische Forschung eingeführt. Frederic Bartlett, Remembering. A Study in Experimental and Social Psychology, London 1932. Im Sinne einer Top-Down-Informationsverarbeitung wird davon ausgegangen, dass sämtliche weitere Informationen vor dem Hintergrund eines einmal identifizierten Schemas verarbeitet und strukturiert werden. Vgl. Herbert Bless/Norbert Schwarz, Theorien konzeptgesteuerter Sozialpsychologie, in: Dieter Frey/Martin Irle (Hg.), Theorien der Sozialpsychologie. Motivation und Informationsverarbeitung, Bern 2002, S. 257–278.

44 Im Folgenden werden bei den Filmbeschreibungen die Stellen mit dem Timecode (TC) genannt: Mission in Südrhodesien, TC 0.00.41.

45 Mufaro, TC 0.00.42.

den Afrikanern selbst als veränderungsbedürftig beurteilt werde, wurde dieselbe Situation im zweiten Film viel mehr als persistente Rückständigkeit dargestellt. Denn auch wenn die »Karanga«[46] europäische Kleidung übernommen und mit Fahrrad und Radio umzugehen wüssten, seien ihre Lebensgewohnheiten dieselben geblieben.[47] Hier zeigte sich ein Wandel im Verständnis von »Entwicklung«:[48] An die Stelle des optimistischen Modernisierungsparadigmas der 1950er Jahre trat eine etwas ernüchterte Sichtweise, die den vielfältigen Rückschlägen und Stagnationen Rechnung trug, gleichzeitig aber die weitere Tätigkeit der Missionare nicht infrage stellte, sondern zusätzlich legitimierte.

Die Narration der persistenten Rückständigkeit wurde in *Mufaro* fortgeführt durch Darstellungen der Ernährungsgrundlage und Wasserversorgung. Visuell wurden zuerst die Anbaumethoden in Rhodesien vorgestellt und gezeigt, wie die Karanga mit Ochsen pflügten und von Hand die Felder bestellten. Der Kommentar führte aus, dass die rhodesischen Bauern keinerlei Überschuss produzierten, und somit von der Hand in den Mund lebten. Denn »warum soll er zwölf Monate arbeiten, wenn er mit dem Ertrag von fünf Arbeitsmonaten seine Familie schlecht und recht ernähren kann?«[49] Der Kommentar führte die landwirtschaftlichen Probleme damit nicht auf Anbaumethoden zurück, sondern auf eine charakterliche Eigenschaft der Karanga, die sich fundamental vom westlich-christlichen Arbeitsethos unterschied.

Eine zusätzliche Einordnung erfuhr diese Andersartigkeit gleich im Anschluss, als die Erzählstimme erläuterte, dass die Karanga aus »unserer Sicht« vielleicht faul erscheinen würden, in ihrem Gemeinschaftsleben aber nicht die Arbeitsleistung des Einzelnen zähle, sondern die gesellschaftlichen Ereignisse und damit die soziale Zusammengehörigkeit. Dazu wurden Bilder gezeigt, die Männer und Frauen beim Konsum von Bier und beim Tanzen darstellten und die eine exzessive Stimmungslage vermittelten. Trotz der ansatzweisen Relativierung in Form der Erklärung unterschiedlich gewichteter gesellschaftlicher

46 Die SMB-Missionare verwendeten unterschiedliche, zum Teil auch gegensätzliche Bezeichnungen für die einheimische Bevölkerung Südrhodesiens, wobei die Termini »Karanga« und »Shona« fälschlicherweise meist synonym verwendet wurden.

47 Mufaro, TC 0.00.48.

48 Vgl. zur Konjunktur des entwicklungspolitischen Verhältnisses zwischen Europa und Afrika Niels P. Petersson, »Grosser Sprung nach vorn« oder »natürliche Entwicklung«? Zeitkonzepte der Entwicklungspolitik im 20. Jahrhundert, in: Hubertus Büschel/Daniel Speich Chassé (Hg.), Entwicklungswelten. Globalgeschichte der Entwicklungszusammenarbeit, Frankfurt a. M. 2009, S. 89–112.

49 Mufaro, TC 0.02.51.

Werte, blieb die Repräsentation somit in der Fremdartigkeit der Afrikaner verhaftet, denn die Anmerkung zur Bedeutung der sozialen Zusammengehörigkeit wurde durch die gezeigten Bilder, die sich aus europäischer Sicht als Gelage darstellten und gesellschaftlichen Zerfall symbolisierten, konterkariert.

Das Problem der fehlenden Arbeitsmoral wurde im Film von 1969 auch im Bereich der Wasserversorgung aufgegriffen. Gezeigt wurden zwei Frauen, die ein Loch gruben, um daraus Wasser zu schöpfen, wobei das Wasser offenkundig von schlechter Qualität war. Der Kommentar stellte fest, dass die sechsmonatige Trockenzeit die Bevölkerung in »arge Verlegenheit« bringen könne und dass der Konsum solchen Wassers für die Gesundheit eine ernste Gefahr bedeute.[50] Darauf folgte ein Blickwechsel auf einen sauberen See mit der auditiven Erklärung, dass die Mission Dämme errichte, um der Wasserknappheit zu begegnen. Die Versorgung mit sauberem Wasser während der Trockenzeit erschien in dieser Darstellung nicht als klimatisch bedingt, sondern als lösbare Aufgabe. Die »arge Verlegenheit« der Afrikaner diesem Zustand gegenüber war somit ihrem fehlenden Arbeitswillen geschuldet, denn der Bau von Dämmen könnte eine geregelte Wasserversorgung sicherstellen und würde den Karanga »da und dort das Gefühl des Wohlstandes« ermöglichen, »freilich auf afrikanische Art«.[51] Diese »afrikanische Art« wurde visuell unterstrichen durch Bilder von Frauen, die von Hand ihre Wäsche an diesem See wuschen, was aus europäischer Sicht wiederum mit Rückständigkeit gleichgesetzt wurde.

Ein weiterer Entwicklungstopos wurde am Beispiel der Gesundheitsversorgung erzählt. In beiden Filmen wird der Abschnitt zur medizinischen Situation mit den exakt gleichen Worten eingeleitet, nämlich dass sich im Krankheitsfall »die ganze Hilflosigkeit des Afrikaners« zeige.[52] Nicht nur, dass die meisten Krankheiten durch Unwissenheit und falsche Ernährung entstünden, oftmals würden selbst die Christen in der Not die Hilfe des »Zauberers« beanspruchen. In *Mufaro* fand sich wieder der Verweis auf die Persistenz der afrikanischen Rückständigkeit, denn der Glaube an böse Geister als Verursacher von Krankheiten sei »unausrottbar in den Herzen der Karanga« verankert und »zutiefst mit dem Weltbild des Afrikaners« verwachsen.[53]

Diesem afrikanischen Geisterglauben wurden in beiden Filmen Bilder eines modern ausgerüsteten Missionskrankenhauses gegenübergestellt. Audi-

50 Mufaro, TC 0.04.06.
51 Ebd., TC 0.05.02.
52 Mission in Südrhodesien, TC 0.20.58; Mufaro, TC 0.19.27.
53 Mufaro, TC 0.20.13.

tiv waren diese Filmabschnitte mit westlicher Musik unterlegt, was nicht nur das Rückständigkeitsnarrativ unterstrich, sondern auch zu einer veränderten Wahrnehmung der Bilder beim Rezipienten führte. Die klassische bzw. poppige Hintergrundmusik ermöglichte eine klarere Deutung des gesundheitspolitischen Filmabschnitts als Domäne, in der die europäische Vormachtstellung nicht nur eindeutig war, sondern auch nicht hinterfragt werden konnte. Bilder eines verwahrlosten und halbverhungerten Kindes spitzten diese Darstellung zu und stellten die Kindersterblichkeit als inakzeptabelsten und mitgefühlerregendsten Auswuchs der afrikanischen Rückständigkeit den Errungenschaften der modernen westlichen Medizin gegenüber.[54] Gleichzeitig sollte die Repräsentation von leidenden Kindern eine starke Emotionalität bei den Rezipienten in der Schweiz erzielen und damit die Verarbeitung und die Abspeicherung der vermittelten Inhalte intensivieren.[55]

Mediale Herstellung von Nähe

Die SMB gebrauchte ganz unterschiedliche medienspezifische Strategien, um mit ihren Filmen die konstruierte Beziehung zwischen der Schweiz und Afrika genauer zu bestimmen. Dabei wurde vor allem auf die Selbstreferenzierung und die Identifikation mit den gezeigten Inhalten hingearbeitet, wobei Identifikation sowohl über Ein- als auch über Abgrenzung erfolgte.

Erstens konnte durch die bewusste Vermittlung von Gemeinsamkeiten eine höhere Intensität der Verarbeitung der filmischen Informationen gewährleistet werden. Indem sich die rezipientenseitig vorhandenen Erfahrungen mit den filmischen Botschaften überschnitten, konnte sich ein Gefühl der persönlichen Relevanz und Bedeutung der Inhalte manifestieren.[56] Ausgeprägt zeigte sich diese medial vermittelte Nähe in *Mission in Südrhodesien* im Teil zum katholi-

54 Zur Produktion von globalen Gefühlen des Mitleids und Mitgefühls durch missionarische Medien siehe z. B. Richard Hölzl, »Mitleid« über grosse Distanz. Zur Fabrikation globaler Gefühle in Medien der katholischen Mission 1890–1940, in: Habermas/Hölzl (Hg.), Mission global, S. 265–294.

55 Zur Förderung von Erinnerungsleistung durch medieninduzierte Emotionen vgl. Samuel Bradley/James Angelini/Sungkyoung Lee, Psychophysiological and Memory Effects of Negative Political Ads. Aversive, Arousing and Well Remembered, in: Journal of Advertising 36 (2007) 4, S. 115–127.

56 Steen Larsen/János László, Cultural-historical Knowledge and Personal Experience in Appreciation of Literature, in: European Journal of Social Psychology 20 (1990), S. 425–440.

schen Leben in Südrhodesien. Mit Schlaglichtern auf unterschiedliche Ereignisse, wie etwa die große Menge der bereits »bekehrten« Afrikaner an einem Katholikentag, der Tagung der marianischen Kongregation oder der Einweihung neuer Kirchen, wurden bewusst die Ähnlichkeiten zum katholischen Alltag in der Schweiz repräsentiert. Bilder von Prozessionen und Messen sollten bei den Rezipienten Erinnerungen an ähnliche Erfahrungen wachrufen und damit die Referenzierung der visuellen Repräsentationen auf sich selbst bewirken. Die dargestellte schwingende Glocke beispielsweise, die aus der Schweiz gespendet worden war und nun »im weiten rhodesischen Buschland erklingt«, sollte selbst ohne Glockengeräusche eine auditive Resonanz beim schweizerischen Publikum aktivieren.[57]

Diese Nähe wurde durch einschließende Formulierungen des Kommentators weiter konstruiert: Er sprach von »unseren schwarzen Brüdern und Schwestern« [58] und betonte, dass Prozessionen und katholische Kongresse in Südrhodesien »keine geringere Bedeutung als in der Heimat« hätten. [59] Zudem wurden in diesem Teil die Missionare und Laienbrüder inmitten der Massen schwarzer Gläubiger abgebildet; sie stellten eine Einheit dar als Angehörige des katholischen Glaubens. Die missionarische Beziehung zwischen der Schweiz und Afrika wurde in diesem Teil von *Mission in Südrhodesien* als Nähe konstruiert, indem die Zugehörigkeit zum katholischen Glauben als verbindendes Element repräsentiert wurde. Die Darstellung von Symbolen und Ritualen des katholischen Alltags fungierte als Mittel zur Selbstreferenzierung der Schweizer Katholiken und damit zu einer höheren Identifikation mit den filmischen Inhalten. Es erstaunt nicht, dass gerade in diesem Filmabschnitt der explizite Aufruf erfolgte, »am großen Missionswerk der Kirche« mitzuarbeiten, wobei dieser Aufruf mittels der Worte »auch an dich« eine unmittelbare Adressierung an jeden einzelnen Zuschauer beinhaltete.[60]

Zweitens ermöglichten die bewegten Bilder es, eine deutliche filmische Narration zu entwickeln, wodurch die Rezipienten Sinn aus den Filmen generieren und sie innerlich erleben konnten.[61] Dabei nahmen die dargestellten Personen eine wesentliche Funktion für die Subjektpositionierung und Identitäts-

57 Mission in Südrhodesien, TC 0.41.16.

58 Ebd., TC 0.39.25.

59 Ebd., TC 0.41.52.

60 Ebd., TC 0.50.04

61 Richard Gerrig, Experiencing Narrative Worlds. On the Psychological Activities of Reading, New Haven 1993.

bildung der Zuschauer ein.[62] Die Filme stellten unterschiedliche Akteure als Protagonisten ins Zentrum ihrer Erzählungen und ermöglichten es dadurch, dass die Zuschauer sich je nach Filmabschnitt mit anderen Figuren identifizieren konnten. Im Vergleich der beiden Filme fällt auf, dass *Mission in Südrhodesien* deutlichere narrative Elemente aufwies als *Mufaro,* doch beide stellten die zu missionierende Bevölkerung ins Zentrum und ließen die Missionare nur als Randfiguren auftreten. So erzählte der Film von 1959 die Geschichte von zwei Kindern, die von ihrem Vater aus dem Dorf und damit aus »Analphabetentum und Unwissenheit« hinaus auf die Missionsstation geführt wurden.[63] Dort wurden die Kinder an den Missionar übergeben, der durch seine Position auf einer Treppenstufe gegenüber der Familie eine erhöhte Position einnahm. Anschließend wurde die Erzählung mit Bildern aus dem Schulalltag weitergeführt, die die Kinder nicht nur beim Lesen und Rechnen zeigten, sondern auch beim Sport, beim Malen und bei Handwerks- und Gartenarbeit. Der umfassende Anspruch einer »allseitigen zivilisatorischen Beeinflussung des Volkes« durch die Schule wurde in all seinen Facetten dargestellt.[64] Die Narration zum Schulbildungsteil des Films endete mit denselben Bildern wie am Anfang, wenn auch in umgekehrter Reihenfolge. Wiederum war der Vorplatz der Missionsstation zu sehen. Der Missionar stand diesmal ebenerdig und die beiden, nun beinahe erwachsenen Kinder knieten vor ihm und empfingen den Segen. Schließlich wurden die beiden jungen Erwachsenen auf ihrem Rückweg gezeigt, bereit »ihr Wissen in den Dienst der Volksgenossen zu stellen« und »das Licht ihres Glaubens strahlen« zu lassen ins »heidnische Dunkel«.[65] Beide waren mit einem großen Koffer bepackt und trugen Bücher unter dem Arm. Das mitgegebene Wissen wurde somit auch visuell noch einmal konkretisiert.

Die Gegenüberstellung eines traditionellen, dörflichen Lebens als Repräsentation des Mangels und der Missionsstation als Ort voller Ordnung, Fortschritt und Wissen wurde durch die narrative Fokussierung auf die beiden afrikanischen Kinder aufgebrochen. Sie standen im Zentrum und bildeten damit den Identifikationspunkt für die Zuschauer, die sich dadurch beteiligt sahen an dem Bildungsweg der Kinder. Dass die beiden Kinder als *intermediaries* zwischen den beiden Welten im Mittelpunkt standen, wurde noch dadurch verstärkt, dass der gesamte Filmabschnitt von afrikanischen Gesängen beglei-

62 Lothar Mikos, Film- und Fernsehanalyse, Konstanz 2008, S. 51.

63 Mission in Südrhodesien, TC 0.01.07.

64 Ebd., TC 0.10.01.

65 Ebd., TC 0.13.02.

tet wurde.[66] Die beiden Protagonisten verwiesen einerseits auf die große Bedeutung von afrikanischen Helfern für die Mission und ermöglichten es dem schweizerischen Publikum andererseits, die Narration aus ihrer Perspektive zu sehen und damit die Bedeutung der missionarischen Schulbildung zur »Hebung des Volkes« unmittelbar mitzuerleben und zu verinnerlichen.[67]

Ganz anders verhielt es sich mit den Repräsentationen der medizinischen Versorgung. Hier konzentrierte sich die Erzählung ausschließlich auf die weiße europäische Ärztin.[68] Der Zuschauer identifizierte sich mit ihr und sah sich beteiligt an ihrem Kampf gegen Unwissenheit und Aberglaube. Die Verwendung von klassischer Streichmusik in diesem Abschnitt unterstützte dieses Identifikationsangebot weiter. Die Ärztin wurde zum Ausdruck christlicher Nächstenliebe stilisiert und damit zum idealen Vorbild für das heimische Publikum. Statt des Hineinfühlens in die Lebensumstände eines zu missionierenden Kindes, wurde hier die europäische Akteurin mit ihrer charakterlichen Stärke und hingebungsvollen Arbeit als beispielhafter Ausdruck der missionarischen Arbeitsweise in den Mittelpunkt gestellt und zur Identifikationsperson für das heimische Publikum. Die Ärztin erschien damit sowohl als Personifikation der schweizerischen Verantwortung gegenüber Afrika als auch als nachahmenswertes Idol für die heimische katholische Jugend. Dass gerade die in der SMB umstrittene Figur der weiblichen Missionsärztin so deutlich ins Zentrum gerückt wurde, zeugt von der großen Bedeutung, die die Missionsgesellschaft ihrer Funktion und dem medizinischen Bereich beimaß.[69] In keinem anderen missionarischen Tätigkeitsfeld wäre eine solch deutliche Darstellung von heroischer Aufopferung und missionarischer Notwendigkeit möglich gewesen,

66 Zum Begriff und zur Bedeutung der cultural intermediaries als Vermittler zwischen europäischen Missionaren und lokaler Bevölkerung siehe u. a. den Sammelband Benjamin Lawrance/Emily Lynn Osborne/Richard Roberts (Hg.), Intermediaries, Interpreters and Clerks. African Employees in the Making of Colonial Africa, Madison 2006.

67 Mission in Südrhodesien, TC 0.02.24

68 Die deutsche Ärztin Irene von Fürstenberg war von 1951 an für die SMB als Missionsärztin in Südrhodesien tätig. Ihre Einstellung erfolgte »trotz ihres weiblichen Geschlechts«, da keine männlichen Anwärter verfügbar waren. Brief von E. Blatter an A. Häne, 11/1950, Archiv der SMB, Luzern, unsortiert.

69 Während ihrer Tätigkeit für die SMB kam es zu häufigen Auseinandersetzungen zwischen Irene von Fürstenberg und dem südrhodesischen Bischof Alois Häne, wobei insbesondere die geforderte Separation der Ärztin von den Missionaren und die unklaren Kompetenzabstimmungen für Differenzen sorgten. Entsprechend erfolgte 1956 ihre Entlassung aus der SMB. Vgl. Briefwechsel zwischen E. Blatter und I. von Fürstenberg 1951–1956, Archiv der SMB, Luzern, unsortiert.

weshalb die Inkongruenz zwischen realer Funktionsträgerin und intendierter Botschaft pragmatisch zugunsten letzterer entschieden wurde.

Eine dritte mediale Strategie verfolgte die Konstruktion eines gemeinsamen Gegners; sie wurde vor allem im Film *Mufaro* verwendet. Beispielhaft dafür waren Repräsentationen von der Unterdrückung der schwarzen Bevölkerung Rhodesiens und damit die Kritik an der kolonialen Rassenpolitik der weißen Regierung. Der Film zeigte überfüllte Wohnverhältnisse in den nur für Schwarze zugänglichen Quartieren gegenüber den weiten, offenen Flächen in den weißen Stadtteilen und verwies darauf, dass sich der Arbeitsmarkt durch die Politik »neuerdings zu Ungunsten der Schwarzen« verändert habe.[70] Noch deutlicher kritisierte der Kommentar im Folgenden das Fehlen von weiterführenden Schulen für schwarze Schüler, da der rhodesische Staat an der Weiterbildung des afrikanischen Volksteils nicht interessiert sei und deshalb »die Afrikaner bewusst und krass« vernachlässige.[71] Indem der Film gleich anschließend aufzeigte, dass die Mission mittels Handwerkerausbildung und der Errichtung von Mittelschulen diesen Umständen begegnete, konnte eine doppelte Identifikation erreicht werden. Diese speiste sich zum einen aus der konstruierten Gegnerschaft zur weißen Regierung, wobei die Repräsentation der rassistischen Repression der schwarzen Bevölkerung als Katalysator für die Identifikation mit den Benachteiligten fungierte. Zum anderen ließen diese Darstellungen die Mission als die alleinige Unterstützerin der unterdrückten Schwarzen erscheinen und bewirkten damit, dass sich die Rezipienten durch ihre Beteiligung am Missionswerk ebenfalls als Verfechter der gerechten Sache in einem ungleichen Kampf positionieren konnten.

Widersprüche, Ambivalenzen und Veränderungen

Durch das Mittel der bewegten visuellen Darstellungen konnten die missionarischen Filme ein an sich abwesendes Phänomen vergegenwärtigen und wie kein anderes Medium den Anspruch der authentischen Wiedergabe der Realität bedienen. Sie wirkten als direkte Stellvertreter der Verhältnisse in Afrika und konnten insbesondere durch die getroffene Auswahl der Themen und Bereiche die Wahrnehmung der Wirklichkeit vom Missionsgebiet strukturieren.

70 Mufaro, TC 0.11.32.
71 Ebd., TC 0.16.57.

Dieser Authentizitätsanspruch führte allerdings auch dazu, dass innerhalb der filmischen Diskurse Widersprüche austariert und sich wandelnde Informationsbestände berücksichtigt werden mussten. Denn trotz ihrer bedeutungsstrukturierenden Wirkungsmacht mussten die filmischen Repräsentationen die rezipientenseitig bereits bestehenden Wissensbestände mitberücksichtigen. An sie wurden intratextuelle und transtextuelle Erfahrungen herangetragen und sie unterlagen damit im Sinne von soziokulturellen Erwartungen dem, was vom Publikum für glaubwürdig gehalten wurde.[72] Die SMB musste in ihren filmischen Darstellungen in Betracht ziehen, dass sich innerhalb der hier untersuchten Zeitspanne die Informationssituation zu Afrika vervielfältigte. Insbesondere durch die rasche Verbreitung von Fernsehbildern waren die Verhältnisse auf dem afrikanischen Kontinent näher gerückt. Eine Darstellung der Missionssituation, die sich nur des klassischen Stereotyps der Rückständigkeit bedient hätte, wäre somit wohl vom schweizerischen Publikum entlarvt worden.[73] Die SMB musste die bekannten politischen Verhältnisse in ihre Darstellung der Realität integrieren und hinsichtlich ihrer zukünftigen Legitimation deuten.

Im Film *Mission in Südrhodesien* von 1956 konnte noch ein relativ einseitiges Bild gezeichnet werden. Eine Realität außerhalb der missionarischen Institutionen wurde kaum dargestellt und wenn, dann wurde auf altbekannte Muster der Rückständigkeit zurückgegriffen. So erschien die südrhodesische Realität in diesem Film als Gegenüberstellung zwischen rückständiger, »althergebrachter Lebensweise« und moderner Zivilisation durch die Mission. Eine breitere Kontextualisierung beispielsweise in Bezug auf die herrschende Kolonialsituation oder auf aktuelle politische Vorgänge fand nicht stand. Südrhodesien wurde vielmehr in der Tradition älterer Repräsentationen als Land der zu bekehrenden Menschen mit der Mission als einzige Bastion der westlichen Zivilisation dargestellt.

In *Mufaro* von 1969 hingegen zeigte sich der Einfluss verschiedener Entwicklungen, denen die Mission in ihrer filmischen Realitätsrepräsentation begegnen musste. Von Bedeutung war dabei etwa, dass sich mit dem Zweiten Va-

72 Kiener, Die Kunst des Erzählens, S. 92.

73 So schrieb P. Urs Scherer in seinem Exposé zu den neu geschaffenen Missionswochen, dass das primitive Image, welches durch qualitativ schlechte Missionsvorträge geschaffen wurde, durch den heutigen regen Kontakt etwa in Form von Reisemöglichkeiten als primitiv entpuppt werde und andererseits in keiner Weise bestehen könne neben den viel besser ausgearbeiteten Beiträgen der Massenmedien. Urs Scherer, Missionswochen, ein kurzer Rückblick und Ausblick, 4/1970, Archiv der SMB, Luzern, unsortiert.

tikanischen Konzil 1962–1965 die gesellschaftspolitischen Ordnungsmodelle innerhalb der katholischen Kirche pluralisierten und sich das geschlossene katholische Milieu der Schweiz aufzulösen begann.[74] Zudem zeichnete sich durch das Aufkommen der staatlichen und privaten Entwicklungshilfe immer mehr ein Konkurrent ab auf einem Feld, das die Mission bis dahin weitgehend allein bewirtschaftet hatte. Die entstehende Rivalität bezog sich dabei nicht nur auf den Einsatz in außereuropäischen Gebieten selbst, sondern auch auf den heimischen Spendenmarkt, auf dem nun verschiedene Akteure um finanzielle Zuwendungen buhlten.

Dieser Situation versuchte die SMB zu begegnen, indem sie in *Mufaro* die katholische (Bekehrungs-)Komponente in den Hintergrund rückte. Die Mission erschien in diesem Film vielmehr als religiös begründete Entwicklungsorganisation. Damit wurde auch das Verhältnis zwischen der Schweiz und Afrika nicht mehr durch die Einheit in der katholischen Glaubensgemeinschaft konstruiert, sondern als weltweite moralische Solidaritätsgemeinschaft, in der die Überwindung von Armut und Hunger durch gezielte Interventionen machbar war.[75]

Diese solidarische Gemeinschaft wurde aber weiterhin auf religiöse Motive abgestützt. Die in *Mufaro* als persistent vorgestellten Problemstellungen verlangten nicht nur nach materiell-strukturellen Lösungen, sondern ebenso nach einem kulturellen bzw. geistigen Wandel. Der Film vermittelte die Botschaft, dass nur mit Veränderungen im Denken und Glauben der Afrikaner eine Verbesserung der Situation erzielt werden konnte. Sowohl die Ausführungen zu den negativen Auswirkungen des afrikanischen Geisterglaubens auf die medizinische Versorgung als auch die Darstellung der fehlenden Arbeitsmoral ließen nicht nur die Konstruktion einer Entwicklungsbedürftigkeit der Afrikaner zu, sondern auch die Positionierung der Mission als idealer Mediator in diesem Prozess. Die SMB konnte sich so als bessere Alternative innerhalb der neu entstandenen Konkurrenzsituation darstellen. Im Gegensatz zu der rein materiellen Entwicklungshilfe bot die Mission nicht nur medizinische Betreuung und Berufsbildung an, sondern war aufgrund ihres Sendungsauftrages insbesondere auf die geistige Entwicklung der Afrikaner ausgerichtet. Die Mission konstruierte das Verhältnis zwischen der Schweiz und Afrika als allumfassendes

74 Urs Altermatt, Katholizismus und Moderne. Zur Sozial- und Mentalitätsgeschichte der Schweizer Katholiken im 19. und 20. Jahrhundert, Zürich 1989.

75 Andreas Eckert, Nachwort, in: Büschel/Speich Chassé (Hg.), Entwicklungswelten, S. 311–320.

Projekt, die über eine materielle Hilfestellung hinauswies, wodurch die solidarische Gemeinschaft weiterhin religiös, wenn auch weniger deutlich katholisch begründet wurde.

Der Einbezug dieser unterschiedlichen Entwicklungen in die filmischen Repräsentationen verlief nicht ohne Widersprüche. Beispielhaft dafür waren im Film *Mufaro* die gegensätzlichen Ausführungen zur Arbeitsmoral der schwarzen Bevölkerung Rhodesiens. Der zu Beginn des Films dargestellte fehlende Arbeitswille der Karanga und die damit verbundenen Probleme der fehlenden Überschussproduktion und der unzureichenden Wasserversorgung standen der Berichterstattung über strukturelle Arbeitslosigkeit in Folge der staatlichen Rassenpolitik diametral gegenüber. Hierbei zeigte sich aber auch die wahrnehmungsstrukturierende Wirkungsmacht filmischer Diskurse. Durch den Wechsel in der Musik und anderen Bildern wurden die Widersprüchlichkeiten im gesprochenen Text aufgebrochen. Die Zuschauer verarbeiteten die Filme nicht als Ganzes, sondern aufgrund wechselnder Repräsentationstechniken in den jeweiligen Teilabschnitten als separate Darstellungen, wodurch widersprüchliche Aussagen in einen Film integriert werden konnten.

Auch das dargestellte Verhältnis zur rhodesischen Kolonialmacht war keineswegs frei von Ambivalenzen. Zwar positionierte sich die Mission mit ihrer teils deutlichen Kritik an der Rassenpolitik der weißen Regierung klar auf der Seite der schwarzen Bevölkerung.[76] Gleichzeitig wurden diese Ausführungen im Anschluss aber auch wieder relativiert, indem der Kommentar erklärte, dass die Regierung wohl bestrebt sei, der Wassernot entgegenzusteuern oder den unzureichenden Wohnverhältnissen abzuhelfen.[77] Diese Abschwächungen einer allzu klaren Kritik zeugen vom zwiespältigen Verhältnis der SMB gegenüber der weißen Regierung Rhodesiens. Denn obwohl die Mission für die unterdrückte schwarze Mehrheit Position beziehen wollte, war sie auf eine Zusammenarbeit mit der europäischen Machtbasis in Rhodesien angewiesen

76 Vom Ende des 19. Jahrhunderts bis zur Unabhängigkeit 1980 stand Südrhodesien unter britischer Kolonialherrschaft, wobei ab den 1960er Jahren auch hier die einsetzenden Dekolonisationsprozesse auf dem afrikanischen Kontinent von Einfluss waren. Sie mündeten aber in der Bildung eines britischen Siedlerregimes, das 1965 einseitig die Unabhängigkeit als Republik Rhodesien erklärte. In der Folge erlebte Rhodesien bis zur formalen Unabhängigkeit 1980 nicht nur eine Zunahme und Intensivierung kolonialer Praktiken, sondern wurde auch von inneren kriegerischen Auseinandersetzungen erschüttert, in denen antikoloniale und befreiungsnationale Faktoren eine zentrale Rolle spielten. Vgl. Alois Mlambo, A History of Zimbabwe, New York 2014.

77 Mufaro, TC 0.04.25; TC 0.10.31.

und unterlag deren politischen Strukturen. So mussten die Filme auch vor der Veröffentlichung durch das rhodesische *Film Censor Board* genehmigt und zugelassen werden.[78] Eine fundamentale Opposition gegenüber der herrschenden Regierung war zumindest zu diesem Zeitpunkt, Ende der 1960er Jahre, nicht möglich.

Schlussbetrachtungen

Die geforderte Ausbreitung und Intensivierung der Öffentlichkeitsarbeit der SMB in den 1950er und 1960er Jahren war maßgeblich durch den verstärkten Einsatz von Missionsfilmen geprägt. Diese audiovisuellen Lenkungsmittel erwiesen sich als multifunktionale Elemente, mittels derer auf Veränderungen reagiert und unterschiedliche Positionen austariert werden konnten.

In ihrer Eigenschaft als deutungsgeschlossene, selbsterklärende Werbemittel ermöglichten die Filme eine Ausweitung der missionarischen Werbeanstrengungen über das katholische Milieu hinaus und damit eine breitere Popularisierung und Perpetuierung der vermittelten Inhalte. Als attraktives und modernes Kommunikationsmittel fungierten die Filme sowohl als Informationsträger als auch als Katalysator für missionarisches Engagement. Sie zielten bewusst auf eine Resonanz innerhalb der Schweiz.

Dabei zeigten sich neben der missionsinhärenten Funktion der Repräsentation einer hierarchischen Ungleichheit, insbesondere die genutzten medialen Strategien der Selbstreferenzierung und der Identifikation mittels Ein- und Abgrenzung als geeignete Mittel, um das Verantwortungsgefühl der heimischen Zuschauer gegenüber dem südlichen Afrika hervorzubringen und zu stärken. Die Kombination aus visuellen und auditiven Elementen ließ die Filme nicht nur zu idealen Werbeträgern für die Missionsgesellschaft werden, sondern führte gleichzeitig auch zu einer stärkeren Rezeption und Resonanz der gezeigten Inhalte.

Aufgrund der gewandelten geopolitischen Bedingungen wie auch durch Veränderungen innerhalb der katholischen Kirche im Verlauf der 1960er Jahre mussten die filmischen Diskurse der SMB alternative Deutungen der Beziehung Schweiz-Afrika in ihre Repräsentationen integrieren. Dabei zeigte sich einerseits eine Kontinuität in der Repräsentation der schweizerischen Verantwortung gegenüber den als rückständig vorgestellten Weltteilen, wodurch

78 Brief von P. Haag an J. Kaufmann, 9/1970, Archiv der SMB, Luzern, unsortiert.

die Filme zu Trägern des bekannten paternalistischen Überlegenheitsnarrativs wurden. Andererseits wurde ein Wandel in der dargestellten Beziehung und vermittelten Nähe von einer Einheit im katholischen Glauben zu einer vermehrt religiös-moralischen Solidaritätsgemeinschaft deutlich, ohne dass die missionarische Komponente deswegen obsolet geworden wäre. Die aufkommende Konkurrenzsituation mit der staatlichen und privaten Entwicklungshilfe führte also statt zu einer Aufweichung der missionarischen Ausrichtung der SMB eher zu einer Schärfung ihres Profils. Darüber hinaus gelang es der SMB, die Entwicklungen auf dem afrikanischen Kontinent in ihrem Sinne zu deuten und die politische Dimension in ihre Darstellungen zu integrieren. Die Positionierung der Mission aufseiten der unterdrückten schwarzen Bevölkerung ermöglichte dem heimischen Publikum, sich als Verfechter der gerechten Sache zu identifizieren. Die Etablierung dieses Selbstverständnisses öffnete die Mission gegenüber einer zeitgenössisch breiteren Thematisierung des Verhältnisses der Schweiz zur außereuropäischen Welt. Damit schrieb sich die SMB nicht nur in ein religiöses, sondern mindestens genauso in ein nationales Narrativ der neutralen und humanitären Schweiz ein.

Missionsfilme sind audiovisuelle Quellen und stellen durch ihre Komplexität eine Herausforderung für die historische Analyse dar. Doch gerade das Zusammenspiel von Bild und Ton eröffnet vertiefte und differenzierte Einblicke in missionarische Inhalte, Deutungsmuster und Repräsentationen. Indem die Filme als komplexe Kompositionen sowohl hinsichtlich ihrer auditiven Aussagen als auch der gezeigten Bilder analysiert werden können, lässt sich die beabsichtigte Wirkung der übermittelten Botschaften ermitteln. Die Frage nach der intendierten Funktion eröffnet dabei eine zusätzliche Perspektive auf die durch Missionsgesellschaften verbreiteten Wissensinhalte.

Als massenwirksame und attraktive Werbemittel trugen die Missionsfilme aber auch zur Konditionierung von Sehgewohnheiten bei und prägten Wahrnehmungsmuster und Deutungsweisen von Afrika mit. Die Vorstellungen und Bilder von Südrhodesien waren in weiten Teilen der Schweiz maßgeblich durch die missionarischen Filme geprägt und damit das Verhältnis zu Südrhodesien religiös bestimmt. Die Missionsfilme sind Teil der Geschichte des schweizerischen Afrikadiskurses und trugen zu den teils bis heute wirkungsmächtigen generalisierenden Vorstellungen und Bilder über Afrika bei. In diesem Sinne ermöglichen Missionsfilme auch Einblicke in die Rolle von Religion bei der Ausformung des Verhältnisses zwischen der Schweiz und Afrika.

Christine Egger

Die Missionsbenediktiner von St. Ottilien in Tanganjika (1922–1965)

Eine Geschichte transnationaler Verflechtungen

Die christlichen Missionen des 19. und 20. Jahrhunderts waren moderne, global verflochtene Unternehmen. Auch die Geschichte der katholischen Missionsbenediktiner von St. Ottilien und ihres Engagements in Tanganjika vom Ende des Ersten Weltkrieges (1922) bis zur tansanischen Unabhängigkeit (1964) und dem Zweiten Vatikanischen Konzil (1962–1965) ist nur als eine Geschichte komplexer transnationaler Verflechtungen zu verstehen.[1]

Für eine transnationale historische Perspektive ist das Denken räumlicher Zusammenhänge als Ausdruck grenzüberschreitender Interaktionen, Verbindungen, Zirkulationen und Überschneidungen, aus denen sich neue Räume und Netzwerke ergeben, ein wesentlicher Ansatzpunkt:

> Wir leben im Zeitalter der Gleichzeitigkeit, des Aneinanderreihens, des Nahen und Fernen, des Nebeneinander und des Zerstreuten. Die Welt wird heute nicht so sehr als ein Lebewesen verstanden, das sich in der Zeit entwickelt, sondern als ein Netz, dessen Stränge sich kreuzen und Punkte verbinden.[2]

Das diagnostizierte der französische Philosoph Michel Foucault bei einem Vortrag im Pariser *Cercle d'études architecturales* im Jahr 1967. Diese Vorstellung basiert nicht zuletzt auf Annahmen, die Georg Simmel bereits zu Beginn des

1 Rebekka Habermas/Richard Hölzl, Mission global. Religiöse Akteure und globale Verflechtung seit dem 19. Jahrhundert, in: dies. (Hg.), Mission global. Eine Verflechtungsgeschichte seit dem 19. Jahrhundert, Köln 2014, S. 9–28; Ulf Hannerz, Transnational Connections. Culture, People, Places, London 1996, S. 17–29; Gerald Faschingeder, Missionsgeschichte als Beziehungsgeschichte. Die Genese des europäischen Missionseifers als Gegenstand der Historischen Anthropologie, in: Historische Anthropologie 10 (2002), S. 1–30.

2 Michel Foucault, Von anderen Räumen, in: Jörg Dünne/Stephan Günzel/Hermann Doetsch/Roger Lüdeke (Hg.), Raumtheorie. Grundlagentexte aus Philosophie und Kulturwissenschaften, Frankfurt a. M. 2006, S. 317–329, hier S. 317.

20. Jahrhunderts traf. Mit seinen theoretischen Überlegungen zur sozialen und kommunikativen Konstruktion von Räumen durch individuelles und kollektives Handeln lieferte er, zusammen mit Henri Lefebvre sowie Michel de Certeau und Pierre Bourdieu, einen wesentlichen Beitrag für die sogenannte »Wende zum Raum«, die sich in den Geschichtswissenschaften in den 1990er Jahren vollzog. Nach einer Phase der Distanz, die in erster Linie auf die spezifische Verwendung des Begriffs während des Nationalsozialismus zurückzuführen ist, werden Räume wieder verstärkt diskutiert. Dimensionen, die weit über ein verortbares Verständnis hinausreichen, sondern die soziale und kulturelle Ausdehnung einbeziehen, fließen seither ebenso wie die unterschiedlichen Bedeutungen von konkreten Räumen in die wissenschaftliche Analyse historischer Ereignisse und Prozesse ein.[3]

Zwischen 1922 und 1965 lebten mindestens 379 Mitglieder der Kongregation der Missionsbenediktiner von St. Ottilien im Süden des früheren kaiserlichen »Schutzgebietes Deutsch-Ostafrika« (1884–1917), aus dem nach dem Ersten Weltkrieg das britische Mandatsgebiet »Tanganjika« (1919–1961) wurde.[4] Die Brüder und Patres kamen aus Bayern und der Schweiz, später auch aus den USA und Tanganjika. Sie bewegten sich in transnationalen Räumen, die sich zum Beispiel zwischen einer kleinen Ortschaft im Bayerischen Wald, der niederbayerischen Abtei Schweiklberg bei Vilshofen und ihrem Missionsseminar, dem Mutterhaus im oberbayerischen St. Ottilien und einer Missionsstation in der Nähe von Peramiho im südwestlichen Hochland von Tanganjika aufspannten, und sich aus Elementen dieser Lebenswelten zusammensetzten. Im Rahmen der Benediktinermission bestanden gleichzeitig, nacheinander und nebeneinander lokale, regionale und globale Verflechtungen, die sich an bestimmten Punkten kreuzten, verbanden und mitunter wieder auseinandergingen. Die diversen Stränge und Schnittstellen, aus denen sich ein grenzüberschreitendes missionarisch-monastisches Netzwerk zusammensetzte, konnten

3 Kiran Klaus Patel, Transnationale Geschichte – Ein neues Paradigma?, 2.2.2005, in: www.connections.clio-online.net/article/id/artikel-573 (letzter Zugriff: 5.3.2017); Matthias Middell, Der Spatial Turn und das Interesse an der Globalisierung in der Geschichtswissenschaft, in: Jörg Döring/Tristan Thielmann (Hg.), Spatial Turn. Das Raumparadigma in den Kultur- und Sozialwissenschaften, Bielefeld 2008, S. 103–123; ders., Transnationale Geschichte als transnationales Projekt. Zur Einführung in die Diskussion, in: Historical Social Research 2 (2006), S. 110–117; Karl Schlögel, Im Raume lesen wir die Zeit. Über Zivilisationsgeschichte und Geopolitik, München 2004, S. 9–80.

4 John Iliffe, A Modern History of Tanganyika. African Studies Series 25, Cambridge 1999; Andreas Eckert, Herrschen und Verwalten. Afrikanische Bürokraten, staatliche Ordnung und Politik in Tanzania, 1920–1970, München 2007.

verschiedene Formen annehmen – von der direkten Begegnung in einer konkreten Situation bis hin zur medial vermittelten Kommunikation.[5]

Die physischen, kommunikativen, kulturellen, sozialen und/oder gedachten Räume und Netze, in denen sich die Sendungsideen der Missionsbenediktiner von St. Ottilien manifestierten, waren von unterschiedlicher Dauer und Intensität, bezogen einzelne Personen, größere Gruppen oder die gesamte Missionsorganisation mit ein und wurden sowohl durch institutionalisierte und regelmäßige als auch durch persönliche und eher zufällige Beziehungen hergestellt. Dementsprechend entstand ein komplexes System, das grenzüberschreitende Verbindungen und Interaktionen von Menschen, materiellen Gegenständen und Institutionen, in Form von sozialen Praktiken, Symbolsystemen und Artefakten auf ganz unterschiedlichen Ebenen umfasste, diese im Sinne einer reflexiven, eigendynamischen Modernisierung aber auch immer wieder in Frage stellte.[6]

Der folgende Beitrag verortet die Mitglieder der Benediktinermission in Tanganjika innerhalb dieser Strukturen. Daraus ergibt sich das Porträt einer hochinstitutionalisierten Gruppe transnationaler Akteure, die sich andauernd selbst verändert. Im Mittelpunkt steht die Frage nach unterschiedlichen Dimensionen von Transnationalität und deren Bedeutung für eine neuere Missionsgeschichte.[7]

---

5 Ludger Pries, Die Transnationalisierung der sozialen Welt. Sozialräume jenseits von Nationalgesellschaften, Frankfurt a. M. 2008, S. 194; Christine Egger/Martina Gugglberger, Editorial, in: dies. (Hg.), Missionsräume. Österreichische Zeitschrift für Geschichtswissenschaften 2, Innsbruck/Wien/Bozen 2013, S. 5–18, hier S. 13; Christine Egger, Transnationale Biographien. Die Missionsbenediktiner von St. Ottilien in Tanganjika 1922–1965, Köln/Weimar/Wien 2016, S. 271–334; dies., Transnationale Architekturen. Benediktinermission, Räume und Repräsentationen, in: Egger/Gugglberger, Missionsräume, S. 47–69.

6 Patel, Transnationale Geschichte; Pries, Die Transnationalisierung der sozialen Welt, S. 94; Jürgen Mittag/Berthold Unfried, Transnationale Netzwerke. Annäherungen an ein Medium des Transfers und der Machtausübung, in: Berthold Unfried/Jürgen Mittag/Marcel van der Linden (Hg.), Transnationale Netzwerke im 20. Jahrhundert. Historische Erkundungen zu Ideen und Praktiken, Individuen und Organisationen, Leipzig 2008, S. 9–25. Ulrich Beck, Das Zeitalter der Nebenfolgen und die Politisierung der Moderne, in: Ulrich Beck/Anthony Giddens/Scott Lash (Hg.), Reflexive Modernisierung. Eine Kontroverse, Frankfurt a. M. 2014, S. 19–112.

7 Die Ausführungen basieren auf zentralen Ergebnissen der folgenden Studie, die als Dissertationsprojekt am Institut für Bayerische Geschichte der Ludwigs-Maximilians-Universität München entstanden ist: Egger, Transnationale Biographien.

Grenzüberschreitende Missionsorganisation

Transnationalität war und ist das wesentliche Organisationsprinzip der Missionsbenediktiner von St. Ottilien und ihrer missionarischen Aktivitäten, die bereits während des sogenannten »Kulturkampfes«[8] und in der Hochphase der europäischen Imperialismen, Kolonialismen und christlichen Missionen in Deutsch-Ostafrika begannen. Der Soziologe und Migrationsforscher Ludger Pries beschreibt die notwendigen Prozesse zur Etablierung einer transnationalen Organisation folgendermaßen:

> Transnationalisierung unterscheidet sich von Globalisierung dadurch, dass Erstere zwar grenzüberschreitende, aber nicht globale im Sinne von ›überall präsente‹ Phänomene bezeichnet. Transnationalisierung unterscheidet sich von der Intensivierung zwischenstaatlicher oder intergouvernementaler Beziehungen dadurch, dass es dabei nicht um Beziehungen zwischen Regierungen und Staaten geht, sondern um alltagsweltliche, organisationsbezogene und um institutionalisierte Verflechtungsbeziehungen zwischen individuellen und kollektiven Akteuren.[9]

Um ihr transnationales Unternehmen auf- und ausbauen sowie durch Krisenzeiten selbst verändern und aufrechterhalten zu können, musste sich die Benediktinermission auf die jeweiligen weltpolitischen, sozioökonomischen und kulturellen Gegebenheiten einstellen, sich wiederholt neu ausrichten und ihre Beziehungen über bestehende Grenzen hinweg erweitern.[10]

Im Jahr 1884 rief der Schweizer Benediktinerpater Andreas (Josef) Amrhein (1844–1927) die »St. Benediktus-Missionsgenossenschaft« ins Leben, aus der sich die Kongregation der Missionsbenediktiner von St. Ottilien entwickelte. Dabei handelte es sich um das erste katholische Missionshaus im Deutschen

---

8 Dieser Konflikt zwischen Katholischer Kirche und Staat im Deutschen Kaiserreich bezog sich auf den jeweiligen Einfluss auf Politik und Gesellschaft. Ähnliche Kämpfe wurden zwischen 1871 und 1887 in fast allen mehrheitlich katholischen Ländern, auch in Italien, Frankreich und der Schweiz ausgetragen, in Preußen allerdings mit besonderer Härte. Das päpstliche Unfehlbarkeitsdogma des Ersten Vatikanischen Konzils (1869–1870) schien den Eindruck, dass die Kirche keinesfalls gewillt war, ihre Machtansprüche aufzugeben, noch zu verstärken. Massive staatliche Repressionen, die das kulturpolitische Klima der folgenden beiden Jahrzehnte bestimmten, waren aber auch in Bayern die Folge.

9 Pries, Transnationalisierung der sozialen Welt, S. 16.

10 Gerald Faschingeder, Mission braucht Institution. Missionsgesellschaften im späten 19. und frühen 20. Jahrhundert, in: Bernd Hausberger (Hg.), Im Zeichen des Kreuzes. Mission, Macht und Kulturtransfer seit dem Mittelalter, Wien 2004, S. 151–178.

Kaiserreich, das durch seine Mitglieder tief in Bayern verankert und eng mit der Schweiz verbunden war. Seit Beginn des 20. Jahrhunderts wurden diese regionalen Wurzeln genutzt, um ein monastisches Netzwerk in der Heimat zu etablieren und so die ideelle und finanzielle Grundlage für eine erfolgreiche Mission in Afrika zu legen. Die Tochtergründung in Münsterschwarzach (1913) war als Anlaufstelle für Kandidaten und Missionsbegeisterte aus Franken gedacht, Schweiklberg bei Vilshofen (1904) für Niederbayern und die Oberpfalz, während das Mutterhaus in St. Ottilien (1887) für Schwaben, Oberbayern, die anderen deutschen Länder und die Schweiz zuständig blieb. Zu einer Erweiterung der Basis trugen auch die Missionszeitschriften bei, die seit den 1880er Jahren herausgegeben wurden. Durch den Verkauf der Publikationen und die Verbreitung ihrer auf die Benediktinermission bezogenen Inhalte entstanden translokale, transregionale und transnationale Verflechtungen, die von Bayern bis nach Württemberg und Baden, ins katholische Rheinland und in die Ostschweiz reichten.[11]

Nach benediktinischer Tradition war auch die Missionsarbeit in Deutsch-Ostafrika, die 1887 begann, auf den Aufbau von Klöstern ausgerichtet. Doch die ungewohnten Bedingungen an der Küste des Indischen Ozeans und die unzureichende personelle Ausstattung machten eine baldige Anpassung der Strategie erforderlich. Der räumliche Schwerpunkt wurde in den Süden der Kolonie verlagert, wo die Brüder und Patres versuchten, zunächst ein weiteres regionales Netzwerk von einfachen Missionsstationen zu errichten, um sie später zu Klöstern auszubauen. Aufgrund der positiven Entwicklung entschied die vatikanische Kongregation für die Glaubensverbreitung *(Propaganda Fide, Propagandakongregation)* im September 1902, die Apostolische Präfektur Süd-Sansibar zum Vikariat zu erheben, zu dessen Bischof der Tiroler Missionsbenediktiner Pater Cassian (Franz Anton) Spiß (1866–1905) ernannt wurde. Aus diesem Anlass bauten die Ottilianer am Hafen von Daressalam eine prächtige Kathedrale, die als weithin sichtbares Symbol des nicht unumstrittenen Machtanspruchs der katholischen Missionen und der europäischen Kolonialismen in der Region gelten konnte. Gleichzeitig war das Bauwerk ein Beleg für die wachsende Transnationalität der Benediktinermission und das enorme Potential, das in der Verbindung ihrer regionalen Netzwerke zu transnationalen Räumen lag. Parallel wurde die Abteikirche des Mutterhauses in St. Ottilien

11 Egger, Transnationale Biographien, S. 50–64.

fertiggestellt, die als architektonisches Vorbild für die St. Joseph's Cathedral in Daressalam diente.[12]

Doch die enge Zusammenarbeit mit der deutschen Kolonialregierung brachte die Missionsbenediktiner auch in die Schusslinien des »Maji-Maji-Krieges« (1905–1907). Die verheerenden Auseinandersetzungen zwischen der lokalen Bevölkerung und der Kaiserlichen Schutztruppe forderten zehntausende Todesopfer, darunter Bischof Cassian, der zusammen mit vier Begleiterinnen und Begleitern im Jahr 1905 in Mikukuyumbu bei Liwale ermordet wurde. Unter diesen Umständen plante Abt Norbert Weber zunächst, die Aktivitäten in Deutsch-Ostafrika zu beenden, und nahm stattdessen ein neues Projekt in Korea in Angriff, wo eine missionarische Erneuerung in seinem Sinne gelingen sollte.[13] Als nach der Jahrhundertwende schließlich doch in großen Teilen Afrikas eine Massenkonversion zum Christentum einsetzte, versuchte die Benediktinermission diese unerwartete Dynamik für sich zu nutzen und modernisierte ihre Strategie: Weber bat in einem ersten Schritt die *Propaganda Fide,* das ostafrikanische Missionsgebiet in zwei übersichtlichere Teile zu gliedern. Zweitens fasste das Generalkapitel, das 1913 in St. Ottilien tagte, sämtliche Bestimmungen für ein missionarisches Benediktinertum in den neuen Konstitutionen der Organisation zusammen. Dadurch wurde eine gemeinsame Grundlage für die künftige Missionsarbeit in Afrika und Asien geschaffen und eine wichtige Voraussetzung für die Anerkennung als Kongregation des Benediktinerordens erfüllt, die im März 1914 erfolgte.[14]

Patricia Wittberg stellt in ihrer Studie *The Rise and Fall of Catholic Orders* fest: »Sociologist studying communal groups have traditionally defined a successful community as one that managed to survive for longer than twenty-five years.«[15] Gemessen an diesem Kriterium, war die Entwicklung der Missionsbenediktiner von St. Ottilien bereits relativ erfolgreich, als die erste Periode ihrer transnationalen Geschichte im Verlauf des Ersten Weltkrieges ein abruptes Ende fand. Aus strategischen Gründen weiteten Großbritannien und Frankreich den Konflikt auf die Kolonien aus. Bis zur vollständigen Einnahme Deutsch-Ostafrikas wurde einer der verlustreichsten Kämpfe der Alliierten ge-

12 Ebd., S. 37–47, 65–74, 302–316; Egger, Transnationale Architekturen, S. 47–69; Winfried Speitkamp, Deutsche Kolonialgeschichte, Stuttgart 2006, S. 128–133.

13 Norbert Weber, Euntes in mundum universum. Gedanken über die Ziele, welche unserer Missionstätigkeit gesteckt sind, St. Ottilien 1910.

14 Egger, Transnationale Biographien, S. 69–74, 104.

15 Patricia Wittberg, The Rise and Decline of Catholic Religious Orders. A Social Movement Perspective, Albany 1994, S. 194.

führt. Durch den Friedensvertrag von Versailles verlor Deutschland schließlich auch alle anderen »Schutzgebiete«, deren Verwaltung die Siegermächte übernahmen. Die neue britische Mandatsregierung von Tanganjika entschied sich für eine schnelle und harte Umsetzung des sogenannten »Missionsparagraphen« (Art. 438), der eine strikte Kontrolle der christlichen Missionen in den früheren Kolonien forderte. Dementsprechend wurden alle deutschen Missionare ausgewiesen; nur wenige Schweizer konnten bleiben, um die Benediktinermission mit Unterstützung von Angehörigen anderer Orden, Kongregationen und Nationalitäten sowie zahlreicher lokaler Akteurinnen und Akteure aufrecht zu erhalten. Deutsche Mitglieder wurden erst ab 1926 wieder zugelassen.[16]

In dieser Situation musste die deutsch-schweizerische Missionsorganisation sich erneut ungeplant selbst verändern und neue Ideen entwickeln, um ihr Fortbestehen zu sicherzustellen. Es herrschte weiterhin kein Mangel an Nachwuchs, doch die schwierige Wirtschaftslage schien das Ende der Aktivitäten in Tanganjika bereits vorwegzunehmen. Die heimatliche Basis wurde daher über die Grenzen des Deutschen Reiches hinaus erweitert. Dabei kam der neutralen Schweiz und den prosperierenden USA in politischer, personeller und finanzieller Hinsicht eine entscheidende Rolle zu: Mithilfe ihrer bereits vorhandenen transnationalen Beziehungen und regionalen Netzwerke gründeten die Missionsbenediktiner von St. Ottilien zwischen 1919 und 1927 insgesamt zwölf Niederlassungen in elf Ländern, unter anderem in Südafrika, Venezuela, China, Japan und auf den Philippinen, die zur Finanzierung der Organisation und ihrer missionarischen Aktivitäten beitragen sollten. Dieser expansive Modernisierungskurs wurde auch in Europa fortgesetzt, wo gerade die missionierenden Kongregationen seit der Zwischenkriegszeit enormes Wachstum erlebten, sodass zwischen 1930 und 1960 die höchsten Mitgliederzahlen in der Geschichte der Abteien St. Ottilien, Münsterschwarzach und Schweiklberg verzeichnet wurden. 1927 konnte mit Meschede in Westfalen auch die erste deutsche Filiale außerhalb Bayerns eröffnet werden. Nach Tanganjika reisten in dieser Phase vor allem handwerklich ausgebildete Brüder aus Bayern und der Schweiz, um die Benediktinermission nach dem weitgehenden Stillstand in Folge des Ersten Weltkrieges wiederaufzunehmen und auszubauen.[17]

Der Nationalsozialismus und der Zweite Weltkrieg brachten neue politische und wirtschaftliche Unsicherheiten mit sich. Aufgrund der positiven Erfahrungen der Zwischenkriegszeit aktivierten die Missionsbenediktiner von St. Otti-

16 Egger, Transnationale Biographien, S. 73–74, 107–110.
17 Ebd., S. 77–84.

lien ein weiteres Mal ihre regionalen Netzwerke in den USA und der Schweiz. Die Prokura in Newton (New Jersey) begann in den 1930er Jahren neben Spenden auch die ersten US-amerikanischen Missionskandidaten zu rekrutieren, von denen einige ab 1946 in Afrika zum Einsatz kommen sollten. Nach der Schließung der theologischen Fakultäten in München und Würzburg im Jahr 1938 ermöglichte ein Studienhaus, das an der schweizerischen Universität Fribourg etabliert wurde, den Klerikern aus Deutschland ihr Studium trotz des Krieges fortzuführen und abzuschließen. Darüber hinaus eröffnete die Organisation das St. Augustine Mission House in London-Hendon, wo die Brüder und Patres, die für die Missionen in Südafrika und Tanganjika bestimmt waren, ihre englischen Sprachkenntnisse vertiefen und sich an den *British way of life* ihres künftigen Einsatzgebietes gewöhnen konnten. Die massiven nationalsozialistischen Angriffe gegen die katholischen Orden und Kongregationen gipfelten im sogenannten »Klostersturm« (1940/41), der zu einer vorübergehenden Aufhebung aller missionsbenediktinischen Abteien im Deutschen Reich führte. Währenddessen wurde der Fortbestand der Kongregation und ihrer Missionen durch die finanziellen Mittel der US-amerikanischen und schweizerischen Prokuren gesichert.[18] Dementsprechend verfügten die Missionsbenediktiner von St. Ottilien nach dem Zweiten Weltkrieg über verschiedene regionale Netzwerke, die sich über vier Kontinente erstreckten und miteinander zu einem komplexen transnationalen System verbunden waren.

Mit dem Ersten Weltkrieg hatte sich der Horizont der Kongregation bereits von Bayern auf die Schweiz erweitert, nun zwang die politische Lage zu einer Öffnung der an Europa ausgerichteten Perspektive zugunsten der USA. Aufgrund des vergangenen Kriegsgeschehens konnten zunächst erneut keine deutschen Missionare, sondern nur die US-amerikanischen Patres aus Newton nach Tanganjika geschickt werden, bevor in den 1950er Jahren die letzte große Generation westlicher Brüder und Patres ausreiste. Die kolonialistisch-paternalistische Grundhaltung der Missionare gegenüber der lokalen Bevölkerung in Tanganjika, die durch ihre bisherigen Lebenswelten geprägt war, wurde erst mit den afrikanischen Unabhängigkeitsbewegungen und den sozialen Umbrüchen in den westlichen Ausgangsgesellschaften aufgeweicht. Diese Veränderungen in Europa, Amerika und Afrika bereiteten den Weg für eine erneute Anpassung der regionalen Strategie der Benediktinermission, die im Jahr 1957 zur Aufnahme der ersten tanganjikischen Kandidaten führte. Anfang der 1960er Jahre propagierte das Zweite Vatikanische Konzil schließlich

18 Ebd., S. 84–87, 105–106, 115–117.

die Einheit einer Weltkirche, die sich auf der Grundlage des Missionsdekrets *Ad gentes* (1965) als Ganzes zur Mission verpflichtet sah. Damit war die Praxis der Vergabe von Missionsgebieten an missionierende Orden und Kongregationen durch die vatikanische Propaganda Fide beendet. Auch die Klöster der Benediktinermission in Tanganjika gingen mit der Dekolonisation in die reguläre Hierarchie der katholischen Ortskirche über, blieben aber stark europäisch geprägt. Die Aufnahme afrikanischer Mitglieder in die Konvente von Ndanda und Peramiho wurde erst 1982 beschlossen, fast zwanzig Jahre nach der Unabhängigkeit. Über ihre gewachsenen transnationalen Räume und ihr regionales Netzwerk setzte sich der Einfluss der Missionsbenediktiner von St. Ottilien – zum Beispiel über die Entstehung einer staatlichen und kirchlichen Entwicklungszusammenarbeit in der Bundesrepublik Deutschland – auch in Tansania und weit über die 1960er Jahre hinaus fort.[19]

Die Benediktinermission in Tanganjika fungierte als sozialer Raum und komplexes Netzwerk, das seinen Mitgliedern in Abhängigkeit von einer auf Europa und den Westen zentrierten Weltsicht und wechselnden politischen Rahmenbedingungen jeweils typische Biografien eröffnete, die sich je nach geografischer Herkunft, sozialem Hintergrund und Ausbildungsweg deutlich voneinander unterschieden. Damit waren für den einzelnen Missionar ganz bestimmte Chancen, Pflichten und Möglichkeiten verbunden, mit denen die Missionsbenediktiner von St. Ottilien ihre Zielsetzungen verfolgten. Die von der Kongregation und den äußeren Umständen vorgegebenen Handlungsspielräume wurden jedoch individuell interpretiert, sodass sich bei aller Gemeinsamkeit viele verschiedene Formen transnationaler Räume, Netzwerke und Biografien ergaben, die zahlreiche regionale und lokale Bezüge aufwiesen.[20]

Niederbayern, *Facebook* und die Benediktinermission in Tanganjika

»Faschingsgaudi oder Rassismus?«[21] lautete die Überschrift einer Nachricht, die am 15. Februar 2017 auf der Internetseite des Bayerischen Rundfunks erschien und über die hitzige Diskussion um einen Faschingsball in Raindorf

---

19 Ebd., S. 37–41, 105–106, 117–119, 209–218; Hubertus Büschel, Hilfe zur Selbsthilfe. Deutsche Entwicklungszusammenarbeit in Afrika, 1960–1975, Frankfurt a. M. 2014.

20 Egger, Transnationale Biographien, S. 120–270.

21 Renate Roßberger/Michael Bartmann, Faschingsgaudi oder Rassismus? Diskussion um »Negerball« in Raindorf, 15.2.2017, in: http://www.br.de/nachrichten/niederbayern/inhalt/diskussion-negerball-raindorf-100.html (letzter Zugriff: 19.2.2017).

im Bayerischen Wald berichtete. Die Benefizveranstaltung für katholische Entwicklungsprojekte findet bereits seit den 1980er Jahren unter dem Namen »Jugend tanzt für Afrika« statt, der in der niederbayerischen Alltagssprache über die Jahrzehnte zum sogenannten »Negerball« wurde. Aufgrund der Berichterstattung in der Lokalausgabe der *Passauer Neuen Presse* wurde über diese Bezeichnung schon 2012 und 2013 kontrovers diskutiert.[22] Anfang 2017 warb der Veranstalter aber erstmals auf *Facebook* mit dem umstrittenen Ausdruck für das Event in der ehemaligen Dorfdisko *Downtown* in der Raindorfer Hauptstraße. Der kritische Kommentar einer Nutzerin aus Deggendorf löste eine überregionale Debatte aus, die zunächst in der Löschung des Eintrags durch das soziale Netzwerk und schließlich in der Umbenennung der *Facebook*-Veranstaltung in »Negaball« mündete. »Seit Jahrzehnten werden in Raindorf beim Fasching Spenden für Afrika gesammelt. Den Namen dafür findet nun jemand rassistisch.«[23] So pflichtete der Journalist Hans Kratzer in der *Süddeutschen Zeitung* den Diskutierenden bei, die beide Bezeichnungen mit Hinweis auf die lange Tradition des Balles und seinen humanitären Zweck verbunden ware.[24]

Die Ortschaft Raindorf gehört seit 1978 zur Gemeinde Kirchberg im Wald im Landkreis Regen. Jeweils knapp zehn Kilometer entfernt liegen die beiden Nachbarorte Richnach und Kirchdorf im Wald. Die katholischen Pfarreien der drei Dörfer gründeten im Jahr 1982 gemeinsam mit zwei Entwicklungshelfern die »Dritte-Welt-Runde Kirchberg – Richnach – Kirchdorf (KiRiKi)«.[25]

---

22 600 Faschingsfans feiern »downtown« beim Negerball, 30.1.2012, in: http://www.pnp.de/region_und_lokal/landkreis_regen/regen/330390_600-Faschingsfans-feiern-downtown-beim-Negerball.html (letzter Zugriff: 19.2.2017); »Negerball«: Riesen-Party für die gute Sache, 28.1.2013, in: http://www.pnp.de/region_und_lokal/landkreis_regen/regen/642797_Negerball-Riesen-Party-fuer-die-gute-Sache.html (letzter Zugriff: 19.2.2017).

23 Hans Kratzer, Tanz in den »Negerball«, in: Süddeutsche Zeitung 40, 17.2.2017, S. 41.

24 Roßberger/Barmann, Faschingsgaudi; Kratzer, Tanz in den »Negerball«, S. 41; Hans Lehner, »Negerball« löst hitzige Rassismusdebatte aus, 14.2.2017, in: http://www.wochenblatt.de/nachrichten/deggendorf/regionales/-Negerball-loest-hitzige-Rassismusdebatte-aus;art1147,423583 (letzter Zugriff: 19.2.2017); Johannes Fuchs, Diskussionen um den »Negerball«: Rassistisch oder nicht?, 15.2.2017, in: http://www.pnp.de/region_und_lokal/landkreis_regen/regen/2400489_Diskussionen-um-den-Negerball-in-Raidorf-Rassistisch-oder-nicht.html (letzter Zugriff: 19.2.2017); Bernhard Honnigfort, »Negaball«, 17.2.2017, in: http://www.fr-online.de/times-mager/times-mager-negaball-,183819 0,35169120.html (letzter Zugriff: 19.2.2017); Bernhard Honnigfort, »Negerball«: Wie Facebook einem bayerischen Ort Political Correctness beibringt, 17.2.2017, in: http://www.berliner-zeitung.de/panorama/-negerball--wie-facebook-einem-bayrischen-dorf-political-correctness-beibringt-25757964 (letzter Zugriff: 19.2.2017).

25 Kirchberg im Wald, https://www.kirchbergimwald.de/ (letzter Zugriff: 19.2.2017); Richnach,

Mithilfe von Veranstaltungen, wie dem jährlichen Faschingsball, und ihren zahlreichen Besucherinnen und Besuchern aus der Region wurden seither insgesamt rund 250.000 Euro gesammelt. Die Einnahmen und Spenden wurden über die grenzüberschreitenden Verflechtungen der Gruppe, die sich weit über Niederbayern hinaus nach Bolivien, Uganda, Senegal, Südafrika, Mali, Kamerun, Äthiopien, Tansania, Chile und in den Kongo erstrecken, vor allem an missionarische Projekte mit Bezug zu Niederbayern verteilt. Auf diese Weise verbanden sich auch hier verschiedene regionale Netzwerke miteinander zu einem transnationalen Raum der Benediktinermission in Tanganjika.[26]

Über die Jahre wurden nämlich auch die Aktivitäten von Pater (Konrad) Oswald Wiederer (1934–2013), dem Sohn einer Landwirtsfamilie aus Raindorf, in Tanganjika/Tansania gefördert. Kurz nach Ende des Zweiten Weltkriegs hatte er begonnen, das Missionsseminar der Abtei Schweiklberg zu besuchen, wo er 1957 als Pater Oswald in das Noviziat der Kongregation eintrat. Seine Weihe zum Diakon erhielt er im Oktober 1962 in seinem Heimatkloster, um nach einem Sprachaufenthalt in England im Februar 1964 nach Tansania ausgesandt zu werden. Dort lebte und arbeitete er bis 2011 als Missionar, wobei neben der Seelsorge und der Ausbildung von Katechistinnen und Katechisten insbesondere die benediktinische »Backsteinmission«, das heißt der Bau von Kirchen, Straßen und Brücken, zu seinen Aufgaben gehörte, bis ihn seine schlechte Gesundheit zur Rückkehr nach Niederbayern zwang, wo er 2013 verstarb.[27] Die Weihe von Pater Oswald Wiederer nahm Jacob Komba (1922–1992) vor, der nach der tansanischen Unabhängigkeit zum ersten »einheimischen« Weihbischof der Missionsabtei Peramiho ernannt worden war. Der Jahresbericht 1959 des Maria-Hilf-Missionsvereins, dem Unterstützungsverein der Benediktinermission in Niederbayern und der Oberpfalz, berichtete über den Pater:

> Daß das Feuer des Berufes in den Herzen der Buben nicht erlösche, gerade das ist das große Anliegen des schwarzen Priesters aus dem Peramihogebiet, des hochwür-

in: http://www.rinchnach.de/ (letzter Zugriff: 19.2.2017); Kirchdorf im Wald, in: http://www.kirchdorf-im-wald.de/ (letzter Zugriff: 19.2.2017).

26 Dritte-Welt-Runde Kirchberg – Richnach – Kirchdorf, in: http://www.kiriki.info/ (letzter Zugriff: 19.2.2017).

27 Nekrolog für P. Oswald (Konrad) Wiederer OSB, 23.9.2013, in: https://www.schweiklberg.de/index.php/en/home/kloster/mitbrueder/verstorbene/137-nachruf-p-oswald-konrad-wiederer-osb (letzter Zugriff: 19.2.2017); P. Matthäus Kroiss OSB, Schweiklberger Heimatnachrichten Oktober 2013, in: https://www.schweiklberg.de/index.php/en/home/kloster/heimatnachrichten/113-schweiklberger-heimatnachrichten-oktober-2013 (letzter Zugriff: 20.2.2017).

> digen Herrn Jakob Komba […]. Eindringlich bat er im vorigen Jahr unsere Zöglinge, sie möchten doch aushalten, Afrika warte auf sie. Aus Korea kommen die gleichen Bittrufe von Christen und einheimischen Priestern: Ihr habt die Pflicht, uns Missionäre zu schicken, da ihr vor uns das Licht des Evangeliums erhalten habt.[28]

Kombas Studium am Kolleg der Propaganda Fide in Rom, wo er eine Dissertation zu religiösen Vorstellungen lokaler Gesellschaften in Ostafrika verfasste, gab ihm Ende der 1950er Jahre die Gelegenheit, die bayerischen Abteien der Missionsbenediktiner von St. Ottilien zu besuchen.[29]

Über den Verein KiRiKi konnten sich die Katholikinnen und Katholiken aus dem Bayerischen Wald seit den 1980er Jahren mehr oder weniger direkt an der jeweiligen Mission der transnationalen Akteurinnen und Akteure beteiligen. Das war seit Beginn der modernen christlichen Missionen in Afrika um 1850 ein wichtiges Prinzip, um finanzielle Wohltäterinnen und Wohltäter sowie ideelle Unterstützerinnen und Unterstützer in der Heimat zu gewinnen und auf diese Weise schlagkräftige regionale Netzwerke aufzubauen. Für ihre Propaganda inner- und außerhalb Europas nutzten die Missionsorganisationen ganz bestimmte Selbst- und Fremdbilder, die nicht unbedingt der tatsächlichen Wahrnehmung des jeweils Anderen entsprachen und durchaus wandelbar waren. In ihren Zeitschriften, Publikationen und Berichten wurden die Menschen in den afrikanischen Missionsgebieten bis weit ins 20. Jahrhundert hinein als mehr oder weniger wissbegierige Schülerinnen und Schüler dargestellt, die darauf hoffen konnten, von Missionarinnen und Missionaren aus Europa und den USA unterrichtet zu werden, um an den Erkenntnissen und Erfahrungen dieser vermeintlich höher entwickelten Zivilisationen teilzuhaben. Diese Zuschreibungen waren häufig mit der Verwendung des Begriffs »Neger« verbunden.[30]

---

28 Ivo Kirmer, Um das Johannisfeuer, in: 51. Jahresbericht, Maria-Hilf-Missionsvereins, Schweiklberg 1959, S. 10–12, hier S. 12, Bayerische Staatsbibliothek München (BSB).

29 Egger, Transnationale Biographien, S. 282–283, 302–315; Nekrolog für P. Oswald (Konrad) Wiederer OSB; Kroiss, Schweiklberger Heimatnachrichten, Oktober 2013; Lambert Doerr, Benedictine Missionaries of Peramiho and their Co-Workers 1898 to 1998, in: ders. (Hg.), Peramiho 1898–1998. In the Service of the Missionary Church, Bd. 3, Ndanda/Peramiho 1998, S. 1–203, hier S. 100.

30 Hilde Nielssen/Inger Marie Okkenhaug/Karina Skeie Hestad, Introduction, in: Hilde Nielssen (Hg.), Protestant Missions and Local Encounters in the Nineteenth and Twentieth Centuries. Unto the Ends of the World, Leiden 2011, S. 1–22, hier: S. 7–10; Andrea Kittel, Erbaulich und ergötzlich. Missionswerbung in der Heimat, in: Eberhard Gutekunst (Hg.), Der ferne Nächste. Bilder der Mission – Mission der Bilder 1860–1920 (Katalog zur Ausstel-

Auch im Umgang mit solchen Typisierungen zeigte sich die Fähigkeit der Missionsbenediktiner von St. Ottilien zur reflexiven Modernisierung und Anpassung an sich verändernde Umstände. Um die Fortführung ihres Engagements in Tanganjika trotz der Katastrophe des Zweiten Weltkriegs plausibel zu machen, entdeckte die Kongregation in den 1950er Jahren die ersten afrikanischen Priester, die gemäß der päpstlichen Enzyklika *Rerum ecclesiae* (1926) im Missionsgebiet als »einheimischer Klerus« ausgebildet und geweiht wurden, für die Nachwuchs- und Ressourcenwerbung in Deutschland. Infolgedessen wurde Pater Jacob Komba, der 1968 die Leitung der tansanischen Diözese Songea übernehmen sollte, die nach der Unabhängigkeit aus dem missionsbenediktinischen Abteigebiet von Peramiho entstand, Ende der 1950er Jahre vom Maria-Hilf-Missionsverein nicht mehr als Objekt, sondern als Subjekt der Benediktinermission dargestellt. Allerdings verwies ein weiterer Beitrag in der Zeitschrift *Missionsblätter* eindeutig auf die transnational verflochtenen Strukturen, die den sozialen Aufstieg des Tanganjikers erst ermöglicht hatten: »Seinen Weg zum Priestertum verdankte er vor allem dem vor einigen Jahren verstorbenen Alt-Missionar P. Severin, der ihn 1934 vom Kühehüten weg in die Lateinschule aufgenommen und gefördert hat.«[31]

Kombas Mentor, Pater Severin (Heinrich) Hofbauer (1868–1955), war ein weiteres Mitglied der Benediktinermission in Tanganjika, das aus dem ländlichen Niederbayern stammte.[32] Geboren wurde auch er in eine große Landwirtsfamilie in Johanneskirchen im Sulzbachtal südöstlich von Vilshofen, das er allerdings bereits mit 13 Jahren verließ, um sich auf ein geistliches Leben vorzubereiten. Dazu besuchte er einige der traditionsreichsten und für den Ka-

---

lung im Landeskirchlichen Museum Ludwigsburg), Ludwigsburg 1996, S. 165–174; Werner Unseld, Äußere Bilder, Innere Bilder, Welt-Bilder, in: Gutekunst, Der ferne Nächste, S. 191–194, hier S. 191–192; Matt Gainer (Hg.), Reading an Image in the Other Context. A Visual Essay by Paul Jenkins, 1.2.2014, in: missionaryphotography.wordpress.com/2014/02/01/paul-jenkins-reading-an-image-in-the-other-context/ (letzter Zugriff: 27.2.2017); Benjamin Städter, Verwandelte Blicke. Eine Visual History von Kirche und Religion in der Bundesrepublik 1945–1980, Frankfurt a. M./New York 2011, S. 147–163; Egger, Transnationale Biographien, S. 274–302; Susanne Arndt, Kolonialismus, Rassismus und Sprache, 30.7.2004, in: http://www.bpb.de/gesellschaft/migration/afrikanische-diaspora/59407/afrikaterminologie?p=all (letzter Zugriff: 28.2.2017).

31 Auch die Schwarzen sind dankbar! Gedanken zum Afrika-Problem, in: Missionsblätter 11/12, November/Dezember 1957, S. 167, BSB; Siehe dazu Egger, Transnationale Biographien, S. 236, 282–283.

32 Nekrolog für P. Severin Hofbauer OSB, St. Ottilien, 28.4.1955, Archiv der Erzabtei St. Ottilien (AStO), A.1.7.1, 1888–1999; Personalakten Patres, Hofbauer Heinrich P. Severin, AStO.

tholizismus in Bayern prägendsten Bildungseinrichtungen: das Gymnasium Leopoldinum Passau, das Königlich-Bayerische Lyzeum in Passau und die Studienanstalt in Dillingen an der Donau. Nach seinem Studium trat er im März 1891 als Pater Severin bei den Missionsbenediktinern von St. Ottilien ein. Warum er sich gerade für diese missionierende Kongregation entschied, die zu der Zeit noch kein Tochterkloster in Niederbayern unterhielt, lässt sich nicht nachvollziehen. Zu seinem Professkloster wählte er das oberbayerische Mutterhaus, an dessen Missionsseminar er für den Unterricht im Fach Latein zuständig war, bevor er im Juli 1895 erstmals in die Benediktinermission in Deutsch-Ostafrika ausgesandt wurde, wo er bis zu seiner Internierung in einem britischen Kriegsgefangenenlager in Indien und seiner anschließenden Rückkehr nach Europa lebte und arbeitete. Als zu Beginn der 1920er Jahre nicht absehbar war, wann eine Wiederaufnahme der missionarischen Aktivitäten in Tanganjika möglich sein würde, übernahm er in der Heimat zunächst das Amt des Direktors des Missionsärztlichen Instituts Würzburg, das wenige Jahre zuvor unter Beteiligung seiner Kongregation gegründet worden war. Danach war er als Oberer der Niederlassung seiner Kongregation in Tirol tätig.[33]

Aufgrund seiner Erfahrung gehörte Hofbauer im März 1926 zu den ersten Deutschen, die wieder die Erlaubnis erhielten, in die frühere kaiserliche Kolonie einzureisen, um als Missionare zu arbeiten. Seine Aufgaben bezogen sich erneut auf das Bildungswesen, das der Schweizer Pater Gallus (Bernhard) Steiger (1879–1966), ab 1931 Abtbischof von Peramiho, »als wichtiges, wenn nicht sogar unentbehrliches Missionsmittel« betrachtete, um die Tanganjikerinnen und Tanganjiker für den Katholizismus zu begeistern und sich klar vom konkurrierenden Islam und der benachbarten Anglikanischen Mission abzugrenzen.[34] Bereits während seines ersten Aufenthalts in Tanganjika war Hofbauer für die Ausbildung der lokalen Lehrerinnen und Lehrer, Katechistinnen und Katechisten zuständig, auf die sich die Benediktinermission seit ihrer Wiederaufnahme konzentrierte, um ihre Schulen mit ausreichend Personal zu versorgen. Nach seiner Wiederkehr begann er, den begabteren Schülern der Primarschule in Peramiho Latein beizubringen, um sie auf einen höheren Bildungsabschluss vorzubereiten. In seinem Tagebuch, in das er während seines

---

33 Egger, Transnationale Biographien, S. 231–232; Christine Egger, Missionsärztliches Institut Würzburg, 2.7.2012, in: https://www.historisches-lexikon-bayerns.de/Lexikon/Missions-%C3%A4rztliches_Institut,_W%C3%BCrzburg (letzter Zugriff: 28.2.2017).

34 Godfrey Sieber, Gallus Steiger (1879–1966). Abt und Bischof in Ostafrika (1931–1966), in: ders./Cyrill Schäfer (Hg.), Beständigkeit und Sendung. Festschrift St. Ottilien 2003, St. Ottilien 2003, S. 357–362, hier S. 360.

gesamten Aufenthalts in Tanganjika regelmäßig Notizen machte, die über drei Jahrzehnte seine Weltsicht offenbaren, erklärte er die Situation:

> Es ist jetzt ungefähr seit Unterrichtsbeginn ein Monat verflossen, und wir haben schon viel gelernt, d.h. wir haben den alten philosophischen Grundsatz gründlich gekostet, dass wir nichts können, Schüler sowohl als Lehrer. [...] Doch gebe ich die Hoffnung noch nicht auf. Schwarze brauchen eben zum Verständnis sicher die doppelte Zeit wie europäische Schüler.[35]

Trotz seiner rassistisch begründeten Zweifel an den Fähigkeiten der afrikanischen Kinder und Jugendlichen entwickelte sich aus der Klasse ein Knabenseminar, in das tanganjikische Jungen eintreten konnten, die Priester werden wollten. Daraus entstanden Anfang der 1930er Jahre ein »Kleines Seminar« auf der Station Kigonsera, wo Hofbauer seinen Latein- und Griechisch-Unterricht fortsetzte, und ein bischöfliches Priesterseminar (»Großes Seminar«) in der Abtei Peramiho. Unter den jungen Männern, die dieses Angebot nutzten, war auch der spätere Bischof Jacob Komba.[36]

Die Bildungseinrichtungen der Benediktinermission in Tanganjika waren auf die »Erziehung« afrikanischer Christinnen und Christen ausgerichtet, die sich den Glaubens-, Wert- und Moralvorstellungen ihres Katholizismus verpflichtet sahen. Darüber hinaus gehende Bildung war nicht vorgesehen, was der stark hierarchischen, kolonialen Gesellschaftsordnung in Tanganjika entsprach, die ihre schwarzen Mitglieder deutlich beschränkte. Die Handlungsspielräume für die lokale Bevölkerung vergrößerten sich zwar durch die Krise der europäischen Sendungsideen nach dem Zweiten Weltkrieg, dennoch blieben missionarische und staatliche Schulen in Tanganjika Orte westlicher Machtausübung. Um bestimmte Positionen innerhalb des kriselnden Kolonialsystems besetzen zu können, wurde nach der besonderen Förderung der sogenannten »Buschschulen« bis zum Ersten Weltkrieg und der Primarschulen in der Zwischenkriegszeit, seit 1945 von beiden Seiten die Sekundarschulbildung in Internaten fokussiert, die einer kleinen Elite neue Handlungsoptionen eröffnen sollte. In dieser Hinsicht ergänzten sich die Strategien von britischer Mandatsregierung und Benediktinermission. Diese Schulart war wenig verbreitet, entfaltete aber enormen gesellschaftlichen und politischen Einfluss. Zu ihren Absolventinnen

35 Tagebuch von P. Severin Hofbauer, Bd. 1 (1926–1930), hier Eintrag vom 16.11.1926, S. 20–21, Archiv der Abtei Peramiho (APe).

36 Egger, Transnationale Biographien, S. 65–74, 233–236.

und Absolventen gehörten zahlreiche Akteurinnen und Akteure der Dekolonisation und der politischen Veränderungsprozesse der 1950er und 1960er Jahre.[37]

Hofbauer schrieb nach dreizehn Jahren missionarischer Praxis 1939 in sein Tagebuch:

> Die Handlungen der Europäer werden sowohl bei Lehrern wie Schülern argwöhnisch beurteilt. Beide möchten immer, daß zwischen Schwarzen und Weißen volle Gleichheit sei und gleiche Berechtigung in Allem. Es wird noch schwer halten ihnen die ›*certi denique fines*‹ zwischen beiden begreiflich zu machen. Je gebildeter wir ihn machen, desto schwerer wird ein Einklang zu erreichen sein. Jedoch je frömmer wir ihn bilden können, desto eher wird ein ausgleichendes Einverständnis zu erzielen sein.[38]

Seine Einträge verfasste Hofbauer in der typischen Sprache der Benediktinermission. Ihre hybride Ausdrucksweise zeichnete sich durch eine spezifische Kombination von Begriffen aus dem Deutschen, Bayerischen, Schweizerdeutschen, Englischen, Lateinischen und Swahili aus und legt nahe, dass sich bestimmte Selbstverständlichkeiten im Leben ihrer Sprecher bereits aufgelöst hatten. Auch die Positionen, die er auf diese Weise formulierte, schienen nicht ganz eindeutig. Obwohl er die intellektuellen Fähigkeiten, die Disziplin und die Beständigkeit seiner afrikanischen Schüler geringschätzte, war die gleichberechtigte Aufnahme von Tanganjikern in die Kongregation der Missionsbenediktiner von St. Ottilien für ihn im Gegensatz zu vielen Mitbrüdern bereits in den 1920er Jahren denkbar. Seine persönlichen Begegnungen im Missionsgebiet führten offenbar zu einer empathischen Öffnung, die dennoch ambivalent blieb. Die Anpassungen der Organisation an die politischen und gesellschaftlichen Bedingungen nach dem Zweiten Weltkrieg, die zu einer immer engeren Verflechtung der transnationalen Räume und regionalen Netzwerke der Missionsbenediktiner von St. Ottilien führten, beobachtete er sehr kritisch. Weder die Finanzierung der missionarischen Aktivitäten durch Einnahmen und Spen-

---

37 Egger, Transnationale Biographien, S. 65–74, 233–236; John Baur, Christus kommt nach Afrika. 2000 Jahre Christentum auf dem Schwarzen Kontinent, Freiburg/Stuttgart 2006, hier S. 347–351.

38 Tagebuch von P. Severin Hofbauer, Bd. 2 (1931–1940), hier Eintrag vom 4.3.1939, S. 211–212, APe. *Certi denique fines* ist die lateinische Bezeichnung für den deutschen Ausdruck »für das rechte Maß«.

den aus den USA noch die sich abzeichnende Unabhängigkeit Tanganjikas fand seine Zustimmung:

> Es wird fieberhaft geschafft in der Weltpolitik überall unter dem Deckmantel des Friedens jedoch, um der Wahrheit zu bezeugen, nur um dem Nächsten [...] das Wasser abzugraben und die Kriegsfackel ins Land zu bringen. [...] Im engeren Kreise, im Privatleben, in der Familie, in der obligatorischen Arbeit macht sich Ähnliches geltend. Bei uns ist ebenfalls (Mission fieberhafter, fast krankhafter Wettbewerb im Schulbetrieb, darum leicht erklärliche Zusammenstöße, Unfreundlichkeiten). Unter Mitbrüdern Gehässigkeiten, Missverkennung der Arbeiten etc. sodaß die Entladungen zuspitzen in einigen Fällen in Unverschämtheiten, Gemeinheiten.[39]

Am 21. April 1955 starb der niederbayerische Lehrer nach einem langen Missionarsleben im Alter von 87 Jahren in Peramiho in Tansania, wo er unter tropischen Palmen – die in der christlichen Ikonografie den Sieg des Märtyrers über den Tod und seinen Eingang ins Paradies bedeuten – seine letzte Ruhe fand.[40]

Dimensionen von Transnationalität

Die christlichen Missionarinnen und Missionare des 19. und 20. Jahrhunderts zählten zu den ersten Europäerinnen und Europäern, Nordamerikanerinnen und Nordamerikanern, die nach Afrika reisten und mehr oder weniger beständige Verbindungen zwischen den Kontinenten aufbauten. Sie blieben – im Gegensatz zu den meisten Akteurinnen und Akteuren der verschiedenen westlichen Kolonialsysteme – oft über Jahrzehnte in einer bestimmten Region und passten die Strategien, die ihnen aus Europa und den USA vorgegeben wurden, zum Teil reflektiert, aber auch ungewollt und ungeplant an ihre neuen Lebenswelten an. Durch diese von der Geschichtswissenschaft bislang wenig beachteten Akteurinnen und Akteure der Transnationalisierung wurden geografische, politische und physische Räume miteinander in Beziehung gesetzt und gleichzeitig neue soziale und kommunikative Räume geschaffen und immer wieder

39 Tagebuch von P. Severin Hofbauer, Bd. 4 (1949–1955), hier Eintrag vom 13.6.1952, S. 41, APe.

40 Egger, Transnationale Biographien, S. 190–203, 238–242; Patrice Djoufack, Entortung, hybride Sprache und Identitätsbildung. Zur Erfindung von Sprache und Identität bei Franz Kafka, Elias Canetti und Paul Celan, Göttingen 2010, S. 115–139.

an die sich verändernden Umstände angepasst. Der wechselseitige Austausch von Personen, Ideen und Gütern zwischen verschiedenen Orten, Gesellschaften und ihren Kulturen, Milieus, Regionen, Sprachen, Ländern und Religionen in der Missionsgeschichte ließ Verflechtungen entstehen und konstruierte Netzwerke, die erheblichen Einfluss auf die Lebens- und Identitätsentwürfe aller Beteiligten hatten. Dass sich dadurch nicht nur die Sichtweisen und Positionen der vermeintlichen afrikanischen »Objekte«, sondern insbesondere der westlichen »Subjekte« der Mission selbst veränderten, konnte hier anhand der grenzüberschreitenden Organisation der Benediktinermission in Tanganjika und einigen ihrer transnationalen Biografien gezeigt werden. Die unterstützenden Missionsvereine und deren Missionswerbung, das Publikationswesen und die identitätsstiftenden Kirchenbauten in Europa und Afrika waren ebenfalls transnationale Räume, über die in diesem Kontext St. Ottilien nach Peramiho und Ndanda gelangte, Peramiho und Ndanda aber auch in St. Ottilien evident wurden. Dieses hohe Maß an Selbstreflexivität lässt die Benediktinermission in Tanganjika nicht nur als global verflochtenes, sondern auch als modernes Unternehmen erscheinen.[41]

»Genauso wie die Vergangenheit in unsere Gegenwart, ragt die Präsenz des Fernen ›dort‹ in unser Nahes ›hier‹ hinein.«[42] Das konstatiert die Geografin Doreen Massey, die von einer lokalen Konstruktion des Globalen und Transnationalen ausgeht. Am Beispiel der Debatte um den »Negerball« in Raindorf im Jahr 2017 wurde deutlich, dass die transnationalen Räume, die von den Missionsbenediktinern von St. Ottilien seit dem späten 19. Jahrhundert zwischen Europa, Afrika und Nordamerika aufgespannt wurden, und die Identitäten und Weltsichten, die darüber konstruiert und transportiert wurden, weit über ihren Entstehungszeitraum hinaus wirksam blieben. Die missionarischen Netzwerke funktionieren bis ins 21. Jahrhundert. Über die Verflechtungen der Benediktinermission mit Tansania fließen bis heute Spendengelder für kirchliche Entwicklungsprojekte von Bayern nach Ostafrika, junge Erwachsene aus bayerischen Diözesen verbringen nach ihrem Schulabschluss mit dem Programm *Weltwärts* ein freiwilliges entwicklungspolitisches Jahr in den früheren Missionsgebieten und tansanische Mitglieder der Kongregation kommen für ihre Ausbildung oder Fortbildung in die bayerischen und schweizerischen Orte,

41 Egger, Transnationale Biographien, S. 10–11, 330–334. Beck, Das Zeitalter der Nebenfolgen und die Politisierung der Moderne, S. 19–112.

42 Doreen Massey, Keine Entlastung des Lokalen, in: Helmuth Berking (Hg.), Die Macht des Lokalen in einer Welt ohne Grenzen, Frankfurt a. M./New York 2006, S. 25–31, hier S. 29.

Dörfer und Landstriche oder in die US-amerikanischen Städte, aus denen eben jene stammten, die zwischen 1922 und 1965 nach Tanganjika aufbrachen.[43]

Die unterschiedlichen Dimensionen von Transnationalität, die sich in der Geschichte der modernen christlichen Missionen – und auch am Beispiel der Benediktinermission in Tanganjika – erkennen lassen, machen sie zu einem besonders ertragreichen Gegenstand einer Geschichtsschreibung, die sich für die historische Entwicklung von Phänomenen interessiert, die politische, soziale und kulturelle Grenzen überschreiten, beziehungsweise grenzüberschreitende Erscheinungen in das Denken von Geschichte einbezieht. Eine neuere Missionsgeschichte, die sich einem breiten Spektrum an geschichts-, kultur- und sozialwissenschaftlichen Methoden bedienen und auf umfangreiche, vielfach ungenutzte Quellenbestände in Europa und den früheren Missionsgebieten zurückgreifen kann, leistet damit einen wesentlichen Beitrag zur Weiterentwicklung der Geschichtswissenschaft.

43 Weltwärts. Der entwicklungspolitische Freiwilligendienst, in: http://www.weltwaerts.de/de/ (letzter Zugriff: 15.3.2017).

REFLEXIONEN

Philipp Seitz

Montage und Formsicherheit

Missionsgeschichte im Gesamtzusammenhang menschlicher Kulturalität

Wenn sich Historikerinnen und Historiker gegenwärtig mit Missionierungen auseinandersetzen, dann schreiben sie Missionsgeschichte zumeist als Verflechtungs-, Wissens-, Materialitäts- oder als Globalgeschichte. Jeder dieser historischen Zugänge ermöglicht eine spezifische Auseinandersetzung mit Missionierung verstanden als interkulturelle Begegnung zwischen zumeist westlichen Missionarinnen und Missionaren und außereuropäischen Akteurinnen und Akteuren, die es aus Sicht der Missionarinnen und Missionare zu missionieren gilt. Jede Art und Weise der Geschichtsschreibung kreist dabei mit eigenen Verfahren um den historischen Gegenstand »Mission« und geht einher mit bestimmten Fragestellungen und Methoden. Kurzum: Jeder historischer Zugang führt zu einer spezifischen Perspektive auf »Mission« bzw. »Missionierung« als historisches Phänomen, als historisches Ereignis oder als historischen Prozess.

Vor diesem Hintergrund fragt dieser Beitrag danach, was die benannten Perspektiven über ein historisches Erkenntnisinteresse hinaus eint. Dabei gilt es das Besondere des Historischen auf das Allgemeine des Kulturellen zu beziehen. Kulturgeschichte lässt sich als ein eigenes Genre, ein Sachgebiet der historischen Wissenschaften mit einer eigenen spezifischen Perspektive auf Mission auffassen. Die Frage, ob sich der Gegenstand einer solchen Kulturgeschichte gegenüber den anderen historischen Teildisziplinen trennscharf bestimmen lässt, ist jedoch Gegenstand der Geschichtstheorie.[1] Der folgende Aufsatz hingegen definiert Kulturgeschichte aus philosophisch-anthropologischer Perspektive als eine Geschichte des menschlichen Geistes.[2] Kultur avanciert auf diese Weise zum Inbegriff spezifisch menschlicher Handlungsfähigkeit(en). Kultur ist nicht nur das Objektivierte, sondern auch das Objektivieren in Spra-

1 Ute Daniel, Kompendium Kulturgeschichte. Theorien, Praxis, Schlüsselwörter, Frankfurt a. M. 2001, S. 7–25, 233–254, 443–466.

2 Diese Grundlegung lässt sich bis zu Johann Gottfried Herder (1744–1803) zurückverfolgen, wie John K. Noyes jüngst eindrucksvoll erneut aufgezeigt hat. Vgl. John K. Noyes, Herder. Aesthetics against Imperialism, Toronto 2015, S. 23–59.

che, Mythos, Religion, Wissenschaft, Technik, Kunst und anderen Welterklärungsweisen resp. Sinnwelten im Verlauf vergangener Gegenwarten. Kultur ist das Urphänomen jeden Tätigseins des Menschen in der Welt.

Diese Bestimmung steht nur solange unter dem Verdacht, vage zu sein, bis der Begriff der Kultur hinreichend bestimmt ist. Ist er erst einmal bestimmt und operationalisiert, dann ist eine allgemeine Grundlegung historischer Forschungen im Besonderen und kulturwissenschaftlicher Forschungen im Allgemeinen gerade im Hinblick auf interkulturelle Phänomene – wie die Missionierung zu allen Zeiten und an allen Orten – in einer Fragestellung möglich, die als *archimedischer Punkt* für jede wissenschaftliche Auseinandersetzung mit menschlicher Kulturalität Geltung besitzt. Unter einem *archimedischen Punkt* als Fragestellung verstehe ich einen unbeweglichen Angelpunkt in Form einer Fragestellung, die außerhalb der je spezifischen kulturhistorischen Forschungspraxis steht und auf die jede empirisch kulturwissenschaftliche Forschungspraxis Bezug nimmt.

Der Absolutheitsanspruch eines derartigen *archimedischen Punktes* geht in keiner Weise aus einem universalistischen oder relativistischen Streben hervor. Vielmehr geht es darum, eine unbedingte und allgemeine kulturtheoretische Fragestellung außerhalb von spezifischen historischen und kulturwissenschaftlichen Interessen zu bestimmen. Eine solche Fragestellung gibt allen historischen und kulturwissenschaftlichen Disziplinen eine Richtung. Das ist nicht nur im Hinblick auf die Kohärenz von Fragestellungen in den Naturwissenschaften von großer Bedeutung. Ohne eine richtungweisende Fragestellung stellen sich menschliches »Verhalten und soziale Reproduktion [...] als Ergebnis eines normativen Konsenses« dar und nicht als »kollektive kognitiv-symbolische Strukturen«.[3] Ohne einen Bezugspunkt, auf den sich alle Kulturwissenschaften beziehen, werden sie selbst obsolet, weil sie ihren inneren Zusammenhang aufgeben.[4]

An der Rede vom Absoluten haftet nicht erst seit Hegels Rede vom *absoluten Wissen* ein Makel. Er war es, der prominent darauf hinwies, dass auch das Absolute immer aus einer bestimmten Perspektive heraus gesetzt wird.[5] Weil das

3 Andreas Reckwitz, Die Transformation der Kulturtheorien. Zur Entwicklung eines Theorieprogramms, Weilerswist 2006 [2000], S. 644.

4 Vgl. Birgit Recki, Interdisziplinarität ohne Disziplin? Kulturphilosophie und Kulturwissenschaften nach Ernst Cassirer, in: Dialektik. Zeitschrift für Kulturphilosophie (2005) 2, S. 131–142.

5 Vgl. Georg Wilhelm Friedrich Hegel, Phänomenologie des Geistes [1806/1807], neu hg. von H.-F. Wessels/H. Clairmont, Hamburg 1988, S. 516–531.

Absolute notwendig vom menschlichen Geist als Absolutes gedacht wird, ist es gerade nicht absolut. Das Absolute hängt für Hegel notwendig vom Menschen ab und ist dadurch bedingt. Trotzdem: Wenn man nun jeden Versuch, einen *archimedischen Punkt* bestimmen zu wollen, als idealistischen Taschenspielertrick deklariert, tut man der Sache m.E. Unrecht. Um einen solchen Taschenspielertrick handelt es sich nur dann, wenn man von der Prämisse ausgeht, dass sich das Absolute verwirklichen lässt. Darum geht es hier nicht. Der *archimedische Punkt* ist ein Angelpunkt. Wenn man eine Frage statt einer Behauptung oder einer vermeintlichen evidenten Wahrheit zum Angelpunkt erklärt, stellt die Frage als Absolutes keine Beschneidung empirischer Wirklichkeiten dar, sondern fixiert die Ergebnisse unter einer ganz bestimmten Fragestellung, der sich alle Mitwirkenden verpflichtet haben. Insofern besteht das Absolute in einer Tätigkeit – der Beantwortung einer allgemeinen Frage – und nicht in einem konkreten Stoff.

Der *archimedische Punkt* der Betrachtung kulturhistorischer Gegenstände ist ein allgemeiner Standpunkt. Das heißt: Von hier aus kann der Versuch unternommen werden, zu erheben, »was *allen* aus einer gegebenen Gesamtheit von Gegenständen *gemeinsam* ist.«[6] Nur weil dieses Gemeinsame aus einer bedingten Perspektive formuliert wird, ist es nicht – in einem absoluten Sinne – relativ. Aber: Es muss stets und ständig eine klare Abgrenzung zwischen dem Leitmotiv, einen allgemeinen Zielpunkt heterogener Forschungen zu bestimmen, und dem Leitmotiv, das Absolute als normative Setzung zu behandeln, vorgenommen werden. Wo sich das erste Leitmotiv als das dritte Glied eines Vergleiches *(Tertium comparationis)* verstehen lässt, muss das zweite Leitmotiv tatsächlich als essentialistischer Taschenspielertrick zurückgewiesen werden.

Mein Beitrag illustriert am Gegenstand der missionshistorischen Forschung und anhand von Beispielen aus diesem Sammelband, wie dieses erste Leitmotiv zur Bestimmung eines *archimedischen Punktes* der Betrachtung von kulturhistorischen Phänomenen dienen kann. Ich möchte dafür werben, die historischen Auseinandersetzungen mit Missionierungen – seien sie globalgeschichtlicher, materialitätsgeschichtlicher, wissenshistorischer oder verflechtungsgeschichtlicher Art – in einer Fragestellung zu begründen, die sich als grundlegende kulturwissenschaftliche Aufgabe versteht.[7] Auseinandersetzungen mit Transkulturationsprozessen wie beispielsweise der Missionierung – aber auch der

6 Martin Gessmann, Philosophisches Wörterbuch, 23. vollst. neu bearb. Aufl., Stuttgart 2009, S. 20.

7 Vgl. Arbeitskreis Kultur- und Sozialphilosophie, Einleitung, in: Der Begriff der Kultur, Kul-

Hellenisierung, der Amerikanisierung oder der Migration – sollten es nicht bei der schlichten Deskription eines diskursiven Austauschs zwischen Akteurinnen und Akteuren belassen. Der Gehalt verflechtungs-, wissens-, materialitäts- oder globalgeschichtlicher Betrachtungen entfaltet sich erst voll umfänglich, wenn sie so angelegt sind, dass es mit ihnen gelingt, einen historisch-anthropologischen Bogen zu Fragen der menschlichen Kulturalität zu schlagen.

All das, was über Missionen als transkulturelle Arenen – als *third spaces* im Sinne Homi K. Bhabhas[8] – als hybride Gebilde oder als Zwischenräume historisch dargestellt werden kann, hat eine Relevanz, die über den Gegenstand der Missionierung hinaus etwas über die Modi des Agierens kulturell spezifisch geprägter Akteurinnen und Akteure aussagt. Dem sollte jede Missionsgeschichte ihrer Maxime nach Rechnung tragen. Die Ausrichtung der Missionsgeschichte an der vierten kantischen Frage nach dem Menschen, nach der Spezifik menschlicher Kulturalität, bildet die Voraussetzung jeder kulturwissenschaftlichen und damit auch jeder kulturhistorischen Forschung, weil es insbesondere und vor allen anderen transkulturelle Schwellenräume sind, in denen Menschen kollektive Identitäten neu bestimmen.[9]

Konfrontiert mit der unentrinnbaren Diskursivität transkultureller Arenen, müssen sich alle Akteurinnen und Akteure in oder zu diesem Diskurs verhalten. Der Kontakt mit den kulturell »Anderen« befördert erstens eine Erkenntnis der »eigenen« Identität. Diskurse in transkulturellen Arenen berühren immer die Frage danach, wie man ist und was man wissen kann (erste Frage). Daneben provoziert der Schwellenraum als Zustand aber auch die Frage danach, wie man sein will. Die »anderen« Objektivationen stellen die »eigenen« gegebenenfalls infrage. Es gilt, sich zu entscheiden und zu positionieren. Man steht unweigerlich vor der Frage, wie man sich verhalten soll (zweite Frage). Schlussendlich ist der Verlauf der Diskurse im Zwischenraum aber auch beständig mit der Frage

---

turphilosophie als Aufgabe, hg. vom Arbeitskreis Kultur– und Sozialphilosophie, Bielefeld 2013, S. 7–23.

8 Vgl. Homi K. Bhabha, The Location of Culture, Hoboken 2012 [1994], S. 55.

9 Dass es insbesondere diese Schwellenräume sind, in denen sich transkulturelle Identitäten neu ausbilden, zeigen verschiedene Beiträge in diesem Sammelband. So wird in Jenna M. Gibbs' Darstellung der biografischen Verflechtungen von Christian Ignatius Latrobe, einem Herrnhuter, deutlich, wie sein Agieren Ausdruck transkultureller Übersetzungsdiskursergebnisse ist. Vgl. Jenna Gibbs Aufsatz in diesem Band. Daneben zeigt Christine Eggers eindringliche Auseinandersetzung mit den transnationalen Verflechtungen der Missionsbenediktiner von St. Ottilien in Tanganjika zwischen 1922–1965, wie Diskurse durch transkulturelle Übersetzungen vielfältiger werden und damit wiederum auch zu einer Transkulturalisierung der Identität einzelner Akteurinnen und Akteure beitragen. Vgl. Christine Eggers Aufsatz in diesem Band.

konfrontiert, wie die Akteurinnen und Akteure sein können und was sie vor diesem Hintergrund hoffen dürfen (dritte Frage). Die allgemeine Perspektive auf all diese Phänomene zusammen, ungeachtet dessen, wie die Verstehensprozesse im Einzelnen verlaufen, begründet die Möglichkeit, die vierte menschliche Grundfrage nach Kant zu beantworten: Was ist der Mensch?

Wie lassen sich nun konkrete Kulturgeschichte(n) – d.h. in diesem Fall Missionsgeschichte(n) – und eine allgemeine philosophisch-anthropologische Perspektive auf den Modus interkultureller Begegnung ergiebig zusammenbringen? Es bedarf der Operationalisierung eines Kulturbegriffes, der das Ergänzungsverhältnis begründen kann.

Missionsgeschichte als transkultureller Übersetzungsprozess

Der Transkulturationsbegriff *(transculturación)* verfügt über die konzeptionelle Reichweite, den Kulturbegriff zu operationalisieren. Die Herausforderung des Transkulturationsbegriffs besteht nämlich seit seiner Begründung durch Fernando Ortiz und seiner Würdigung durch Bronislaw Malinowski darin,[10] dass Kultur sich in dreifacher Hinsicht auf ein *trans* (lat. *transcendere*) – ein »Hindurch« – bezieht:[11] Erstens beschreibt der Begriff den Kontakt zwischen Akteuren unterschiedlicher kultureller Prägung.[12] Zweitens besteht in Folge des Austauschs immerfort die Möglichkeit, dass etwas Neues hervorgebracht

10 Vgl. Bronislaw Malinowski, The Pan-African Problem of Culture Contact, in: American Journal of Sociology 48 (1943) 6, S. 649–665; Phyllis M. Kaberry, Introduction, in: ders. (Hg.), Bronislaw Malinowski, The Dynamics of Culture Change. An Inquiry into Race Relations in Africa, New Haven 1945, p. V–XIV.

11 Vgl. Klaus Hock, Religion als transkulturelles Phänomen. Implikationen eines kulturwissenschaftlichen Paradigmas für die Religionsforschung, in: Berliner Theologische Zeitschrift 19 (2002) 1, S. 64–82.

12 Ich bin mir durchaus darüber im Klaren, dass jede Verwendung eines trans-Begriffes in philosophischer Hinsicht vorbelastet ist. Ohne Zutun steht man unter dem Verdacht, transzendentalphilosophische Überlegungen empirisieren zu wollen. Ich betone deshalb eigens, dass mir dies fern liegt. Es geht mir in einem kantischen Sinne nicht darum, mit der Rede von Transkulturalität Aussagen über Kulturelles außerhalb der Reichweite menschlicher Erkenntniskräfte zu treffen. Ganz im Gegenteil: Es geht mir darum, die Grenzen der menschlichen Kulturalität zu bestimmen, indem ich auf die Bedingungen ihrer Möglichkeit zurückgehe. Die Bedingungen der Möglichkeit der menschlichen Kulturalität lassen sich meiner Auffassung nach insbesondere dort bestimmen, wo Menschen miteinander im Austausch stehen und dabei ihre notwendige Kulturalität verwenden, um sich interagierend zu verständigen. Ich ziehe den Begriff transkulturell dem Begriff interkulturell vor, weil in ihm meiner Meinung nach

wird. Es wird etwas ausgebildet, das vorher nicht existierte und das gleichfalls der Sphäre des Kulturellen angehört. Dieses neu Hervorgebrachte setzt sich wechselseitig aus »rein geistigen (immateriellen), institutionellen, habituellen, instrumentellen und materiellen Objektivationen« der beteiligten Akteurinnen und Akteuren zusammen.[13] Drittens verändert das neu Hervorgebrachte in einer Art Rückwirkung auch die kulturelle Praxis der Akteurinnen und Akteure, zwischen denen es entstanden ist. Eben diesen dreidimensionalen Facettenreichtum gilt es ernst zu nehmen, wenn man sich mit Prozessen auseinandersetzt, die dadurch gekennzeichnet sind, dass Akteurinnen und Akteure aufeinandertreffen, die unterschiedlichen kulturellen Zusammenhängen entstammen und im kulturellen Austausch miteinander interagierend darum bemüht sind, einander *zu verstehen*.[14]

Ein solches Verstehen umfasst nicht bloß den sprachlichen Austausch, das Übersetzen von Inhalten. Für den Historiker und Philosophen Franz Rosenzweig stellt eine sprachliche Übersetzung eine »Erneuerung einer Sprache durch eine fremde« dar. Übersetzen ist nur möglich, weil es so etwas gibt wie eine »wesenhafte Einheit aller Sprache«. Rosenzweig schreibt: »Man kann übersetzen, weil in jeder Sprache jede andere der Möglichkeit nach enthalten ist […].«[15]

Angewandt auf die Missionsgeschichte als Transkulturationsprozess, ermöglichen die Begriffe des Verstehens und Übersetzens in den Ver-*Handlungen* der Akteure in Missions*räumen* und in Missionierungs*zeiten* deutlich herauszustellen, dass jede Entscheidung für oder gegen ein Aneignen, ein Einkapseln, ein Fokussieren, ein Ausblenden, ein Ignorieren, ein kreatives Zerstören, ein Rekonstruieren, ein Ergänzen, ein Substituieren, ein Umdeuten oder ein Montieren einer kulturellen Objektivation – sei sie nun immaterieller (z. B. Sprache), institutioneller (z. B. »Formen der Geselligkeit«[16]), habitueller (z. B.

---

die Mehrdimensionalität der Verständigungen zwischen unterschiedlich kulturellgeprägten Akteurinnen und Akteuren deutlicher zum Tragen kommt.

13 Klaus Christian Köhnke, Einleitung des Herausgebers, in: Moritz Lazarus – Grundzüge der Völkerpsychologie und Kulturwissenschaft, hg. von Klaus Christian Köhnke, Hamburg 2003, S. IX–XLII, hier S. XXXV–XXXVI.

14 Vgl. Joachim Matthes, »Zwischen« den Kulturen? in: ders., (Hg.), Zwischen den Kulturen? Die Sozialwissenschaften vor dem Problem des Kulturvergleichs, Göttingen 1992, S. 3–12.

15 Franz Rosenzweig/Jehuda Halevi, Zweiundneunzig Hymnen und Gedichte, Berlin 1900, S. 155.

16 Vgl. Georg Simmel, Grundfragen der Soziologie (Individuum und Gesellschaft) [1917], in: ders., Der Krieg und die geistigen Entscheidungen, Grundfragen der Soziologie, Vom Wesen des historischen Verstehens, Der Konflikt der modernen Kultur, Lebensanschauung, hg. von

bestimmte Geschicklichkeiten), instrumenteller (z. B. Werkzeuge) oder materieller Art (z. B. Kunstwerke) – immer auch ein Beispiel für die wesenhafte Einheit der Kulturalität darstellt, die Menschen immer und überall erst in die Lage versetzt, miteinander übersetzen zu können.

Ein solches Ideal kulturellen Übersetzens hat sich im Anschluss an die Überlegungen von Doris Bachmann-Medick und anderen Forscherinnen und Forschern in den Kulturwissenschaften schon seit Längerem etabliert.[17] Bachmann-Medick führt aus:

> Die Verwirklichung von Übersetzung im Sinne einer Überlagerung und Transformation verschiedener kultureller Schichten von Erfahrung legt […] nahe, Kultur und Kulturen selbst nicht als ›originale‹, besondere Lebenswelten, sondern vielmehr als Übersetzung, d.h. als Bestandteile oder Ergebnisse von Übersetzungsvorgängen aufzufassen.[18]

Allein: Es mangelt an der praktischen Anwendung dieser Konzeption. Im Anschluss an Bachmann-Mehdick möchte ich einerseits diesen Mangel beheben helfen. Andererseits möchte ich nicht bloß von kulturellen Übersetzungen, sondern von transkulturellen Übersetzungen sprechen, um noch deutlicher herauszustellen, dass es sich bei diesem Verstehensprozess, um einen mehrdimensionalen und wechselseitigen Prozess handelt.

Ausgehend von einem so definierten Transkulturationsbegriff lässt sich die christliche Missionierung als Arena begreifen, in der wechselseitige transkulturelle Übersetzungen von Akteurinnen und Akteuren angestrengt werden, die sich begegnen und sich austauschen. Dieser Austausch ist keinesfalls ein hierarchie- oder machtfreier Kommunikationsprozess. Selbstverständlich begegnen sich in der Missionierungssituation Akteurinnen und Akteure beider Seiten

---

Gregor Fitzi u.O. Rammstedt, Gesamtausg. Bd. 16, Frankfurt a. M. 1999, S. 59–149, hier S. 106f.

17 Vgl. z. B. Doris Bachmann-Medick (Hg.), The Trans/National Study of Culture. A Translational Perspective. Berlin [u. a.] 2014; Anika Keinz/Klaus Schönberger/Vera Wolff (Hg.), Kulturelle Übersetzungen, Berlin 2012; Birgit Neumann/Ansgar Nünning (Hg.), Travelling Concepts for the Study of Culture, Berlin 2012; Federico Celestini/Helga Mitterbauer (Hg.), Ver-rückte Kulturen, Zur Dynamik kultureller Transfers, Tübingen 2003; Joachim Renn/Jürgen Straub/Shingo Shimada (Hg.), Übersetzung als Medium des Kulturverstehens und sozialer Integration, Frankfurt a. M. 2002; Sanford Budick/Wolfgang Iser, The Translatability of Cultures. Figurations of the Space Between, Stanford 1996.

18 Doris Bachmann-Medick, Übersetzung als Repräsentation fremder Kulturen, in: dies. (Hg.), Übersetzung als Repräsentation fremder Kulturen, Berlin 1997, S. 1–18, hier S. 14.

nur selten auf Augenhöhe. Vor dem Hintergrund kolonialer Machtausübung, westlicher Überlegenheitsnarrative und militärischer Gewalt nehmen auch christliche Missionarinnen und Missionare von Vornherein die Deutungshoheit für sich in Anspruch. Umso genauer aber einzelne Missionierungsszenarien kulturhistorisch aufgearbeitet werden, desto deutlicher wird, dass die Deutungshoheit keinesfalls ausschließlich und allein von Angehörigen christlicher Missionen beansprucht wird. Vielmehr findet ein reger und vielschichtiger dynamischer Aushandlungsprozess um die *Deutungsmacht*[19] statt, in dessen Verlauf auch einheimische Akteurinnen und Akteure Deutungsmacht erringen und behalten. Die transkulturellen Arenen sind dabei Zustandsorte des Austauschs sowie dynamischer Wechselwirkungen und keine räumlich begrenzen Territorien. Es sind aktive Akteurinnen und Akteure auf allen Seiten, die im Mittelpunkt dieser transkulturellen Arenen stehen, wechselseitige Übersetzungsarbeit leisten und allesamt die Deutungsmacht für sich in Anspruch nehmen können.

Ergebnisse transkultureller Übersetzungen

Transkulturelle Übersetzungsprozesse wie die christliche Missionierung sind keine einseitig gerichteten Vorgänge zwischen binären Oppositionen,[20] sondern wechselseitige dreidimensionale Prozesse zwischen schöpferischen Akteurinnen und Akteuren, die sich derselben Welterklärungsweisen bedienen, um Ähnliches, Unterschiedliches aber auch Widersprüchliches auf Grundlage derselben Wahrnehmungen von etwas als ein je spezifisches Etwas zu objektivieren. Im fortwährend transkulturellen Begegnungsmodus ringen die Akteurinnen und Akteure miteinander darum, *sich zu verstehen.*

»Sich zu verstehen« heißt in diesem Zusammenhang entweder erstens: die »eigenen« Objektivationen zu *bewahren,* die »fremden« zu *ignorieren* oder ganz und gar zu *übernehmen.* Zweitens: die »eigenen« und »fremden« Objektivati-

---

19 Vgl. Heiner Hastedt, Was ist »Deutungsmacht«? Philosophische Klärungsversuche, in: Philipp Stoellger (Hg.), Deutungsmacht, Religion und belief systems in Deutungsmachtkonflikten, Tübingen 2014, S. 89–101; Philipp Stoellger, Deutungsmachtanalyse. Zur Einleitung in ein Konzept zwischen Hermeneutik und Diskursanalyse, in: ders. (Hg), Deutungsmacht, Religion und belief systems in Deutungsmachtkonflikten, Tübingen 2014, S. 1–85.

20 Vgl. Sebastian Conrad/Shalini Randeria, Einleitung. Geteilte Geschichten – Europa in einer postkolonialen Welt, in: dies. (Hg.), Jenseits des Eurozentrismus, Postkoloniale Perspektiven in den Geschichts- und Kulturwissenschaften, Frankfurt a. M. 2002, S. 9–49, hier S. 25.

onen *zusammenzufügen,* sie im Sinn eines Zweiten zu *überlappen.* Oder aber drittens: im Diskurs aus den »eigenen« und »fremden« Objektivationen etwas Neues, ein Drittes, zu *montieren.*

Diese Dreidimensionalität von Ergebnissen bei transkulturellen Übersetzungsdiskursen tritt besonders im Beitrag von Karolin Wetjen über Aushandlungsprozesse des Christentums und Kirchenzucht zutage. Wetjen zeigt eindrucksvoll, wie in der transkulturellen Arena zwischen den Chagga und den Missionaren der Leipziger Missionsgesellschaft zu Beginn des 20. Jahrhunderts im Gebiet des heutigen Tansania um ein wechselseitiges Verstehen in diesem Sinne gerungen wird. So sind beispielsweise die Chagga daran interessiert, an polygamen Praktiken festzuhalten. Die Leipziger Missionare versuchen ihrerseits deutungsmächtig »monogame patriarchisch organisierte Ehen« zu institutionalisieren. Beide Akteursgruppen versuchen demnach, Objektivationen als ein Erstes zu bewahren. Gleichzeitig werden laut der »Protokolle der Ältesten- und teilweise Gemeindeversammlungen« wechselseitige Versuche unternommen, die jeweils »eigenen« und »fremden« Objektivationen zusammenzufügen. Das spiegelt sich insbesondere in der »Zahlung von Bußgeldern oder gar von Vieh […] bei Streitfällen«. Es handelt sich dabei um eine gängige Praxis unter den Chagga, die von den Leipziger Missionaren entlehnt und in den Christengemeinden als Praxis der Kirchenzucht etabliert wird. Eine Praxis der Rechtsprechung, die ehedem unter den Chagga als »lokale Rechtsinstanz« Gültigkeit beansprucht, *wird* auf diese Weise zu einer religiösen Praxis der Kirchenzucht. Kurzum: Es entsteht in der transkulturellen Arena zwischen den Akteurinnen und Akteuren der Leipziger Missionsgesellschaft und den Chagga ein Zweites als eine Überlappung zwischen religiöser und rechtlich-sittlicher Bedeutung einer institutionellen Objektivation.[21]

Etwas Drittes entsteht demgegenüber dann, wenn »eigene« und »fremde« Objektivationen montiert werden. Dementsprechend ist die Montage eine Kulturtechnik. Der »Zusammenhang der alten Oberfläche«[22] zerfällt bei der Montage, wie Ernst Bloch schrieb, und es wird eine neue eigenständige Objektivation, ein dritter innerer Zusammenhang erzeugt. Die Montage eines Dritten lässt sich nachfolgend besonders anschaulich in Linda Ratschillers Beitrag über Ver-*Handlungen* von Gebrauchsgegenständen nachvollziehen. Sie beschreibt prägnant, wie im transkulturellen Übersetzungsdiskurs zwischen Basler Missio-

21 Vgl. Karolin Wetjens Aufsatz in diesem Band.

22 Ernst Bloch, Erbschaft dieser Zeit [1935], Werkausg. Bd. 4., 3. Aufl., Frankfurt a. M. 2001, S. 221.

naren und Ibrahim Njoya, dem König des Königreiches Bamum im Kameruner Grasland Anfang des 20. Jahrhunderts Kleidungsstile wechselseitig übersetzt werden. Die Aneignung deutscher Militäruniformen seitens des Königs führt dabei nicht nur zu gänzlich neuen Verwendungen der Uniformen aufseiten seines Hofstaats. Kleidungsstücke, die im Verlauf des Übersetzungsdiskurses in der transkulturellen Arena entstehen, werden nicht als »exact copies« der Uniformen der Schutztruppe angefertigt, sondern als »innovative interpretations of German-style clothing« hergestellt. Die deutschen Militäruniformen werden nicht bloß angeeignet. Sie werden in der transkulturellen Arena montiert. Sie werden in einen neuen inneren Zusammenhang gestellt.[23] Ihre Verwendungsweise wird aus den ursprünglichen Kontexten herausgelöst und erfährt eine gänzlich neue Bedeutung. Kurzum: Auf der Montage als Kulturtechnik beruht mithin nicht nur das menschliche Leben als ein Leben in Kultur, sondern sie begründet das *Werden* von Kultur, ihre Dynamik, und erzeugt so eine transkulturelle Dynamik zwischen sogenannten – und notwendig idealtypischen – Einzelkulturen. Der Wandel in der Verwendung von Gebrauchsgütern wie Kleidung lässt sich dementsprechend auf eine Montage als Kulturtechnik zurückführen.

Das bedeutet im Hinblick auf die Missionierungen als transkulturelle Arenen, dass aus den Übersetzungsergebnissen etwas Drittes entsteht, das auf einer *Montage* neuer *geistiger Formen* beruht. Wenn die an transkulturellen Übersetzungen beteiligten Akteurinnen und Akteure Objektivationen und Symbolisierungen im Sinne Ernst Blochs montieren, dann setzen sie in einem kreativen Prozess die Bruchstücke der bereits existierenden Objektivationen zusammen und schaffen so etwas Neues – etwas Drittes. Der Clou dabei ist: Die Zusammenfügung der Bruchstücke stellt etwas Neues – kurzum etwas Drittes – dar, weil der innere Zusammenhang, der zwischen den Bruchstücken des Vorhandenen gebildet wird, in der Montage als schöpferische geistige Tätigkeit eine neue innerliche Qualität gewinnt. Diese schöpferische geistige Tätigkeit stellt ein *Anthropinon* dar – eine spezifisch menschliche Praxis.

Karolin Wetjen etwa schildert in ihrem Beitrag über die Praktiken der Kirchenzucht der Leipziger Missionsgesellschaft unter den Chagga zu Beginn des 20. Jahrhunderts den Fall eines Ehepaares christlicher Chagga. In dem geschilderten Fall nimmt sich der Ehemann eine neue Frau, weil die Ehe kinderlos bleibt. Gemäß einer christlichen Auffassung der Ehe wird der Ehemann daraufhin von den Leipziger Missionaren aus der Gemeinde ausgeschlossen. Dann heiratet auch die verlassene Ehefrau erneut. Ihr neuer Ehemann ist kein Gemeindemitglied.

23 Vgl. Linda Ratschillers Aufsatz in diesem Band.

Beide Eheleute haben damit gegen ein Gebot der christlichen Glaubenspraxis verstoßen. Wetjen arbeitet aus den Quellen heraus, wie der Gemeindevorstand sich dafür entscheidet, »die faktische Ehescheidung und Wiederverheiratung zu dulden«. Insofern ist die Gemeindezugehörigkeit »fluide« und jede Ausnahme bestätigt gleichsam die Regel, dass sich »soziale Normen und das Gefüge innerhalb der christlichen Gemeinschaften« verschieben.[24] Mit anderen Worten: Im wechselseitigen transkulturellen Übersetzungsdiskurs montieren die beteiligten Akteurinnen und Akteure einen neuen inneren Zusammenhang. Es entsteht eine dritte Glaubenspraxis, die sich sowohl von der Praxis der Leipziger Missionare als auch von der der Chagga unterscheidet. Es ist dabei besonders frappierend, dass aus der Montage der Objektivationen weder ein innerer Widerspruch noch eine Verhaltensunsicherheit resultiert.[25] Das heißt: Die Montage als Kulturtechnik verhindert, dass die Akteurinnen und Akteure in der transkulturellen Arena den transkulturellen Übersetzungsdiskurs einzig und allein als eine Krise, als eine Verunsicherung ihrer Handlungspraxis erfahren.

Ein Kulturbegriff als Transmissionsriemen

Um die vielfältigen kulturhistorischen Auseinandersetzungen mit Mission von einem *archimedischen Punkt* aus betrachten zu können, bedarf es eines Kulturbegriffes, der sowohl die Vielfalt kultureller Objektivationen als auch die Einheit menschlicher, kultureller Existenz fasst.[26] Ein solcher Kulturbegriff muss als eine Art Transmissionsriemen zwischen der kulturhistorischen Auseinandersetzung mit transkulturellen Übersetzungsprozessen wie der Missionierung im Besonderen und der Erforschung menschlicher Kulturalität im Allgemeinen fungieren. Das heißt: So wie Treibriemen bei Maschinen für

24 Vgl. Karolin Wetjens Aufsatz in diesem Band.

25 In meiner Dissertation habe ich mich intensiv mit unterschiedlichen Dimensionen des Dritten als Ergebnis von Montagen in transkulturellen Übersetzungsprozessen zwischen christlichen Missionarinnen und Missionaren und afrikanisch-christlichen Akteurinnen und Akteuren vor dem Hintergrund einer kulturphilosophischen Bestimmung der Transkulturationsforschung auseinandergesetzt.

26 Die Ausführungen in diesem und den folgenden beiden Teilabschnitten stehen in enger Verbindung zu Überlegungen, die ich in einem anderen Aufsatz veröffentlicht habe: Philipp Seitz, Das Herz aller Dinge. Die Missionierung Afrikas als Transkulturationsprozess – kulturphilosophisch betrachtet, in: Geert Castryck/Silke Stickrodt/Katja Werthmann (Hg.), Sources and Methods for African History and Culture. Essays in Honour of Adam Jones, Leipzig 2016, S. 255–274.

eine Kraftübertragung von einer Welle auf eine andere sorgen können, hat der Kulturbegriff als Transmissionsriemen zwischen der Auseinandersetzung mit transkulturellen Übersetzungsprozessen wie der Mission und der Erforschung menschlicher Kulturalität im Allgemeinen die Aufgabe, beides miteinander zu verbinden. Er ermöglicht, dass die Einheit menschlicher Kulturalität und die Vielfalt kultureller Objektivationen stets und ständig als zusammengehörig betrachtet werden können. Nur so können historische Phänomene, Ereignisse und Prozesse von einem Gesamtzusammenhang menschlicher Kulturalität aus untersucht werden. Ohne einen solchen Kulturbegriff mangelt es an einer Transmission zwischen Kulturtheorie und empirischer Kulturforschung. Nur im Rückgriff auf einen Kulturbegriff gelingt es, die Vielfalt der transkulturellen Arenen, in denen sich Menschen begegnen und zu verstehen versuchen, als Einheit kulturellen Objektivierens zu fassen.

Einen Kulturbegriff, der als Transmissionsriemen fungieren kann, hat der Kulturphilosoph Ernst Cassirer im Rahmen seiner *Philosophie der symbolischen Formen* (1923–1929) entwickelt.[27] Kultur lässt sich in Anlehnung an Cassirer zum einen als ein Ensemble symbolischer Formen beschreiben; zum anderen kann man unter Kultur die menschliche Tätigkeit fassen, in den symbolischen Formen sinnliche Wahrnehmungen zu objektivieren.[28]

Symbolische Formen sind geistige Ausdrucksformen, mittels derer sich der Mensch den eigenen Wahrnehmungen gewahr wird. Durch sie kann der Mensch sinnlichen Wahrnehmungen Bedeutung geben, sie ausdrücken. Das heißt: Der Mensch erklärt sich die Welt, er verleiht ihr Sinn in bestimmten Ausdrucksformen, die ihm als *geistige Energien*[29] zur Verfügung stehen und die er als *Schöpfer und Geschöpf von Kultur*[30] auch beständig erweitern kann.

---

27 Ernst Cassirer, Philosophie der symbolischen Formen, Bd. 1, Die Sprache; Bd. 2, Das mythische Denken; Bd. 3, Phänomenologie der Erkenntnis, Berlin 1923–1929.

28 Dass Menschen in ganz unterschiedlicher Weise ein- und derselben Wahrnehmung Bedeutung zuschreiben, wird im vorliegenden Sammelband vor allem in René Smolarskis Auseinandersetzung mit der Gothaer Missionskartografie deutlich. Smolarski zeigt, dass Missionare in transkulturellen Arenen sowohl religiös als auch wissenschaftlich formen. So stellt das Missionsgebiet – metaphorisch gesprochen – einerseits eine Region dar, in der Finsternis und Todesschatten herrschen und die in das Licht geführt werden muss (religiöse Form). Andererseits handelt es sich beim zu missionierenden Landstrich auch um ein kartografisch zu erfassendes Areal (wissenschaftliche Form). Vgl. den Artikel von René Smolarski in diesem Band.

29 Ernst Cassirer, Der Begriff der symbolischen Form im Aufbau der Geisteswissenschaften [1923], in: ders., Aufsätze und kleine Schriften (1922–1926), hg. von Birgit Recki, ECW, Bd. 16, Hamburg 2003, S. 75–104, hier S. 79.

30 Michael Landmann, Der Mensch als Schöpfer und Geschöpf der Kultur. Geschichts- und

Beispielsweise kann ein Blitzeinschlag in einen Baum wahrgenommen werden und im Nu als solcher benannt werden (Sprache), als religiöses Symbol eines Gottes angesehen werden (Religion) oder als Botschaft der Vorfahren interpretiert werden (Mythos). Jede symbolische Form heftet an eine Wahrnehmung ein spezifisches Symbol (Sprachzeichen, Blitz als religiöses oder mythisches Symbol) und stiftet dadurch Bedeutung. Symbolische Formen bilden insofern kein abgeschlossenes System, sondern eine offene Konstellation von Sinnformen. Cassirer bezeichnet Sprache, Mythos, Religion, Geschichte, Wissenschaft und Kunst als elementare *Energien des Geistes.* Jenseits einer durch die symbolischen Formen hindurch erfolgenden Wahrnehmung von etwas als ein sprachliches, wissenschaftliches, mythisches, religiöses, historisches oder künstlerisches Etwas ist keine andere Wahrnehmung möglich. Immer wenn Menschen etwas wahrnehmen, nehmen sie es symbolisch vermittelt war.

Kultur ist aber bei Cassirer auch die menschliche Tätigkeit, in den symbolischen Formen sinnliche Wahrnehmungen zu objektivieren. Kultur ist demgemäß die Ausdrucksformung, der Akt der Sinngebung, einerseits und das Ergebnis dieses Prozesses, die Ausdrucksgestaltung, andererseits. Zurück zum Beispiel: Kultur ist die Art und Weise, wie Menschen der sinnlichen Wahrnehmung eines kurzzeitigen Lichtbogens zwischen Wolken oder zwischen Wolken und Erde Sinn verleihen resp. Bedeutung geben – sprachlich, religiös, mythisch oder auch wissenschaftlich als elektrostatische Aufladung wolkenbildender Wassertröpfchen. Kultur ist aber auch die Gestaltung des Ausdrucks als geschriebenes Wort (Sprache), als Gebet zu Gott, um sich vor Blitzen zu schützen (Religion), als ehrfürchtiges Verhalten gegenüber Blitzen, die als Symbole der Wut der Ahnen gelten (Mythos), oder als eine physikalische Größe wie die Entladung einer Elektrizitätsmenge (Physik/Wissenschaft).

Das heißt: Kultur kann im Anschluss an Cassirer als Begriff verwendet werden, um typische Gruppen von Akteurinnen und Akteuren zu modellieren, die ein bestimmtes Set an Welterklärungsweisen übereinstimmend und damit eben typisch verwenden. Die Rede von Einzelkulturen, von afrikanischer, englischer, deutscher und sächsischer Kultur, mag insofern idealtypisch modellierbar sein. Jede Auffassung, die darüber hinausgeht, und den Einzelkulturen eine Existenz zuschreibt, ist jedoch Ausdruck eines Essentialismus. Eben dies ist in der Rezeption und folglich in der Kulturbegriffsbildung im Nachgang Cassirers zu oft übersehen worden.[31]

Sozialanthropologie, München 1961.

31 Andreas Hetzel, Zwischen Poiesis und Praxis. Elemente einer kritischen Theorie der Kultur,

In diesem Doppelcharakter des Cassirerschen Kulturbegriffs liegt die Kraft, sowohl die Einheit des kulturellen Formens als auch die Vielfalt des Objektivierens in einen inneren Zusammenhang zu stellen und gleichlaufend *transmissionierend* zu fokussieren. Auf Grundlage dieses Kulturbegriffs kann man »die besondere Weise« erfassen, »in der innerhalb« jeder kulturellen Form »Sinnliches zum Träger von Sinnhaftem wird«, und kann darauf aufbauend versuchen, »die Grundgesetze, unter denen alle diese verschiedenen Prozesse der Formung stehen, in ihrer Bestimmtheit aufzuweisen.«[32] So beschreibt es Cassirer 1927 in seinem Aufsatz über das Symbolproblem. Die Bestimmtheit der genannten Grundgesetze lassen sich besonders gut in Transkulturationsprozessen wie der Mission aufzeigen.

Transkulturelles Übersetzen als Streben nach Formsicherheit

Die US-amerikanische Philosophin Susanne K. Langer hat Cassirers Kulturbegriff für ihre Überlegungen zum Ausgangspunkt gemacht. Sie schreibt: »Das Abstrahieren von Formen ist die elementare geistige Aktivität und durch das Erfassen von Formentsprechungen entstehen sämtliche Bereiche geistiger Verarbeitung.«[33] Der Mensch nimmt Langer zufolge seine sinnlichen Wahrnehmungen immer schon *formentsprechend* wahr; das heißt: symbolisch vermittelt. Die kreative symbolische Erzeugenskraft – oder mit Kant gesprochen jede *Einbildungskraft*[34] – des Menschen prägt die menschliche Existenz fundamental, weil sie die menschliche Wahrnehmung gestaltet, richtet, ordnet und strukturiert. Langer spricht 1942 in ihrer *Philosophie auf neuem Wege* auch von einer »Kraft der Veranschaulichung«, die dem Menschen »eine Last auferlegt«: »die Last des Verstehens *[burden of understanding]*.« Das heißt: Der Mensch steht Langer zufolge dem »Chaos« seiner sinnlichen Wahrnehmungen überfordert

---

Würzburg 2001, S. 20–32; Niklas Luhmann, Kultur als historischer Begriff, in: Gesellschaftsstruktur und Semantik. Studien zur Wissenssoziologie der modernen Gesellschaft, Bd. 4, Frankfurt a. M. 1995, S. 31–54.

32 Ernst Cassirer, Das Symbolproblem und seine Stellung im System der Philosophie [1927], in: ders., Aufsätze und kleine Schriften (1927–1932), hg. von Birgit Recki, ECW, Bd. 17, Hamburg 2004, S. 253–282, hier S. 259.

33 Rolf Lachmann, Susanne K. Langer. Die lebendige Form menschlichen Fühlens und Verstehens, München 2000, S. 56.

34 Immanuel Kant, Kritik der reinen Vernunft [1781], hg. von Raymund Schmidt mit einer Bibliographie von Heiner Klemme, Hamburg 1993, S. 116–118.

gegenüber. Er »fürchtet [...] am meisten die Begegnung mit dem, was er nicht ausdeuten kann.« Darum bildet er im Geiste unablässig Analogien mittels der Symbole, die ihm eine »allgemeine Orientierung« im Chaos ermöglichen.[35]

Nur weil der Mensch der Symbolisierung notwendig bedarf, könne er eine sinnerfüllte Existenz erfahren, so Langer. Indem der Mensch kraft der Symbolisierung seinen sinnlichen Wahrnehmungen einen kulturellen Formcharakter zuweist, erfährt er eine »innere Sicherheit und Orientiertheit, mit der Menschen handeln und leben.«[36] Die menschliche Freiheit gründet dementsprechend bei Langer in einer Verantwortung und Verpflichtung *(responsibility)*[37] zur symbolischen Formung der sinnlichen Wahrnehmungen.[38] Sie gibt dem Menschen ein »inneres Überzeugtsein von den eigenen Orientierungen.« Der Mensch erlangt »Formsicherheit« und dadurch Freiheit, weil er Muster ausbilden kann, mittels derer er seine sinnlichen Wahrnehmungen ordnend formt.[39]

Unter Kultur lässt sich mit Langer im Rückgriff auf Cassirers Kulturbegriff demnach all das bereits Objektivierte und das beständige Objektivieren fassen, was zum Erlangen dieser Formsicherheit beiträgt. Jedes Individuum erlangt auf spezifische Weise Orientierung in symbolischen Formen. Eine Gemeinschaft entsteht, wenn eine Gruppe große Übereinstimmung im Orientierungsmodus aufweist, wenn die einzelnen Individuen eine Grundströmung des Fühlens *(undercurrent of feeling)*[40] miteinander teilen.[41]

Formsicherheit – darin liegt das Ergänzungsverhältnis zwischen Langers Überlegungen und meiner Rede vom Hervorbringen eines Dritten in transkulturellen Arenen – erlangen Menschen eben nicht nur durch schlichte Assimilation, Inkulturation oder Akkommodation, sondern einzig und allein durch eine aktive Montage, eine Neu-Symbolisierung, einen Befreiungsakt von der Last des Verstehens, der Menschen beim transkulturellen Übersetzen als symbolisierende Schöpfer und Geschöpfe von Kultur ausweist. Transkulturelle Kreativität

---

35 Susanne K. Langer, Philosophie auf neuem Wege. Das Symbol im Denken, im Ritus und in der Kunst [1942], Frankfurt a. M. 1992, S. 282.

36 Ebd., S. 285.

37 Ebd., S. 233.

38 Vgl. Ernst Cassirer, Symbolische Formen. Zu Band IV [1928], in: ders., Zur Metaphysik der symbolischen Formen. hg. von John Michael Krois unter Mitw. von Anne Appelbaum, Rainer A. Bast, Klaus Christian Köhnke u. Oswald Schwemmer, ECN, Bd. 1, Hamburg 1995, S. 199–258.

39 Vgl. Langer, Philosophie auf neuem Wege, S. 285; Lachmann, Susanne K. Langer, S. 81.

40 Vgl. Susanne K. Langer, Philosophical Sketches, London 1962, S. 95.

41 Vgl. Philipp Seitz, Kulturkritik als Kritik des menschlichen Symbolisierungsbedürfnisses, in: Zeitschrift für Kultursoziologie 4 (2017) 1, S. 29–50.

lässt sich in besonderer Weise dort zeigen, wo vermeintlich unterschiedliche Objektivationen wechselseitig transkulturell übersetzt werden, denn hier ringen die Akteurinnen und Akteure in besonderem Maße um Formsicherheit. Die Missionierung provoziert insofern einen Zustand der Formunsicherheit, der wechselseitig durch transkulturelles Übersetzen beendet werden soll, um wieder Formsicherheit zu erlangen. Das zeigen die beiden Beispiele aus den Beiträgen von Linda Ratschiller und Karolin Wetjen. Ratschillers Analyse der Aneignungspraxis der Militäruniformen der deutschen Schutztruppe seitens des Königs von Bamum, Ibrahim Njoya, zeigt, wie derselbe die Verunsicherung in Fragen der Zurschaustellung seines sozialen Status im Kontakt mit den Basler Missionaren mittels einer Neu-Symbolisierung der Militäruniformen der deutschen Schutztruppe überwindet. Ebenso zeigt Wetjens Darstellung der Verhandlungen über Gemeindezugehörigkeit und Kirchenzucht zwischen Chagga und Leipziger Missionaren, wie auf Verunsicherungen, die aus Konfrontationen polygamer und monogamer Ehevorstellungen in transkulturellen Übersetzungsversuchen resultieren, wechselseitig Formsicherheit dadurch erlangt wird, dass im Ver-*Handlungs*prozess aktiv montiert wird.

Missionierung als Teil einer Wissenschaft von der Kulturalität des Menschen

Die kulturhistorische Forschung zur christlichen Missionierung als Transkulturationsprozess kann unter der Voraussetzung eines Cassirerschen Kulturbegriffes als ein Forschungsfeld betrachtet werden, das nicht Gefahr läuft, wissenschaftlichen Partikularismus zu betreiben. Indem ein Kulturbegriff verwendet wird, der Kultur sowohl als offene Konstellation von Art und Weisen der Konstruktion von Wirklichkeit als auch als spezifische Existenzform des Menschen als *animal symbolicum*[42] – als symbolerzeugendes und symbolverwendendes Wesen – fasst, kann eine essentialistische Überhöhung von Einzelkulturen, die sich in sogenannten Kulturtransferprozessen gegenüberstehen, überwunden werden. Das Aufmerksamkeitsinteresse richtet sich nunmehr auf die Wechselwirkungen zwischen Akteurinnen und Akteuren als Instanzen unterschiedlicher sozial verhandelter kultureller Sinnformen bzw. als Instanzen, die um Formsicherheit bemüht sind.

42 Ernst Cassirer, An Essay on Man. An Introduction to Human Culture [1944], ECW, Bd. 23, hg. von Birgit Recki, Hamburg 2006, S. 31.

Transkulturationsprozesse wie die christliche Missionierung avancieren zu Arenen, in denen Menschen Kultur in dem hier gemeinten Sinne als *Schöpfer und Geschöpf* derselben praktizieren und hervorbringen. Das, was solcherlei Prozesse auszeichnet, ist nämlich, dass zwischen Menschen unterschiedlicher kultureller Prägungen nicht (nur) akkulturiert und akkommodiert wird. Weil die unterschiedlichen symbolischen Formen im sozialen Austausch der Akteurinnen und Akteure in transkulturellen Arenen wechselseitigen Aneignungsprozessen unterliegen, entsteht in transkulturellen Praktiken etwas *Drittes* – etwas, das weder christlich-missionarisch noch einheimisch und anderweitig religiös ist. Mit dieser kulturtheoretischen Bestimmung des Modus interkultureller Begegnungen sollten die globalgeschichtlichen, materialitätsgeschichtlichen, wissenshistorischen und verflechtungsgeschichtlichen Auseinandersetzungen mit Missionierung arbeiten, um einen Gesamtzusammenhang kulturwissenschaftlicher Forschung nicht unbewusst zu unterlaufen.

Zusammenfassend geht es in der Betrachtung der christlichen Missionierung als Transkulturationsprozess vor dem Hintergrund des hier skizzierten Kulturbegriffes nicht mehr (ausschließlich) darum, was akkulturiert, indigenisiert, akkommodiert, adaptiert oder kontextualisiert wird. Es geht nicht mehr darum, dass hier Kirchen, Altäre und ein Glaube an den Himmel und die Hölle und dort vielleicht Schreine, Opferplätze oder eine Praxis der Ahnenehrfurcht vorherrschen, sondern darum, wie die unterschiedlichen religiösen Ausdrucksgestalten in Konkurrenz zueinander treten, in Diskursen verhandelt und wechselseitig kulturell übersetzt und angeeignet werden. Damit rücken die religiösen Praktiken nicht nur als Akte des *sozialen* Miteinanders in den Fokus, sondern auch als »sich in materiellen und symbolischen Artefakten verwirklichende *kulturelle* Tätigkeit.«[43]

Die Orientierung an so einem Kulturbegriff ermöglicht es, die Betonung kultureller Unterschiede in Kulturvergleichs- und Transkulturationsforschungen zu überwinden und stattdessen den Fokus auf die Gemeinsamkeiten zu legen – auf die Kulturalität des Menschen.

Diese Kulturalität kann in globalgeschichtlichen, materialitätsgeschichtlichen, wissenshistorischen oder verflechtungsgeschichtlichen Betrachtungen von Transkulturationsprozessen wie der Missionierung besonders deutlich kenntlich gemacht werden. In den transkulturellen Übersetzungsarenen der Mission treffen Menschen als transkulturelle Übersetzerfiguren aufeinander. Hier fungieren sie als Agentinnen und Agenten unterschiedlicher symboli-

43 Arbeitskreis Kultur- und Sozialphilosophie, Einleitung, S. 10.

scher Formungen und als *In-die-Welt-Bringer* unterschiedlicher Objektivationen. Hier wird prägnant, dass die menschliche Existenz ein Zustand in Kultur ist. Das Werden dieser Kultur resultiert aus den Ergebnissen konfliktträchtiger transkultureller Übersetzungen. Entweder wird ein Erstes bewahrt, ein Zweites umgedeutet oder ein Drittes kreativ montiert. Das Werden der Kultur avanciert im kreativen Wechselspiel zwischen Formung und Geformtheit, zwischen Schöpfen und Geschöpftsein, zwischen Ignorieren, Umdeuten und Innovieren zum Modus der menschlichen Existenz.

In transkulturellen Übersetzungen treten Menschen als Akteurinnen und Akteure auf, die immer formentsprechend wahrnehmen und versuchen, in sozialen Handlungen mit anderen, in der Auseinandersetzung mit ihnen fremden Formungen oder unbekannten Objektivationen, Sinn im Austausch zu erzeugen. Susanne K. Langer schreibt, dass Menschen am meisten die Begegnung mit dem fürchten, was sie nicht ausdeuten können. Eben darum, das zeige ich exemplarisch für die christliche Missionierung, wird in transkulturellen Arenen ein Erstes bewahrt, ein Zweites umgedeutet und ein Drittes montiert. Nur in diesen drei Typen von transkulturellen Übersetzungsergebnissen erfahren Menschen Verhaltenssicherheit und Orientierung. Es bedarf der Bewahrung, der Veränderung und der Innovation gleichermaßen. Auch die Montage von etwas Neuem, von neuen inneren Zusammenhängen, stiftet Verhaltenssicherheit.

Die Missionsgeschichte bildet ein vielversprechendes echtes kulturwissenschaftliches Projekt. Missionsquellen sind in einem größeren Zusammenhang Quellen, die über das historische Erkenntnisinteresse hinaus das wechselseitige transkulturelle Übersetzen anschaulich machen. Sie zeigen, wie auf beiden Seiten um Formsicherheit, um Sicherheit im Umgang mit Sprache, Religion, Kunst usw. gerungen wird. Insofern ist Missionsgeschichte nicht nur ein fundamentaler Bestandteil einer Globalgeschichte der Religion, sondern als transkultureller Übersetzungsprozess, als Zustandsort, an dem innovativ neue sprachliche, mythische, religiöse, künstlerische oder auch technische Objektivationen hervorgebracht werden, ein wichtiger Bestandteil einer Globalgeschichte des Kulturellen und damit der Geschichte des menschlichen Geistes.

Kirsten Rüther

Gibt's denn da was Neues?

Kommentar zur neuen Missionsgeschichte

Einleitung

Zurzeit lässt sich Geschichte, die auf der Basis missionsgenerierter und dort auch archivierter Materialien rekonstruiert wird, ganz anders schreiben als noch vor einigen Jahren. Die in diesem Band vorliegenden Texte – zunächst auf einer anregenden Konferenz vorgetragen und nun im Sinne gemeinsamer Diskussionen und geteilter Perspektiven überarbeitet – zeigen, wie das geht: verflechtungsbewusste Geschichte entlang der Aktivitäten und Wirkmächtigkeit von Missionen, Missionarinnen und Missionaren zu schreiben. Dass Missionen, Missionare und Missionarinnen, ebenso wie Institutionen der Mission und gar das Wissen, das im Rahmen von Missionierungsaktivitäten generiert und konzipiert wurde, entweder in Netzwerken mobil(isiert) wurde oder in Verflechtung aufeinander bezogen war, stellt eine der wesentlichen Voraussetzungen dafür dar, Missionsgeschichte von ihrer Gebundenheit an eine regional verortete Missions-»Gesellschaft«, deren Genese, Gründer und gemeinschaftsspezifischen Geschicke zu befreien. Autoren und Autorinnen steigen so an ganz anderer Stelle in die Behandlung forschungsrelevanter Fragen ein. Diese neue Missionsgeschichte bewegt sich differenziert betrachtend an Schnittstellen und in Überlappungsbereichen zwischen Kolonial-, Kultur- und Globalgeschichte. Sie verzichtet darauf, allumfassend zu verallgemeinern. Weder braucht sie sich auf die Annahme zu stützen, dass seit dem späten 18. Jahrhundert Uniformierungsprozesse über den Globus gegriffen hätten, denen ihre Beobachtungen zuzuordnen wären, noch setzt sie sich zum Ziel, große Panoramen zu entwerfen.[1] Stattdessen setzt sie sich mit Texten, Objekten und visuellem Material auseinander, um empirie- und materialgesättigt nach der Bedeutung von

1 Dies sind die Grundlinien, entlang derer Christopher A. Bayly, The Birth of the Modern World 1780–1914. Global Connections and Comparisons, Oxford 2004 oder Jürgen Osterhammel, Die Verwandlung der Welt. Eine Geschichte des 19. Jahrhunderts, München 2009, ihre Darstellungen aufbauen.

Mission und ihrer Involvierung in größere historische Umbrüche seit dem 18. Jahrhundert zu fragen und weiter in die Tiefe zu bohren.

Auf Einzelstudien gestützt, setzt der Sammelband eine lange historische Linie zusammen. Diese beginnt mit einem grundlegenden Auftakt im 18. Jahrhundert und führt facettenreich durch das lange 19. Jahrhundert, um schließlich mit Beobachtungen aus dem nicht mehr ganz so jungen 20. Jahrhundert, als die (afrikanischen) Kolonien unabhängig wurden, zu enden. Den Ausgang markiert ein Beitrag von Jenna Gibbs, der auf die Bedeutung der noch vor dem Ende der Sklaverei tätig werdenden Herrnhuter Brüdergemeine im Umgang mit der Ungleichheit von Menschen hinweist. Diese Kirche propagierte das Bedürfnis nach spiritueller Gleichheit aller Menschen und engagierte sich dafür über die Ränder der in Europa jeweils bekannten und von dort aus durch Reisen zu erkundenden Welt hinaus. Die Herrnhuter – und ihre Frauen – stellten dabei aber nie die bestehenden oder sich ankündigenden Verhältnisse von Fremdherrschaft, Kolonialismus und Imperialismus in Frage.[2] Mission, die Formen ihres Wirkens, die Durchsetzung ihrer jeweiligen Ziele sowie die sozialen, kulturellen und politischen Grenzziehungen, die sie propagierte, wandelten sich im Laufe der Zeit. Historisch spezifische politische Einbettungen und institutionelle Rahmenbedingungen sowie die kulturellen Ausdrucksformen, die einzelne Missionsbegegnungen prägten, führten selbstverständlich zu ganz verschiedenen diskursiven Legitimierungen, zu sich ändernder medialer Verbreitung und immer wieder eigenständiger sozialer wie religiöser Praxis vor Ort. Durch all diese Besonderheiten jedoch zog sich das Phänomen, dass Grenzen zwischen Menschen, Gruppen und Individuen einerseits zwar aufgehoben, andererseits aber an verlagerter Stelle sofort neu gezogen wurden. Solche Grenzen vergrößerten Handlungsspielräume, verschoben Machtgewichtungen zugunsten der einen und zuungunsten der anderen. Solche Grenzen trennten. Aber – und auch das ist integraler Bestandteil missionsgeprägter Begegnung – Grenzbereiche konnten auch durchquert und Trennlinien immer wieder unter Aufbringung gemeinsamer Anstrengung überschritten und verschoben werden. Gleichzeitig galten für deren Überschreitungen in die *eine* Richtung andere Regeln als für denselben Akt in die *andere* Richtung. Denn das Getrennte war ungleich. So prägten Missionen Unterschiede mit, erkundeten und erfuhren die Welt, versuchten sie im Sinne, gar im Auftrag einer höheren Macht zu ordnen.

---

2 Claus Füllberg-Stolberg, Moravian Mission and the Emancipation of Slaves in the Caribbean, in: Ulrike Schmieder/Katja Füllberg-Stolberg/Michael Zeuske (Hg.), The End of Slavery in Africa and the Americas. A Comparative Approach, Berlin 2011, S. 81–102.

Unbestritten trugen Missionen zur Intensivierung des Wissens umeinander bei, sahen sich aber nicht notwendigerweise in der Verantwortung, Menschen oder Gesellschaften gleicher zu machen, gar gleiche Rechte und Teilhabe an Gesellschaft für alle einzufordern. Missionen navigierten das Feld der Ungleichheiten und Verschiedenheiten. Diese schärften sie nicht ausschließlich dadurch, dass sie geschlechtsspezifische, soziale und rassifizierende Unterschiede propagierten, sondern auch dadurch, dass sie mit unterschiedlichen Ideen von Zeit und Zeitlichkeit operierten. All dies wird in den hier vorgelegten Beiträgen aufgegriffen.

Dabei treten drei Schwerpunkte hervor. Ein Hauptanliegen besteht in der Auseinandersetzung mit Wissen, seiner Generierung und seiner Popularisierung – ein Kristallisationspunkt, der angesichts der Tatsache, dass Forschungsfragen an die Geschichte immer auch vor dem Hintergrund jener Herausforderungen entstehen, mit denen die Gegenwart konfrontiert ist, kaum verwundert. Heute vielfach »im Netz« zu erhaschen und auf eine Fülle bloßer »Informationen« reduziert, ist Wissen alles andere als eindeutig definiert. Weite Teile der Gesellschaft tragen sich mit beträchtlicher Ungewissheit in Bezug auf Wissensbestände, dem Zugang zu ihnen und deren Anwendung. Diese Erfahrung zu historisieren, ist wichtig. Eine zweite Schwerpunktsetzung liegt auf der Eruierung transnationaler Netzwerke, ihrer Intensivierung und ihrer Unterbrechung insbesondere in Krisenzeiten. Die Vorteile netzwerkspezifischer Perspektivierungen liegen auf der Hand. Sie ermöglichen die Loslösung der Analyse von der Raumgebundenheit gesellschaftlicher Veränderungsdynamiken. Gesellschaft kann als etwas begriffen werden, das von *flows* und Wechselwirkungsprozessen durchzogen ist. Auch wenn politische und soziale Beziehungen an Raum und Räumlichkeit gekoppelt bleiben, lässt sich Gesellschaft selbst als etwas Mobiles, in räumlicher und sozialer Bewegung Befindliches denken.[3] Das Denken in Netzwerken eröffnet Möglichkeiten, sich von der teilweise trägen Auseinandersetzung mit Missions*gesellschaft* und der *Gemeinschaft* aller Christen abzulösen, um auf diese Weise analytischen Spielraum zu gewinnen. In einem dritten Schwerpunkt werden darüber hinaus zeitliche Imaginationen herausgearbeitet, die Missionare, Missionarinnen und ihre Institutionen mit Konvertiten, Konvertitinnen und deren gesellschaftlichem Umfeld verbinden oder aber auch in getrennte Sphären verweisen. Auch Diskurse und soziale Pra-

3 Thomas Faist, The Mobility Turn: A New Paradigm for the Social Sciences?, in: Ethnic and Racial Studies 36 (2013) 11, S. 1637–1646.

xis, die unterschiedliche Akteurinnen und Akteuren in jeweils spezifische Zeitkontexte integriert, markieren Differenz und sind damit politisch aufgeladen.

Diese drei Hauptanliegen sollen im Folgenden aus der Sicht einer Wissenschaftlerin kommentiert werden, die sich vornehmlich mit der Geschichte von Christianisierung und Kolonialismus aus der Sicht derjenigen befasst hat, die Mission und Kolonialismus erfuhren, sich einer neuen Religion widersetzten oder sie sich doch aneigneten, um sie so in zentralen Lebensbelangen als Problemlösungsstrategie oder Instrument der Einflusserhöhung zum Einsatz zu bringen. Die neue Missionsgeschichte, wie in diesem Band präsentiert, ist an Fragen und Anliegen anschlussfähig, die unsere Forschungsfelder dominieren und in denen wir uns damit auseinandersetzen, wie und wo Mission in Alltag, Politik, Religion und Selbstverständnis ganzer Gesellschaften langfristig eingegriffen hat und das »Erbe« solcher Eingriffe seit langem zur »eigenen« Tradition geworden ist, die geliebt und umstritten ist, die vorausgesetzt und manchmal immer noch als fremd erachtet wird.[4]

Wissen, Disziplinen, Popularisierung

Wissen war seit dem ausgehenden 18. Jahrhundert großen Veränderungen unterworfen. Zunächst noch vertraulich in Zirkeln gepflegt, von dort aus gesammelt und nicht zwangsläufig mit einer breiten Öffentlichkeit geteilt, wurde Wissen im Verlauf des langen 19. Jahrhunderts immer öffentlicher.[5] Kirche und Religion in Europa waren von dieser Veränderung unmittelbar tangiert, wie Richard Drayton für das British Empire gezeigt hat: «If science and Empire drew upon utopian inspiration from Christianity, knowing the world also became important to the culture of the Anglican Church.«[6] Das sich an diesen Moment anschließende lange 19. Jahrhundert zerfällt in dieser Hinsicht in drei Phasen. An der Wende vom 18. zum 19. Jahrhundert begann die rasend an Fahrt aufnehmende Akkumulation riesiger Datenarchive über Naturphä-

4 Kirsten Rüther, Zugänge zur Missionsgeschichte: Plädoyer für eine akteurszentrierte Geschichte religiöser Veränderung, in: Zeitschrift für Missionswissenschaft und Religionswissenschaft 100 (2016), S. 210–218; dies., Afrika genauer betrachtet. Perspektiven aus einem Kontinent im Umbruch, Wien 2017, Kap. 7.

5 Richard Drayton, Science, Medicine, and the British Empire, in: Robin W. Winks (Hg.), The Oxford History of the British Empire, Bd. 5: Historiography, Oxford 1999, S. 264–276.

6 Richard Drayton, Knowledge and Empire, in: P. J. Marshall (Hg.), The Oxford History of the British Empire, Bd. 2: The Eighteenth Century, Oxford 1998, S. 231–251.

nomene, die vor allem den Unterkategorien Geografie, Geologie, Medizin und Botanik zugeordnet wurden. Diese Form der Wissensakkumulation ging zwar bis auf die Renaissance zurück, entwickelte im 18. Jahrhundert aber eine bis dahin nicht erzielte Reichweite. Daran, so Richard Drayton, habe sich die Suche nach evolutionären Prinzipien angeschlossen – eine Art der Ordnung, vor allem der Interpretation der Datenmassen. Insbesondere habe man nach Mustern historischen Wandels gesucht. Besonders intensiv war diese Form der neuen Nutzung und Interpretation von Information und Wissen während und nach der Französischen Revolution. Denn zu dieser Zeit beflügelten politische Umbrüche den Willen, Wissen dafür heranzuziehen, die Welt anders als bisher zu erklären. Ihren zweiten Höhepunkt erreichte diese Phase in der Jahrhundertmitte mit dem Aufkommen der Darwin'schen Evolutionstheorie. Diese Lehren wurden kontrovers diskutiert, stellten sie doch infrage, dass der Mensch von Gott geschaffen sei. Die Verwissenschaftlichung des Denkens bedrohte fortan zunehmend die Deutungsansprüche der christlichen Religion. Sie wurde daraufhin erst einmal konservativer, und die akademische Wissensentwicklung setzte immer deutlicher einen Kontrapunkt zum Umgang mit religiösen Gewissheiten. Schließlich begannen Denker gegen Ende des 19. Jahrhunderts, die naturalistischen Kategorien und evolutionären Entwicklungspfade infrage zu stellen.[7]

Wie kein anderer hat sich Patrick Harries in seinen Forschungen dafür eingesetzt, Wissensproduktion, an der Missionen, ihre Akteure und Akteurinnen beteiligt waren, als einen globalen Prozess zu verstehen, der nicht darauf beschränkt war, allein zwischen einer Kolonie und ihrer Metropole zu wirken, sondern auch in zahlreiche europäische Gesellschaften ausstrahlte, die formal nicht als Kolonialmächte agierten.[8] Viele Missionare betätigten sich, oft gemeinsam mit Ehefrauen oder Töchtern, als Linguisten, Botaniker und Zoologen und verstanden sich als Wissenssammler, die sich moderner wissenschaftlicher Methoden bedienten, auch wenn sie nicht zwangsläufig akademisch oder rationalistisch argumentierten, sondern in ihrer Suche nach den Zusammenhängen der Welt von Gott und ihrem Gott ergebenen Herzen inspiriert blieben. In der Regel waren Missionare Vermittler, die gemeinsam mit einheimischen Akteuren, Männern und Frauen, Wissen eruierten und, unterstützt von

---

7 Christopher A. Bayly, Empire and Information: Intelligence, Gathering and Social Communication in India, 1780–1870, Cambridge 1996.

8 Patrick Harries, Butterflies and Barbarians: Swiss Missionaries and Systems of Knowledge in South-East Africa, Oxford 2007.

Töchtern, vielleicht auch Söhnen, gewiss aber von Ehefrauen, für europäische Wissenslandschaften zusammentrugen. Dabei verfügten Missionare selbstverständlich über die Möglichkeit, den Anteil einheimischer Experten und Expertinnen sowie die Anteile, die ihre Frauen und Töchter an der Erstellung von Manuskripten, dem Übersetzen und vielem mehr hatten, in den von ihnen verfassten Narrativen zu begrenzen und zu rahmen. Das konnte soweit gehen, dass Informanten und gelehrte Wissensträger gar nicht mehr genannt wurden oder allerhöchstens namenlos in ihren Funktionen als Köche und Begleiter aufschienen. Im Gegenzug trat die »missionarische Expertise« stärker in den Vordergrund. Erst zwischen den 1920er und 1930er Jahren setzte eine Phase ein, in der Missionare stärker als zuvor zwischen den Grenzen akademischer Disziplinen aufgerieben wurden. Die Kindergeneration, diesmal vornehmlich die Söhne, dieser in erster Linie noch religiös motivierten Akteure musste sich dann entscheiden, in welchem »Fach« sie Wissen erwerben und in Umlauf bringen wollte. Einige konnten damit sehr erfolgreich sein.[9] Grundsätzlich jedoch blieb das Ungleichgewicht erhalten, dass »im Feld« Daten empirisch erhoben wurden, während in der Metropole systematisiert und theoretisiert wurde.

Mehrere der hier vorliegenden Texte befassen sich detailgenau mit Wissen, das im Zusammenhang mit Missionsaktivitäten generiert, akademischen Feldern zugeordnet und teils mit großem Erfolg popularisiert wurde. In der Tat beteiligten sich Missionen an Prozessen der Wissensproduktion und -akkumulation zu einer Zeit, als Wissen öffentlicher wurde. Gerade in der Anfangszeit operierten sie alternativ zu dem Wissen und dessen Distribution, wie es bis dahin von den Gesellschaften der Vornehmen betrieben worden war. Vermittelt über Bild, vorgetragenes Wort und geschriebene Sprache gelangten mithilfe von Missionspublikationen, Ausstellungen und Vortragsreisen zahlreiche neue Wissensbestände periodisch in Bewegung. Wenn sich Annika Dörner also dem Phänomen des popularisierten Wissens nähert, das Wissensbestände einem breiten, Ausstellungen besuchenden Publikum zugänglich machte, aber gleichsam über das Instrument des »Othering« kulturelle Distanz intensivierte, eröffnet sich daher eine Perspektive auf ein zentrales Missionsphänomen. Mit ihm trugen Missionen und ihr Umfeld zu einer sich wandelnden Selbstimagination derjenigen bei, die dieses Wissen ausstellten und rezipierten. Dass gleichzeitig die Selbstimagination derjenigen, die entdeckt, erforscht und christianisiert

9 Patrick Harries/David Maxwell (Hg.), The Spiritual in the Secular. Missionaries and Knowledge about Africa, Grand Rapids 2012.

wurden, im Laufe des 19. Jahrhunderts immer systematischer ausgeblendet wurde, führte zu einer Verengung des Wissens um die jeweils Anderen. Das Wissen über die Welt erweiterte sich und die Basis seiner Rezeption verbreiterte sich, aber das Wissen wurde dadurch nicht zwangsläufig differenzierter, sondern verfestigte sich in seiner meist negativen Stereotypisierung, wie Phillip Curtin argumentiert hat: »The hardened image of Africa was complete by the 1850s.«[10]

Verhärtungen stehen auch dafür, dass Wissens*areale* undurchlässig wurden. Damit stehen die Grenzen der Wissensetablierung und der Durchsetzung von Wissensakteurinnen und -akteuren zur Debatte – paradigmatisch aufgegriffen von René Smolarski in seinen Überlegungen zum Misslingen, eine Missionskartografie erfolgreich und für weitere wissenschaftliche und bildungsbürgerliche Kreise sinnstiftend zu etablieren. Missionskartografie, auch wenn aktiv betrieben, blieb als Teil eines entstehenden Fächerkanons in der Wissenschaft auf Zwischenräume verwiesen. Das ist insofern bemerkenswert, weil in der kolonialen Situation Missionare ein Wissen erwarben und festhielten, das bei Kolonialadministratoren auf Interesse stieß. Nicht von ungefähr kam, dass des Öfteren Menschen in Afrika dagegen Einspruch erhoben, dass Missionare Wege anlegten und unzugängliche Gebiete erschlossen. In Kriegssituationen waren Missionare gar vor die Wahl gestellt, Partei zu ergreifen für die eine oder andere Seite, ihr Kartenmaterial zur Verfügung zu stellen oder nicht. Solches konnte in kolonialen Konflikten über Sieg und Niederlage derjenigen mitentscheiden, deren Gebiet von Missionaren bereist oder besiedelt worden war. Auch ohne unmittelbare Kriegskonstellation ging es grundsätzlich darum, den kolonialen Behörden mit so erhobenem Material die Reichweite ihrer Herrschaft zu erweitern.

Sowohl die Popularisierung von Wissen wie deren (Nicht)-Etablierung in einem Kanon von Disziplinen sind für diejenigen, die sich mit Konvertiten und Christianisierten »in Afrika« befassen, mit der Frage verbunden, welche Gruppen jeweils Zugang zu einem Wissen erhielten oder wie Teilhabe daran organisiert wurde. Damit verbunden ist konkret die Frage, wer unter welchen Bedingungen ausgeschlossen wurde. Denn Wissen, auch wenn in sozio-religiösen Netzwerken mobilisiert und geschickt medialisiert, stellt alles andere als eine frei zugängliche Ressource dar. Das Thema der Popularisierung von Wissen scheint deshalb mit der Frage nach der Unerreichbarkeit von Wissen in kolonialen und postkolonialen Gesellschaften verflochten zu sein.

---

10 Phillip D. Curtin, The Image of Africa: British Ideas and Action, 1780–1850, Madison 1964, p. xii. Ich danke Arno Sonderegger für diesen Hinweis.

Transnationale Netzwerke

Der zweite Schwerpunkt in den Beiträgen liegt auf der Etablierung und Wandlung transnationaler Netzwerke sowie intensivierter gegenseitiger Beziehungen. Wie wenig andere Themen führt die Auseinandersetzung mit Mission in das Feld der Forschung zu Netzwerken, Verflechtungen und Mobilität. Mission und Konversion führten langfristig betrachtet zu einer Neuverortung von Personen und ihren Auffassungen von Personschaft, Zugehörigkeit zur christlichen Gemeinschaft veränderte »ways of seeing and being«.[11] Mit der Annahme neuer religiöser Überzeugungen waren darüber hinaus das Versprechen wie auch die Hoffnung verbunden, trotz eventueller Stigmatisierung und trotz Ausschlusses aus bisherigen Zusammenhängen, durch innere wie äußerlich sichtbare Transformation das Leben und den eigenen Status zu verbessern. Veränderung und Mobilisierung funktionierten allerdings nur mit neuer Fixierung. Aus europäischen Ländern setzen sich Männer und Frauen in Bewegung, um in der Ferne Gemeinschaften zu gründen, Menschen zu *ver*orten und in ihrer Religion, ihrer Kultur und ihrer Zugehörigkeit festzuschreiben. Matthäus Feigk konstatiert, dass in Momenten der Krise bzw. des Krieges solche Netzwerke unterbrochen wurden, und es ließ sich danach nicht zu ihrer alten Funktionsweise zurückkehren. Sogar ein Auseinanderdriften und die Isolation konnten die Folgen für die einst intensiv aufeinander bezogenen Akteure, Akteurinnen und ihre Institutionen sein. Der Text befasst sich allerdings mit Missionaren, nicht mit der Mehrheit der Christen, Christinnen, Konvertiten und Konvertitinnen, die Kleidung und Schulunterricht erhielten, denen gesagt wurde, sie müssten ihre Felder rechteckig auslegen, sie müssten monogam leben und neue Namen annehmen und die ohnehin auf Abstand zu den verbindenden Netzwerken und aus den *flows* herausgehalten wurden. Das Denken in Netzwerken fordert auf, auch auf jene Räume zu blicken, die jenseits der Verflechtungen als Räume der *Aus*grenzung, zumindest aber der *Be*grenzung, entstanden. Wer als vernetzt galt und wer auf Abstand gehalten wurde, stellte immer auch ein Politikum dar und war alles andere als eine Sache, die sich naturgegeben ergab. Man muss genau hinschauen, um zum Beispiel zu erkennen, dass im nordamerikanischen North Carolina Sklaven und Konvertiten der Herrnhuter netzwerkten und Ressourcen mobilisierten. Innerhalb von Gemeinschaften und über Gemeinden

11 John Comaroff/Jean Comaroff, Of Revelation and Revolution, Bd. 1: Christianity, Colonialism and Consciousness in South Africa, Chicago 1991; dies., Of Revelation and Revolution, Bd. 2: The Dialectics of Modernity on a South African Frontier, Chicago 1997.

hinweg vernetzten sie sich und etablierten Patronage-, Klientel- und fiktive Verwandtschaftsnetzwerke, um sich auf diese Weise aus der durch soziale und rechtliche Beziehungslosigkeit geprägten Sklaverei herauszuarbeiten.[12] Christine Egger wiederum legt dar, dass nicht nur Menschen, Ideen und Wissen mobilisiert wurden und sich in Zeiten politischer und wirtschaftlicher Krisen umorganisieren mussten, sondern dass sich in dem Gewebe konzeptionell und sprachlich abgebildet Rassismen festschrieben – eine ganz zentrale Methode, Abstand herzustellen und aus geteilten Netzwerken auszugrenzen.

Die Texte verstehen sich – darin liegt ihre generelle Innovationskraft – nicht als ein alternativer Versuch, Kolonie und Metropole konsequent zusammenzudenken, wie das die einst einschlägige Kolonial- und Regionen-Geschichte inspiriert hat.[13] Stattdessen verfolgen sie in einem Gewebe verzahnter Spuren solche Wege, die Räume auch unabhängig von politisch definierten Kolonialräumen erschließen. Das ist insofern angebracht, als dass beispielsweise in Großbritannien aufgrund seiner kolonialgeschichtlichen Vergangenheit natürlich gerade das Spannungsfeld zwischen Kolonie und Metropole als langanhaltend prägend beschrieben wurde. Catherine Halls Studie zu Bürgerschaft und durch Unterschiede geprägte Teilhabe an der »Nation« steht eindrucksvoll dafür, dass die europäische Metropole nicht nur durch eine geteilte Geschichte von Sklaverei und Fremdbeherrschung mit einem großen Teil der Welt verbunden ist, sondern Entwicklungen aus der Kolonie konstituierend für Auffassungen von Selbst, Nation und Religion in der Metropole wirkten – ohne dass hierdurch Gleichheit hergestellt worden wäre.[14] Stärker als in den hier vorliegenden Texten ist in solchen Studien jedoch das Bewusstsein um Ungleichheiten in transnationalen Netzwerken und Beziehungsgeflechten ausgeprägt.

Verankert in der europäischen Geschichtserfahrung und dortigen Positionierungsprozessen treten Missionare als Akteure europäischer Geschichte *at home and abroad* auf. Sie handelten zu Hause und in der Ferne, wobei das Wirken in der Ferne in den hier zusammen gestellten Aufsätzen grundsätzlich weniger thematisiert wird als das »zu Hause«. Linda Ratschiller jedoch betont, dass die Platzierung von Objekten und Waren in westafrikanischen Handelsnetz-

12 Jon F. Sensbach, A Separate Canaan: The Making of an Afro-Moravian World in North Carolina, 1763–1840, Chapel Hill 1998.

13 Ann Laura Stoler/FrederickCooper, Between Metropole and Colony: Rethinking a Research Agenda, in: dies. (Hg.), Tensions of Empire: Colonial Cultures in a Bourgeois World, Berkeley 1997, S. 1–56.

14 Catherine Hall, Civilising Subjects: Metropole and Colony in the English Imagination 1830–1867, Oxford 2002.

werken sich auf einen Bedeutungswandel von *chiefship* auswirkte. Damit fügt sie den Debatten um den Kulturimperialismus europäischer Missionare eine wesentliche Dimension hinzu.[15] Statt der vereinfachenden These anzuhängen, Missionare hätten als verlängerter Arm imperialer Regierungen gehandelt und sich in Traditionszerstörung geübt, fragt die Autorin nach der Wirkmächtigkeit der Dinge, die missionarisches Handeln umgaben. Denn vor Ort wirkten nicht nur Menschen, sondern Objekte und Waren, die aktiv nachgefragt wurden. In Bezug auf Konvertiten, Konvertitinnen und *chiefs* ist die Einführung neuer Waren zum Teil früher schon einmal untersucht worden. Jenen Untersuchungen ging es meist darum, Mission als Set von Transaktionsdynamiken zu begreifen oder die Politik örtlicher Waren- und Handelskontrollen unter die Lupe zu nehmen.[16] Die Objekte selbst aber zu untersuchen und sie als Gegengewicht zur schriftlichen Überlieferung zu konzipieren, ist neu.

Wissen um die Welt und das Bewusstsein, dass die Zirkulation von Ideen, Menschen und Waren vorteilhaft für die Selbstimagination genutzt werden können, sind auf Medialisierungen dessen angewiesen, was anderswo (angeblich) bewirkt wird. Barbara Millers Untersuchung der filmischen Vermittlung schweizerischen Engagements in der Hilfe für Andere, der Vermittlung von Fortschritt und Ordnung, zeigt, wie sich »Neutralität« und »Humanität« als Facetten des spezifisch schweizerisch-nationalen Selbstverständnisses mit Bild und Ton in das koloniale und postkoloniale Denkgefüge Europas einschrieben. In den Filmen lassen sich die Missionsorte als Orte der Ordnung vermitteln, die Bewegungsradien und Handlungslogiken derjenigen ausblendend, die diese »Ordnung« erfahren und mit ihr umzugehen über Jahrhunderte gelernt haben. Anders als in der »Neuen Kolonialgeschichte« aus Großbritannien, in der die Steuermächtigkeit des Zentrums zugunsten einer Mehrdeutigkeit kolonialer und kolonisierender Prozesse in Frage gestellt wird,[17] deutet die für das schweizerische Beispiel vorliegende Analyse stärker darauf hin, dass Akteure

15 Andrew Porter, »Cultural Imperialism« and Protestant Missionary Enterprise, 1780–1914, in: Journal of Imperial and Commonwealth History 25 (1997) 3, S. 367–391; und später umfassend Andrew Porter, Religion Versus Empire? British Protestant Missionaries and Overseas Expansion, 1700–1914, Manchester 2004.

16 Für das südliche Afrika siehe Jarle Simensen, Religious Change as Transaction: The Norwegian Mission to Zululand, South Africa 1850–1906, in: Journal of Religion in Africa 16 (1986) 2, S. 82–100, oder Isaac Schapera, Tribal Innovators: Tswana Chiefs and Social Change 1795–1940, London 1970. Es gäbe zahlreiche weitere Literatur zu nennen.

17 Catherine Hall (Hg.), Cultures of Empire: A Reader. Colonizers in Britain and the Empire in the Nineteenth and Twentieth Centuries, New York 2000; Linda Colley, Captives: Britain, Empire and the World 1600–1850, London 2003; Kathleen Wilson (Hg.), A New Imperial

hier diskursive Kontrolle und durch Bilder angestrebte Dominanz über das Koloniale in der Hand behielten. Das mag zum Ausdruck bringen, wie eine nicht aktiv kolonisierende Macht einem immer noch kolonial gedachten Ordnungsprojekt entgegenstrebte, als der formale europäische Kolonialismus auch in Afrika beendet wurde und Raum entstand, sich postkolonial in Zivilisierungs-, Ordnungs- und Beratungsprojekte mit einer Fortschrittsrhetorik einzuschreiben, die in der langen, aber durch Unterschiede geprägten Geschichte Europas mit dem Kolonialismus standen.[18] Dazu passte dann auch, wie im Aufsatz exemplarisch dargelegt, gegenüber dem südrhodesischen Siedlerregime im Film kritische Töne anzuschlagen. Deren koloniale Vision wurde schließlich auch in der sich nun verabschiedenden kolonialen Metropole lange nicht mehr befürwortet.

Zeitliche Imaginationen

Aufschlussreich ist schließlich die Feststellung Karolin Wetjens, dass sich Missionare mit der Kirchenzucht eines eigentlich frühneuzeitlichen und abgelegten Ordnungsinstrumentes bedienten, das aus dem europäischen Kontext der Krise in ein koloniales Setting übertragen wurde. Dass Europa im langen 19. Jahrhundert als Teil des kolonialen Projektes Afrika in so genannten Traditionen, »Stämmen« und in einer angenommenen Geschichtslosigkeit festschrieb, ist häufig konstatiert worden.[19] Sich mit ihnen zu befassen fiel infolge der Wissensorganisation des 19. Jahrhunderts sogar in eine andere als die geschichtswissenschaftliche Disziplin. Die Anthropologie sollte sich den Gegenwarten und Unveränderlichkeiten vermeintlich nicht-historischer Gesellschaften widmen. In Karolin Wetjens Aufsatz wird deutlich, dass dies nicht nur ein diskursives, philosophisch konzipiertes Projekt war, sondern in afrikanischen Settings ganz konkrete ordnungspolitische und -praktische Ausdrucksformen fand. Es waren die Missionen, die afrikanische Gesellschaften in einem »Gestern« festzurrten, nicht die afrikanischen Akteure selbst, die etwa »rückständig« waren.

History: Culture, Identity and Modernity in Britain and the Empire 1660–1840, Cambridge 2004.

18 Lukas Zürcher, Die Schweiz in Ruanda: Mission, Entwicklungshilfe und Nationale Selbstbestätigung (1900–1975), Zürich 2014.

19 Eric R. Wolf, Europe and the People Without History, Berkeley 1982.

Missionen waren ambivalente Akteure. In ihren Herkunftsregionen gehörten sie nicht zu den glühenden Befürwortern von Wandel und zeitgemäßer »Modernisierung«, was unter anderem an den Ordnungsinstrumentarien, Weltbildern und Sozialformen deutlich wurde, die sie insbesondere im missionsintensiven 19. Jahrhundert transportierten. In die Kolonie, wo sie Räume des Christlichen jenseits des antizipierten Verfalls in Europa errichten und der Kirche eine Zukunft bauen wollten, die es ihrer Meinung nach in Europa einst gegeben hatte, brachten sie dennoch Innovation, wurden also zu Modernisierungsbefürwortern, die sie zu Hause nie gewesen waren, verstanden neu entstehende christliche Kirchen allenfalls als »Junge Kirchen« und wähnten sich in vielerlei Hinsicht »in der Zeit voraus«. Mit dem Rückgriff auf Instrumente des Alten, des bereits Vergangenen, konstruierten sie letztlich ihr Gegenüber mit, dem sie in der kolonialen Begegnung entgegentraten.[20]

Dass zu den Kernbotschaften der Missionen auch die Umbenennung von Zeit sowie zum Beispiel die Einführung von Wochentagen gehörte, ist hinlänglich bekannt. Der Sonntag ließ sich beispielsweise besonders gut einführen, selbst dort, wo formale Übertritte zum Christentum ausblieben.[21] Die Umkonzeptionierung zeitlicher Rhythmen war häufig Arbeitsregimen und Kontraktformen geschuldet, die in den verschiedenen Regionen die Basis für Lohnauszahlungen und die Gabe von Lebensmittelrationen bildeten.[22] Da Zeit jenseits ihrer Messbarkeit eine kulturelle – und in der Begegnung gar interkulturelle – Konstruktion bleibt, sind an ihr und daran, wie sie gemacht wird, soziale Beziehungen, wissensspezifische Verortungen und transnationale Zuschreibungen ablesbar.

Schluss

Die Bedeutung von Religion im öffentlichen Leben hat in vielen afrikanischen Gesellschaften in den letzten Jahren zugenommen. Oder es wird diesem Bereich zumindest medial und politisch mehr Aufmerksamkeit gewidmet. Meist sind es neue Kirchen charismatischer und pentekostaler Prägung, die ungeahnte

20 Dazu auch Johannes Fabian, Time and the Other: How Anthropology Makes its Object, New York 1983.

21 Kirsten Rüther, The Power Beyond: Mission Strategies, African Conversion, and the Development of a Christian Culture in the Transvaal, Münster 2001, S. 253–278.

22 Keletso E. Atkins, »Kafir Time«: Pre-Industrial Temporal Concepts and Labour Discipline in Nineteenth-Century Colonial Natal, in: Journal of African History 29 (1988), S. 229–244.

Dynamiken in afrikanische Gesellschaften tragen, von den einen als Chancen begriffen, von anderen als Beschwichtigungsinstrumente, um von den *wirklichen* Problemen abzulenken. Der Erwerb von Zugang zu Wissen, die transnationale Vernetzung der Kirchen, ihrer Eliten und ihrer Anhänger sowie ihr Verständnis von Zeit sind Themen, die wesentliche Komponenten dieser neuen Dynamik aufschließen. Historisch werden diese Phänomene selten betrachtet.

Ein Band wie der hier vorliegende bietet sich an, herangezogen zu werden, um an diese neuen, in zahlreichen afrikanischen Gesellschaften beobachtbaren Entwicklungen eine historische und im besten Sinne produktiv »verfremdende« Dimension heranzutragen. Denn wie die Beiträge hier zeigen, lassen sich Mission und religiöser Wandel maßgeblich in Perspektiven von Wissen, Transnationalität und zeitlichen Imaginationen fassen. Auch wenn die Phänomene und Ausprägungen in unseren respektiven Forschungsfeldern andere sind und eigens kontextualisierbar, eröffnet die Lektüre der hier zusammengestellten aktuellen Forschungen im Rahmen einer neuen Missionsgeschichte Reibungsflächen und Überschneidungen, die konzeptionell in Verbindung miteinander gedacht werden können. Dies ist wohl ein Projekt für die Zukunft. Aber ein mögliches.

Siegfried Weichlein

Mission und Konflikt

Weiterführende Fragestellungen

Verflechtungen in der Missionsgeschichte erzeugten nicht nur Gemeinsamkeiten, sondern vor allem auch Konflikte. Missionare waren üblicherweise hoch-, wenn nicht übermotivierte Akteure, die mit so ziemlich jedem anderen Akteur in Konflikt geraten konnten und tatsächlich auch gerieten. Davon geben die Beiträge dieses Bandes ein beredtes Zeugnis. Konflikte begleiteten die transnationalen missionarischen Netzwerke genauso wie die Arbeit der Basler Mission, der Missionsbenediktiner von St. Ottilien, der lutherischen Leipziger Missionsgesellschaft und aller anderen missionarischen Orden und Gesellschaften. Die Rheinische Missionsgesellschaft mochte in ihrer Ausstellung völkerkundlicher Objekte Konflikte verschweigen; ihr Schaubedürfnis war dennoch getrieben vom Eindruck der Fremdheit, der Distanz und des Konfliktes mit der Umwelt in Afrika. Konflikte begleiteten die Missionen auf Schritt und Tritt. Missionsgeschichte ist, neben vielem anderen, auch eine Konfliktgeschichte: »Konflikt« ist eine Strukturdimension von Missionsgeschichte, wie im Übrigen auch aller anderen Geschichte. Das legt ein paar grundsätzliche Überlegungen zur Rolle des Konflikts in der Missionsgeschichte nahe.

Missionsgeschichte als Konfliktgeschichte

So sehr Religionen Konflikte transzendieren wollen, so sehr geben sie ihnen doch Ausdruck. Die christliche Missionsgeschichte kann – so deuten die Beiträge in diesem Band immer wieder an – als Konfliktgeschichte konzipiert und erzählt werden. Der methodische Zugriff der Imperialismusforschung auf die Mission in den 1970er und 1980er Jahren sah darin in erster Linie Konflikte der Kolonialmächte. Weil Mission als Fortsetzung des Kolonialismus gesehen wurde, schlugen alle Konflikte der Kolonialmächte direkt auf die Missionsgeschichte durch. Britisch-Indien bietet dafür gute Beispiele. Hier war nicht nur ab 1812 das Missionieren erlaubt, es war auch Motor und Ergebnis einer neuen Form von Kolonialbewusstsein. New Imperialists, wie Thomas Macaulay, sahen genauso wie anglikanische Missionare Britanniens Mission in der Zivilisierung und christlichen Normierung des indischen Subkontinents.[1] Das Christentum in seiner anglikanischen Variante sollte die Religion der meisten Inder, den Hinduismus, ersetzen. Dabei markierte Moral die Grenze zwischen Briten und Indern und machte den religiösen Eifer in den Missionen massentauglich. Kaum etwas erschütterte die frühen Viktorianer so sehr wie Geschichten von verbrannten Witwen oder mordenden Diebesbanden unter den Hindus. Die britische Kolonialmacht hatte der christlichen Moral angesichts dieser Gräuel beizustehen. Der Konflikt, der sich schließlich 1857 in der Indian Mutiny Bahn brach, entsprang einem hierarchischen Modell von Zivilisation und Religion. Der Aufstand richtete sich mindestens so sehr gegen die Kolonialmacht wie gegen die Mission.[2]

Ein gutes Beispiel auf der katholischen Seite ist Mexiko. In Süd- und Mittelamerika waren Kolonialmacht und Mission besonders eng miteinander verbunden. Das schloss scharfe Konflikte ein, wie das Jesuitenverbot 1773 zeigte. Die Emanzipation von den Kolonialmächten und ihren einheimischen Verbündeten nach 1805 hinterließ einen markanten Antiklerikalismus, wofür die mexikanische Revolution 1910 stand. Nur an wenigen anderen Orten war der Konflikt zwischen Staat und katholischer Kirche so massiv wie in Mexiko.[3]

Das Bild von Mission, deren Konflikte diejenigen der Kolonialmacht waren, ist in der Zwischenzeit stark angekratzt. Es mehren sich die Anzeichen, Missionsgeschichte als Konfliktgeschichte noch in einem anderen Sinne zu verstehen. Immer wieder wandten sich christliche Missionare gegen die Kolonialmacht. Für den deutschen Fall traf dies beispielsweise auf Deutsch-Südwestafrika oder auf Togo zwischen 1900 und 1910 zu. Katholische Missionare und die katholische Zentrumspartei protestierten massiv in der Öffentlichkeit gegen die Kolonialpolitik des Reiches.[4] Konflikt bedeutet in der modernen Missionsgeschichte also mehreres: Er kann sich auf die Fremdheit zwischen

1 Zur Geschichte der Mission im British Empire siehe Jeffrey Cox, The British Missionary Enterprise since 1700, London/New York 2008; Norman Etherington (Hg.), Missions and Empire, Oxford 2005; Andrew Porter, Religion versus Empire? British Protestant Missionaries and Overseas Expansion, 1700–1914, Manchester/New York 2004.

2 Jill C. Bender, The 1857 Indian Uprising and the British Empire, Cambridge 2016.

3 Matthew Butler, Faith and Impiety in Revolutionary Mexico, New York 2007.

4 Wilfried Loth, Zentrum und Kolonialpolitik, in: Johannes Horstmann (Hg.), Die Verschränkung von Innen-, Konfessions- und Kolonialpolitik im Deutschen Reich vor 1914, Schwerte 1987, S. 67–83.

religiösen Akteuren und den indigenen religiösen Kulturen beziehen, aber auch auf Konflikte zwischen den Missionsgesellschaften und den Kolonialmächten.

Eine weitere Ebene einer Missionsgeschichte als Konfliktgeschichte ergibt sich, wenn man über einzelne Akteure hinausgeht. Die wahrscheinlich schärfsten Konflikte entstanden zwischen Wissensordnungen der religiösen Mission und der säkularen Wissenschaft.[5] Das betraf mehrere Felder und Wissenschaften. Sie waren theologischer Art, sobald es um den Zugang zur christlichen Gemeinde und die Taufe ging. Diese immateriellen Konflikte gingen aber auch weit über das hinaus, was den Missionaren an Fremdem im Alltag begegnete. Hier standen prinzipielle Fragen zur Debatte: Was ist Wissen? Was ist objektives Wissen? Wie entsteht objektives Wissen? Können Missionare Wissen erzeugen? Wie verhält sich religiöses Wissen zu akademischem Wissen? Die Kultur der Experten und des Experiments in den akademischen Institutionen stand in scharfem Gegensatz zu den religiösen Experten, den Missionaren und überhaupt zu allem, was aufgrund eigener religiöser Erfahrung Wissen produzierte. Zwar war um 1900 der Positivismus nicht mehr die Wissenschaftsreligion par excellence. Dafür traten nach der Veröffentlichung von Darwins *Die Entstehung der Arten* 1860 die Fragen nach dem historischen Wandel und der Offenheit historischer Entwicklung in den Vordergrund. Die konservativen Lutheraner und die Pietisten blieben dagegen einem Wissensideal verpflichtet, das an ewigen Wahrheiten und Gesetzen orientiert war und das die Aufklärung und das frühe 19. Jahrhundert dominiert hatte. An welchen Wissensordnungen sich die Missionare orientieren würden, war ex ante nicht klar. Stellten sie den Wandel und die Formbarkeit der Menschen und Kulturen in den Vordergrund, stand ihre Arbeit in einem anderen Licht, als wenn sie sich an Formen des ahistorischen christlichen Naturrechtes orientierten. Beide Wissensordnungen begründeten verschiedene Missionsarbeiten. Generell zielten Wissensordnungen und der Streit um sie auf den Sinn und Zweck der Mission.

---

5 Patrick Harries, Butterflies & Barbarians: Swiss Missionaries & Systems of Knowledge in South-East Africa, Oxford 2007; Ulrich van der Heyden/Andreas Feldtkeller (Hg.), Missionsgeschichte als Geschichte der Globalisierung von Wissen. Transkulturelle Wissensaneignung und -vermittlung durch christliche Missionare in Afrika und Asien im 17., 18. und 19. Jahrhundert, Stuttgart 2012; Linda Ratschiller/Siegfried Weichlein (Hg.), Der schwarze Körper als Missionsgebiet. Medizin, Ethnologie, Theologie in Afrika und Europa 1880–1960, Köln/Weimar/Wien 2016; Rebekka Habermas, Wissenstransfer und Mission. Sklavenhändler, Missionare und Religionswissenschaftler, in: Geschichte und Gesellschaft 36 (2010), S. 257–284.

Konflikte und Konfliktbearbeitung

Die monotheistischen Religionen erheben den Anspruch, Konflikte zu bearbeiten, indem sie diese auf eine andere, höhere Ebene transponieren. Für den Historiker sind jedoch in sozialtheoretischer Sicht diejenigen Formen und Typen ausschlaggebend, mit denen Religionen Konflikte führen, auf sie reagieren und sie bearbeiten. Im Kontext der Mission, also des Kontaktes mit anderen Religionen, stellen sich hier spezielle Fragen: Welche Formen und Typen der Konfliktbearbeitung zeigen missionarische Gruppen? Wo verstärkten Missionare Konflikte, wo minderten sie Konflikte? Schließlich besitzen monotheistische Religionen ein Janusgesicht: Einerseits sind sie universalistisch angelegt, andererseits besitzen sie eine voreingestellte Distanz zu anderen Religionen.

Auffällig ist, wie sehr sich die deutschen und Schweizer Missionare in Afrika in ihrer Arbeit moderner Instrumente der Medizin bedienten und auf Bildung und Alphabetisierung setzten. Vor Ort an der Goldküste oder auch in Ostafrika entstanden Krankenhäuser und Geburtskliniken.[6] An Missionsschulen unterrichtete man nicht nur Lesen und Schreiben, sondern generell Wissen christlicher Provenienz. Wo die Geburtskliniken den Kontakt zu Frauen etablierten, setzten die Missionsschulen bei den Kindern an. An den europäischen Ausbildungsstätten gab es ein ausgefeiltes Programm der Missionswissenschaft. Am akademischen Leitbild orientiert, entwickelten sich Missionsgeografie, Missionskartografie, das Studium der Missionssprachen und immer wieder Missionsmedizin. Die Auffächerung der Missionswissenschaft professionalisierte das Wissen um die Missionsländer. Die missionswissenschaftlichen Institute lehrten fremde Sprachen und Geografien der verschiedenen Missionsgebiete. Die Missionsethnologie sollte die Missionare auf die Lebensweise der örtlichen Kulturen vorbereiten. Diese Binnendifferenzierung der Missionswissenschaft schlug die Brücke zu den entsprechenden Fächern außerhalb der Theologie. Nach 1945 gingen die Missionsorden und die Missionsstationen zurück. Die Subdisziplinen der Missionswissenschaft wanderten Zug um Zug weiter aus der Theologie aus. So entstand das Fach Sozialanthropologie an der Philosophischen Fakultät der Universität Fribourg (Schweiz) aus der Missions-

6 Linda Ratschiller, Kranke Körper. Mission, Medizin und Fotografie zwischen der Goldküste und Basel 1885–1914, in: dies./Weichlein (Hg.), Der schwarze Körper als Missionsgebiet, S. 41–72; Richard Hölzl, Lepra als *entangled disease.* Leidende afrikanische Körper in Medien und Praxis der katholischen Mission in Ostafrika 1911–1945, in: Ratschiller/Weichlein (Hg.), Der schwarze Körper als Missionsgebiet, S. 95–122.

ethnologie in der Theologischen Fakultät. Zusammengehalten wurden viele dieser Subdisziplinen vom Interesse an Entwicklungshilfe. Auffällig blieb, dass die Missionare und die Missionsgesellschaften selten auf das Recht, das klassische Medium der Konfliktschlichtung, zurückgriffen. Das Pathos der Mission übernahm die Entwicklungshilfe.[7]

Insbesondere die Geburtsklinik besaß eine immense Bedeutung und wurde zum Knotenpunkt missionarischer Arbeit.[8] Der Vorteil für die Gesundheit der gebärenden Frauen sollte das Christentum gegenüber anderen Religionen attraktiv machen. In der Selbstbeschreibung der Missionare entsprang das dem christlichen Liebesgebot. Das Christentum würde sich durch seine Koalition mit Medizin und Bildung durchsetzen, war die allseits geteilte Überzeugung. Der Mehrwert bestand in erhöhten Lebenserwartungen und, im Falle von Bildung, in größeren Chancen auf dem Arbeitsmarkt und im beruflichen Aufstieg für die Angehörigen der Missionsgemeinden. Christliche Mission verband Karitas mit Medizin und Bildung. Freilich rief dies neue Konflikte hervor. Im Falle der Geburtsmedizin waren es Konflikte mit einheimischen Heilern, oft Heilerinnen. Hinzu kamen Konflikte bei der Wiedereingliederung der Frauen in ihre Großfamilien nach dem Aufenthalt in der Klinik. Schließlich besaß die Autorität über den Vorgang der Geburt eine gesteigerte Bedeutung in jedem Sozialverband. Der Hygiene und der modernen Geburtsmedizin kam eine missionarische Bedeutung zu. Eine ähnlich attraktive Wirkung sollten Missionsschulen und die Möglichkeit zur Berufsausbildung entfalten. Auch hier kamen die Selbstbeschreibung der Missionare und der missionarische Sinn zusammen. Wo immer Missionsstationen im 19. Jahrhundert gegründet wurden, konnte man sicher sein, dass sehr bald Angebote zur Bildung und Gesundheit folgten.

Distanz bedeutete nicht nur Konflikt. Gleichzeitig ließen sich Anpassung und Akkulturierung beobachten. Die Missionare passten sich an ihre Umwelt an. Das Beschneidungsverbot wurde als Prinzip aufrechterhalten, aber in der

---

7 Frederick Cooper, Development, Modernization, and the Social Sciences in the Era of Decolonization: The Examples of British and French Africa, in: Revue d'Histoire des Sciences Humaines 10 (2004) 1, S. 9–38; Hubertus Büschel/Daniel Speich Chassé (Hg.), Entwicklungswelten. Globalgeschichte der Entwicklungszusammenarbeit, Frankfurt a. M. 2009; Hubertus Büschel, Hilfe zur Selbsthilfe. Deutsche Entwicklungsarbeit in Afrika, 1960–1975, Frankfurt a. M. 2014.

8 Marcel Dreier, »Europäisch gebären«. Katholische Mission, Mutterschaft und Moderne im ländlichen Tansania 1930–1960, in: Ratschiller/Weichlein (Hg.), Der schwarze Körper als Missionsgebiet, S. 153–174.

Praxis kaum vollständig durchgesetzt.[9] Dass afrikanische Frauen, die sich auf die Taufe vorbereiteten, getrennt wohnen sollten, galt als Prinzip, selten aber in der Praxis. Die Konversion und auch die Zugehörigkeit zum Christentum waren Aushandlungsprozesse, wie Karolin Wetjen zeigen kann.[10] Die Missionare handelten Nähe und Ferne mit ihrer symbolischen Aufladung permanent neu aus. In der Selbstbeschreibung gewann für die katholischen Missionare die Differenz eher an Bedeutung. Noch um 1850 bereiteten sich katholische belgische Missionare, die nach China gingen, auf ihre Mission vor und trugen chinesische Kleidung. Bis 1920 hatte sich das gründlich geändert. Dann trugen sie den römischen Kollar und römische Priesterkleidung.[11] Man kann diese stärkere Symbolisierung der konfessionellen Identität als Kompensation lesen für die vielen Kompromisse im Alltag und die Anpassung an die Umgebung.

Aber auch zwischen den Missionaren und den Missionsgesellschaften kam es zu Konflikten. Von besonderer Schärfe waren die Konflikte zwischen den Missionsgesellschaften und liberalen Theologen. Missionsgesellschaften standen im Allgemeinen dem konservativen Spektrum im Protestantismus nahe. Im Inneren der Missionsgesellschaften marginalisierte das Modell der Sozialharmonie Konflikte und rückte den Konsens in den Vordergrund. Die Mission nach außen setzte sich in der Inneren Mission fort. Die Stadtmission richtete sich genauso an Nicht-Christen wie an sogenannte »laue Protestanten«. Generell waren Konflikte nicht Teil der Selbstbeschreibung in den Missionsgesellschaften und Missionsorden. Skandale, zumal Kolonialskandale sollte es bei den Kolonialmächten geben, nicht aber in den Missionen.[12]

---

9 Siehe dazu die Einleitung des Bandes und Karolin Wetjen, Der Körper des Täuflings. Konstruktionen von Körper und die Beschneidungsdebatte der Leipziger Missionsgesellschaft 1890–1914, in: Ratschiller/Weichlein (Hg.), Der schwarze Körper als Missionsgebiet, S. 73–93.

10 Vgl. den Beitrag von Karolin Wetjen in diesem Band.

11 Carine Dujardin, Missionering en moderniteit. De Belgische minderbroeders in China, 1872–1940, Leuven 1996, S. 386f.

12 Dass dies freilich nicht immer gelang zeigt Rebekka Habermas, Skandal in Togo. Ein Kapitel deutscher Kolonialherrschaft, Frankfurt a. M. 2016.

Systemintegration, Sozialintegration und Konflikt

Der deutsche Soziologe Georg Simmel unterschied in seiner Konflikttheorie die Form des Konfliktes von seinem Inhalt.[13] Wie gestritten wird, ist anders, als worüber man streitet. Wo auf der inhaltlichen Seite Differenz im Vordergrund steht, integriert die formale Seite die beiden Seiten des Konflikts je für sich. Diese Integration kann über große Entfernungen laufen, wenn nur der Gegensatz stark genug gemacht wird. In der Zeit des deutschen Kulturkampfes nach 1872 entdeckten Katholiken aus Passau und solche aus dem Ermland in Ostpreußen Gemeinsamkeiten, auch wenn sie im Alltag keinen Kontakt hatten. Der Konflikt mit den Liberalen ließ sie näher aneinanderrücken.[14]

Das Gleiche galt für die sozialdemokratischen Arbeiter unter dem Sozialistengesetz nach 1879. Religionen sind in der Lage, über große Entfernungen Menschen, die sich im Alltag nie begegnen, zu integrieren. Das gilt im Blick auf die Missionare. Gilt es auch im Blick auf die Mission und ihre Umgebung in Afrika oder Asien? Geht man von der Konflikttheorie Simmels aus, dann stärkten die Konflikte die Missionsgesellschaften, machten aber gleichzeitig die Gräben zur umgebenden Gesellschaft tiefer. Was den Missionsgesellschaften nützte, ihre Selbstbeschreibung schärfte, lief der Missionierung eher entgegen. Vielleicht erklärt dieser Ansatz die erstaunliche Dauer und Zähigkeit der christlichen Mission und – gemessen am mageren Wachstum der christlichen Gemeinden und dem Vordringen des Islam – ihren Misserfolg in West- und Ostafrika zur gleichen Zeit.

Die Beiträge dieses Bandes bestätigen diesen Befund einerseits und differenzieren ihn gleichzeitig. Konflikte integrierten die Missionen unterschiedlich zu verschiedenen Zeiten. Nicht die Missionen und Missionsgesellschaften bildeten durch Konflikte gesamthaft integrierte Einheiten. Vielmehr integrierten verschiedene Konflikte Missionare und Missionsgesellschaften entlang unterschiedlicher Linien. Diese Konfliktlinien waren beim Wissen andere als bei der Produktion von Wirtschaftsgütern, in der Religion andere als bei den Themen Arbeit oder Gesundheit. Wenn Missionare auf der christlichen Taufe bestan-

13 Georg Simmel, Der Streit, in: Otthein Rammstedt (Hg.), Georg Simmel: Soziologie. Untersuchungen über die Formen der Vergesellschaftung, Frankfurt a. M. 1992, S. 284–382; Helmut Dubiel, Integration durch Konflikt, in: Soziale Integration. Sonderheft 39 (1999), S. 132–143.

14 Zu Afrika als Schauplatz des Kulturkampfes siehe Kenneth J. Orosz, An African Kulturkampf. Religious Conflict and Language Policy in German Cameroon, 1885–1914, in: Sociolinguistica 25 (2011) 1, S. 81–93.

den und die Beschneidung ablehnten, dann bedeutete dies nicht, dass sich alles Wissen auch um den Protestantismus drehte. Wenn Geburtskliniken der Missionare in Ostafrika Anklang fanden, dann hieß das nicht, dass alle Gebärenden getauft sein mussten. Die integrative Funktion von Konflikten richtete sich in der Mission auf Sachgebiete oder systemtheoretisch gesprochen auf Systeme wie Wissen, Arbeit, Beten, Sprache oder Politik. Die Schließung der Konfessionen, wie sie in Mitteleuropa im 19. Jahrhundert zu beobachten war, zielte auf gleiche Außengrenzen dieser Sachgebiete. Das Gegenüber im Wissen sollte das Gegenüber in der Politik und bei der religiösen Selbstbeschreibung sein. Diese Containerlogik von Religion blieb Intention. In den Missionen wurde das besonders deutlich. Die Anpassung an die Umwelt mit ihren zahlreichen Kompromissen schien zwar die religiöse Selbstbeschreibung immer exklusiver zu machen. Sie machte aber ebenso deutlich, dass Religion zu einem System neben anderen wurde. Das wirft die Frage auf, ob und wie die Missionare in der Lage waren, die verschiedenen Konflikte in Religion, Wissen, Politik, Kultur und Wirtschaft zu synchronisieren.

Autorenverzeichnis

Annika Dörner ist wissenschaftliche Mitarbeiterin am Lehrstuhl für Neuere Geschichte der Georg-August-Universität Göttingen und Assistentin der Geschäftsführung bei der Zeitschrift Historische Anthropologie.

Christine Egger ist die persönliche Referentin der Präsidentin der Universität Passau.

Matthäus Feigk promoviert im Bereich Neuere und Neueste Geschichte am Europainstitut der Universität Basel.

Jenna Gibbs ist assoziierte Professorin am Department of History der Florida International University.

Barbara Miller ist Doktorandin im Studienbereich Zeitgeschichte im SNF-Projekt »Katholische Mission im Zeitalter von Kolonialismus und Dekolonisation« an der Universität Freiburg in der Schweiz.

Linda Ratschiller ist Doktorandin im Studienbereich Zeitgeschichte an der Universität Freiburg in der Schweiz und die Koordinatorin des *swissuniversities* Doktoratsprogramms »Migration and Postcoloniality Meet Switzerland«.

Kirsten Rüther ist Universitätsprofessorin mit kultur- und sozialgeschichtlichem Schwerpunkt am Institut für Afrikawissenschaften der Universität Wien.

Philipp Seitz arbeitet als Dozent und Studienrichtungsleiter an der Staatlichen Studienakademie Breitenbrunn im Studiengang Soziale Arbeit.

Rene Smolarski ist wissenschaftlicher Mitarbeiter im Projekt »Der Protestantismus in den ethischen Debatten der Bundesrepublik Deutschland 1949–1989« an der Professur für Neuere und Zeitgeschichte und Geschichtsdidaktik an der Universität Erfurt.

Siegfried Weichlein ist ordentlicher Professor für Europäische Zeitgeschichte an der Universität Freiburg in der Schweiz.

Karolin Wetjen ist wissenschaftliche Mitarbeiterin am Lehrstuhl für Neuere Geschichte der Georg-August-Universität Göttingen.